学校心理辅导

唐丹丹　申利丽　主　编
张胜洪　罗　念　陈　睿　等副主编

中国建材工业出版社

图书在版编目（CIP）数据

学校心理辅导 / 唐丹丹，申利丽主编 . —北京：中国建材工业出版社，2020.5（2024.8重印）
ISBN 978-7-5160-2865-0

Ⅰ.①学… Ⅱ.①唐… ②申… Ⅲ.①中小学生—教育心理辅导—研究 Ⅳ.① G448

中国版本图书馆 CIP 数据核字（2020）第 047435 号

学校心理辅导
Xuexiao Xinli Fudao
唐丹丹　申利丽　主　编
张胜洪　罗　念　陈　睿　等副主编

出版发行：中国建材工业出版社
地　　址：北京市西城区白纸坊东街 2 号院 6 号楼
邮　　编：100054
经　　销：全国各地新华书店
印　　刷：北京雁林吉兆印刷有限公司
开　　本：787mm×1092mm　1/16
印　　张：14.25
字　　数：390 千字
版　　次：2020 年 5 月第 1 版
印　　次：2024 年 8 月第 3 次
定　　价：47.00 元

本社网址：www.jccbs.com，微信公众号：zgjcgycbs
请选用正版图书，采购、销售盗版图书属违法行为
版权专有，盗版必究。本社法律顾问：北京天驰君泰律师事务所，张杰律师
举报信箱：zhangjie@tiantailaw.com　举报电话：（010）63567684
本书如有印装质量问题，由我社事业发展中心负责调换，联系电话：（010）63567692

本书编委会

主　编　唐丹丹　申利丽

副主编（排名不分先后）

　　陈　睿　邓　翔　罗　念　王小玲
　　韦　嘉　杨　业　张胜洪　周灵力

编　委（排名不分先后）

　　唐丹丹　遵义师范学院
　　陈　睿　湖北中医药大学
　　邓　翔　四川轻化工大学
　　罗　念　遵义师范学院
　　申利丽　贵州师范学院
　　王小玲　四川轻化工大学
　　韦　嘉　四川师范大学
　　杨　业　遵义医科大学
　　张胜洪　遵义师范学院
　　周灵力　长江师范学院

前　言

学校心理辅导即学校心理学，它是一门在中小学教育中研究各种心理现象及规律并解决学生心理和行为问题的科学。本教材紧紧围绕高等院校应用型人才的培养目标和师范类专业认证的需要，立足于我国中小学学校心理健康教育的实践需要、发展现状和相关的前沿研究问题；全面阐述了学校心理辅导、心理健康教育、学习心理辅导、自我意识辅导、情绪辅导、青春期的心理辅导、青少年网络问题辅导、心理危机干预、职业生涯规划辅导和测验法在学校心理辅导中的应用。本书体例简明合理，各章节的编排逻辑清晰、行文流畅、可读性高，内容体现了理论与实践的有机结合，案例丰富多样。因此，本教材凸显了高等院校对师范生应用能力的培养目标，是师范类学生尤其是教育学、心理学等本科专业学生的专业基础课教材。

在本教材体系的制定时，我们参考了大量先前出版的心理学、教育学、教育心理学、学校心理学、心理咨询与治疗等教材的体系。在内容上，我们参考了许多心理学、心理咨询与治疗和学校心理辅导等方面的著作，以及近年来出版的与学校心理辅导相关的最新研究成果；同时，还结合了全国各地中小学心理辅导的实际情况和全国各大高校教育学、心理学、学前教育学等本科专业开展学校心理辅导这门课程的实际需要，构建了本教材的体系和内容。本教材每一章开头都有明确的教学/学习目标，章末都附有本章思考与练习题和阅读书目推荐。除第一章和第十章外，其他每章都附有典型案例供教师和学生参考。

本教材具有三个特点：（1）科学性。科学地阐述了学校心理辅导所涉及的基本概念、基本理论和基本技能。（2）针对性。针对师范类学生尤其是教育学、心理学等本科专业学生将要从事的学校心理辅导工作实际情况，教材引入了学校情境中的典型案例，注重理论和实际相结合。（3）应用性。本学科属于应用型学科，教材内容注重心理辅导技术在学校情境中的应用。

本教材的工作计划和编写提纲由唐丹丹和申利丽拟制，并经过编写组成员讨论后最终由唐丹丹和申利丽确定。参与本教材编写的人员有唐丹丹、罗念、陈睿、王小玲、周灵力、杨业、邓翔、张胜洪、申利丽、韦嘉。各章执笔分工如下：第一章和第七章由唐丹丹编写；第二章由罗念编写；第三章由陈睿编写；第四章由王小玲编写；第五章由周灵力编写；第六章由杨业编写；第八章由邓翔编写；第九章由张胜洪和申利丽编写；第十章由韦嘉编写。最后，本教材由唐丹丹统稿、定稿。如果学生能通过本教材吸收到学校心理辅导方面的知识，进而在工作中具有适应社会的必备能力，包括良好的学校心理辅导技能、团队协作精神、较强的心理素质、优良社会责任感和积极的工作态度，那将是对我们工作的肯定，也是我们莫大的欣慰！

本教材在编写过程中参考了大量心理学、教育学、教育心理学、心理咨询与治疗等著作的内容，并吸收了相关领域的最新研究成果。同时，我们还参考了网上的一些资源。然而，在书写参考文献列表时，我们可能遗漏了部分参考文献和网络资源，编写组成员对此特别加以说明，并对参与这些著作和论文工作的同行以及网友表示衷心的感谢！

本教材的出版得到 2018 贵州省教育厅青年科技人才成长项目"基于大数据的认知控制的神经机制研究及教学实践应用"（黔教合 KY 字 [2018]316 号）和遵义师范学院学术著作出版基金的资助。中国建材工业出版社在本教材的出版方面提出了建设性的意见，并给予了具体的帮助和指导。编写组成员对支持本教材出版的所有人员表示由衷的感谢！

参与本教材编写的成员都是在高校从事心理学教育教学和科研以及心理辅导工作的一线教师，他们都具有深厚的心理学受教育背景，丰富的科研和教学经验。然而，本教材中的疏漏和错误在所难免，敬请各位专家和读者批评指正。对本教材的改进提出宝贵意见和建议的各位专家和读者，我们将十分感谢！

唐丹丹
2019 年 11 月于遵义师范学院

目 录

第一章 学校心理辅导概述 ... 1
第一节 学校心理辅导的内涵 ... 1
一、学校心理辅导的概念 ... 2
二、学生心理辅导的目标 ... 3
三、学校心理辅导的主要内容 ... 4
四、学校心理辅导的形式 ... 6
五、学校心理辅导的实施原则 ... 9
第二节 学校心理辅导的发展现状 ... 11
一、美国学校心理辅导的发展 ... 11
二、日本学校心理辅导的发展 ... 13
三、德国学校心理辅导的发展 ... 13
四、港澳台地区学校心理辅导的发展 ... 14
五、内地学校心理辅导的发展 ... 15
六、我国学校心理辅导发展的启示 ... 16
第三节 学校心理辅导的理论流派 ... 17
一、精神分析理论 ... 17
二、行为主义理论 ... 19
三、认知理论 ... 20
四、人本主义理论 ... 21
【章末思考与练习】 ... 22
【阅读书目推荐】 ... 22
参考文献 ... 22

第二章 心理健康教育概述 ... 24
第一节 心理健康及其评估标准 ... 25
一、健康的概念 ... 25
二、心理健康的含义 ... 26
三、心理异常的含义 ... 30
第二节 心理健康教育的内容和发展 ... 32
一、心理健康教育的范畴及途径 ... 32

二、心理健康教育相关概念辨析 ……………………………………… 35
三、我国心理健康教育的不足与策略 …………………………………… 37
第三节 心理健康教育工作者的职业标准 …………………………………… 38
一、心理健康教育工作者的定位 ………………………………………… 38
二、心理健康教育工作者的职业要求 …………………………………… 39
三、我国学校心理健康教育工作的现状与未来 ………………………… 41
第四节 学校心理辅导的常用技能 …………………………………………… 42
一、放松疗法 ……………………………………………………………… 43
二、认识-领悟疗法 ……………………………………………………… 43
三、认知行为疗法 ………………………………………………………… 44
四、求助者中心疗法 ……………………………………………………… 46
五、支持性心理疗法 ……………………………………………………… 47
六、模仿法 ………………………………………………………………… 48
【章末思考与练习】 ……………………………………………………………… 49
【阅读书目推荐】 ………………………………………………………………… 49
参考文献 …………………………………………………………………………… 49

第三章 学习心理辅导 ……………………………………………………………… 53
第一节 学习心理辅导概论 …………………………………………………… 53
一、引论 …………………………………………………………………… 53
二、学习理论 ……………………………………………………………… 56
第二节 学习心理辅导的相关概念及技术 …………………………………… 60
一、学习的动机辅导 ……………………………………………………… 60
二、学习策略的辅导 ……………………………………………………… 66
三、问题解决与创造力培养 ……………………………………………… 72
第三节 常见学习心理问题的辅导及干预 …………………………………… 75
一、学习困难学生的辅导 ………………………………………………… 75
二、考试心理辅导及干预 ………………………………………………… 76
三、学会科学合理用脑 …………………………………………………… 78
附录 有益于大脑的食物 ……………………………………………………… 80
【章末思考与练习】 ……………………………………………………………… 81
【阅读书目推荐】 ………………………………………………………………… 82
【参考文献】 ……………………………………………………………………… 82

第四章 自我意识辅导 ……………………………………………………………… 83
第一节 自我意识概述 ………………………………………………………… 83
一、自我意识的内涵 ……………………………………………………… 83
二、自我意识的理论 ……………………………………………………… 85
三、自我意识的特点 ……………………………………………………… 87
四、自我意识的功能 ……………………………………………………… 88

第二节　中小学生自我意识的发展……………………………………………89
　　　　一、自我意识的产生与发展………………………………………………89
　　　　二、中小学生自我意识发展的特点………………………………………90
　　第三节　自我意识的辅导策略……………………………………………………93
　　　　一、常见的自我意识偏差…………………………………………………93
　　　　二、自我意识障碍探因……………………………………………………99
　　　　三、自我意识障碍的辅导和教育对策……………………………………101
　　　　四、健全自我意识的辅导策略……………………………………………102
　【章末思考与练习】…………………………………………………………………104
　【阅读书目推荐】……………………………………………………………………104
　参考文献………………………………………………………………………………104

第五章　情绪辅导……………………………………………………………………105
　　第一节　情绪概述………………………………………………………………106
　　　　一、情绪的概念……………………………………………………………106
　　　　二、情绪理论………………………………………………………………106
　　　　三、情绪的分类……………………………………………………………107
　　　　四、情绪的结构……………………………………………………………108
　　　　五、情绪的功能……………………………………………………………108
　　第二节　青少年学生的情绪特点………………………………………………109
　　　　一、小学生的情绪特点……………………………………………………109
　　　　二、中学生的情绪特点……………………………………………………110
　　第三节　青少年学生常见的情绪困扰…………………………………………111
　　　　一、识别情绪困扰的方法…………………………………………………111
　　　　二、常见的情绪困扰………………………………………………………112
　　　　三、情绪困扰的危害………………………………………………………114
　　第四节　青少年学生的情绪辅导策略…………………………………………114
　　　　一、情绪困扰的预防措施…………………………………………………114
　　　　二、青少年情绪困扰的团体心理辅导……………………………………115
　　　　三、青少年情绪困扰的个体心理辅导……………………………………117
　【章末思考与练习】…………………………………………………………………130
　【阅读书目推荐】……………………………………………………………………130
　参考文献………………………………………………………………………………131

第六章　青春期的心理辅导…………………………………………………………133
　　第一节　青春期的身心特征……………………………………………………133
　　　　一、初见青春期……………………………………………………………133
　　　　二、青春期的生理特征……………………………………………………133
　　　　三、青春期的心理特征……………………………………………………134
　　第二节　青春期的性心理发展及辅导…………………………………………138

一、第二性征出现时的困惑及辅导策略……………………………………138
　　二、性冲动与性行为及辅导策略……………………………………………139
　　三、性别认同及辅导策略……………………………………………………142
　第三节　青春期恋爱解惑…………………………………………………………144
　　一、青春期恋爱的发展过程和特点…………………………………………144
　　二、青春期恋爱的心理影响…………………………………………………145
　　三、青春期的恋爱辅导………………………………………………………146
　【章末思考与练习】…………………………………………………………………147
　【阅读书目推荐】……………………………………………………………………148
　参考文献………………………………………………………………………………148

第七章　青少年网络问题辅导……………………………………………………149
　第一节　青少年的网络心理………………………………………………………150
　　一、青少年的上网概况………………………………………………………150
　　二、青少年的网络心理………………………………………………………151
　　三、网络对青少年身心的影响………………………………………………152
　第二节　青少年的常见网络心理问题……………………………………………154
　　一、网络成瘾综合征…………………………………………………………154
　　二、其他网络心理问题………………………………………………………157
　第三节　青少年网络成瘾问题的辅导……………………………………………158
　　一、青少年网络成瘾问题的预防措施………………………………………159
　　二、青少年网络成瘾问题的团体心理辅导…………………………………160
　　三、青少年网络成瘾问题的个体心理辅导…………………………………162
　【章末思考与练习】…………………………………………………………………164
　【阅读书目推荐】……………………………………………………………………164
　参考文献………………………………………………………………………………164

第八章　心理危机干预………………………………………………………………166
　第一节　心理危机干预概述………………………………………………………167
　　一、心理危机…………………………………………………………………167
　　二、心理危机干预……………………………………………………………170
　第二节　心理危机干预的理论与技术……………………………………………171
　　一、心理危机干预评估的理论模式…………………………………………171
　　二、心理危机干预技术………………………………………………………175
　第三节　心理危机干预的实施策略………………………………………………176
　　一、心理危机干预的准备工作………………………………………………176
　　二、心理危机干预方案的实施………………………………………………177
　【章末思考与练习】…………………………………………………………………179
　【阅读书目推荐】……………………………………………………………………179
　参考文献………………………………………………………………………………179

第九章　职业生涯规划辅导 ········· 181
第一节　职业生涯规划概述 ········· 182
　　一、什么是职业生涯规划 ········· 182
　　二、职业生涯规划的意义 ········· 184
　　三、职业生涯规划的误区 ········· 184
　　四、职业生涯规划的影响因素 ········· 185
第二节　职业生涯规划的理论基础 ········· 189
　　一、职业选择理论 ········· 189
　　二、职业生涯阶段理论 ········· 191
第三节　职业生涯规划辅导的实施 ········· 194
　　一、职业生涯规划辅导的内涵 ········· 194
　　二、职业生涯规划的制定原则 ········· 195
　　三、职业生涯规划的实施步骤 ········· 196
【章末思考与练习】········· 198
【阅读书目推荐】········· 198
参考文献 ········· 198

第十章　测验法在学校心理辅导中的应用 ········· 202
引言 ········· 202
第一节　基于心理测验的类型选择适宜评估工具 ········· 204
　　一、按心理测验的性质或目标来分类 ········· 204
　　二、以心理测验的标准化程度进行划分 ········· 205
　　三、根据心理测验分数解释的标准进行划分 ········· 205
第二节　基于心理测验的质量评估指标选择测验工具 ········· 206
　　一、难度 ········· 206
　　二、区分度 ········· 207
　　三、信度 ········· 207
　　四、效度 ········· 208
　　五、心理测验质量评鉴指标与选取测验工具的其他注意事项 ········· 210
第三节　基于心理测验分数的解释系统选择测验工具 ········· 210
　　一、效标与分数解释 ········· 210
　　二、常模与分数解释 ········· 211
　　三、分数解释的其他注意事项 ········· 212
【章末思考与练习】········· 212
【阅读书目推荐】········· 213
参考文献 ········· 213

致谢 ········· 214

第一章 学校心理辅导概述

【教学/学习目标】

1. 了解学校心理辅导的概念。
2. 了解学校心理辅导的目标、形式以及实施原则。

学校心理辅导（school counseling）即学校心理学。19世纪末，学校心理学正式诞生于美国。1896年，美国教育家Witmer首先建立了"特殊儿童指导诊所"。他运用心理学的研究方法（如观察分析、深入访谈、搜集背景信息等方法）来研究学习困难儿童的问题所在，"由此开创了美国心理学服务于教育教学实践的先河"。不久后，他又在美国创立了一所特殊学校，该校运行模式类似于医院模式，即"俄勒岗学校"。智力落后的儿童能得到较好的专业诊断和评估。Witmer当时提出了他们的工作目标，即"希望通过培训一批心理学家来帮助教师解决学生的学习及相关问题"。Witmer的做法当时在美国教育界引起了巨大轰动和强烈反响，至此，学校心理学正式诞生。Witmer本人对学校心理学这门学科的创建做出了奠基性贡献，因此，被人们尊称为"美国学校心理学之父"。

学校心理辅导属于心理学的应用分支之一，它与其他心理学分支一样，自从诞生之日起就一直飞速发展着，并在世界范围内的教育教学实践中发挥着特别重要的作用。"学校心理辅导是一门交叉性和综合性较强的学科"，是心理科学与学校教育特别是中小学教育实践相结合的产物，同时也是心理科学应用和服务于中小学学校教育的具体表现。其交叉性和综合性的特点主要表现在：心理科学与教育科学的交叉结合；心理科学与生理学的交叉结合；基础研究与实践教学的交叉结合；自然科学与人文科学的交叉结合。

作为一门应用型学科，学校心理辅导主要研究"在中小学教育教学情景中，怎样进行心理教育与评估，以及怎样进行恰当的心理干预"，其中包括心理咨询、辅导和治疗；"主要分析在中小学学生中存在的各类心理或行为问题"，如学习问题、注意力缺损多动障碍、人格与情绪障碍和过度使用网络问题以及职业生涯规划问题等，并提出切实可行的矫正方法。本章主要介绍了学校心理辅导的内涵、发展现状和理论流派（辛勇，2004；许思安，2015）。

第一节 学校心理辅导的内涵

本节主要叙述了学校心理辅导的概念、目标、主要内容、形式和实施原则，通过本课程的学习，帮助我们了解学校心理辅导的基本框架。

学校心理辅导涉及到心理学的很多分支学科，例如，教育心理学、心理咨询、发展心理学、社会心理学和个体心理学等，为心理学理论在中小学教育教学中的应用开辟了一个广阔的领域。它可以使心理学的理论在中小学教育教学实践中充分发挥指导功能，体现理论指导实践的价值，并找到理论发展的生长点。在高校针对师范类学生开设学校心理辅导课程，能够促进师范生学习心理学、运用心理学，从而提高其心理学理论素养，为他们将来的教师职业生涯发展奠定良好的理论和实践基础，提高教学能力。

一、学校心理辅导的概念

（一）心理辅导的概念

心理辅导是指在一种新型的、良好的人际氛围中，"通过心理辅导人员与来访者之间建立起具有咨询功能的融洽关系，一方面使来访者正确认识自己、接纳自己，进而欣赏自己，并克服成长中遇到的各类心理障碍，从而改变自己的不良意识以及不良认知和行为倾向；另一方面，充分发挥来访者的个人潜能，达到身体、心理和社会适应上的完好状态"。

由此可见，心理辅导工作者与受辅导者之间的良好人际氛围是心理辅导工作顺利开展的保障，而受辅导者在身心和社会适应上都达到一种和谐统一的、完好的状态是心理辅导的最终目标。由此看来，"心理辅导工作者及相关人员应该努力建立并健全心理保健体系，构建和维护来访者积极向上的心理-生理-社会全面适应的统一状态"。

（二）学校心理辅导的概念

关于学校心理辅导的概念，不同的学者提出了不同的看法（刘晓丹，褚潇潇，2015）。例如，从学科性质来看，有学者认为学校心理辅导是一门研究和培养学生现代人格的学科，具体研究学校心理辅导的目标、任务、内容、途径、方法和管理，以及心理辅导和心理咨询理论在学校情景中的应用问题。从辅导过程和目标来看，"学校心理辅导即学校心理辅导教师运用心理学及相关专业知识和技能，帮助学生正确认识自己、认识环境和他人，帮助学生依据自己的实际条件确立对社会进步与个人发展都有利的生活和成长目标，同时克服成长中碰到的障碍，维持和增强学生的心理健康状况，使其在学习、生活和协调人际关系等各个方面都表现出良好的适应"。

又如，有学者提出，"学校心理辅导是指教育者运用心理学、教育学、生理学、社会学和行为科学甚至医学等多种学科的理论与技术，通过团体辅导、个别辅导、教育教学中的心理辅导和家庭心理辅导及家校结合辅导等多种辅导形式，帮助学生准确认识自我、悦纳自我、接纳他人，从而充分发挥自身潜能"。所以，学校心理辅导是一种教育辅导活动，其最终目标是促进学生的心理健康与人格和谐发展的统一。

在我国，学校心理辅导是近年缓慢发展起来的教学活动，是素质教育不可或缺的重要组成部分。作为学校心理健康教育的重要方式之一，学校心理辅导在学校德育教育工作中起着不可忽视的作用。我国历来十分重视道德教育，《中学德育大纲》对德育做了明确定义："德育即对学生进行政治、思想、道德和心理品质教育。""中学德育工作的基本任务是把全体学生培养成为热爱社会主义国家，具有社会公德的、文明行为习惯的遵纪守法的公民。"这表明，青少年需要在掌握现代知识、形成创新能力的同时，更要学会做人，成为有理想、有道德的公民。由此可见，我国中学德育教育的终极目标应该是把学生培养成言行一致、具有优秀品质的人（常硕峰，2012；史颖，2009；周怀红，孙树平，2012），这在某种程度上与学校心理辅导的目标有相似之处。

因此，教育工作者可以一方面通过提高学生的心理素质来培养和提高学生的德育思想，另一方面教育工作者应该充分认识到学校心理辅导与学校德育工作的区别和联系（张伟英，2002）。然而，现阶段，由于我国心理健康教育还处于初级阶段，一部分教育工作者对学校心理辅导的认识还不够全面和深入，所以或多或少会将学校心理辅导工作与德育教育工作等同起来，这就置学校心理辅导工作，甚至是学校心理健康教育于一种尴尬的情景。因此，我们期望教育工作者将学校心理辅导与德育教育区别开来，并对学校心理辅导给予足够的重视。

二、学生心理辅导的目标

近年来，国内很多中小学校开展了学校心理辅导工作并取得了许多可喜的成绩。然而，由于研究者或心理辅导教师所制定的心理辅导目标略显模糊和笼统，所以学校心理辅导本身独有的特点及心理辅导的真正内涵没有得到真正的体现（刘金明，1997）。例如，有学者认为学校心理辅导的目标是"培养良好的心理素质，开发心理潜能，预防心理疾病，增进心理健康"。还有的学者在制定学校心理辅导的目标时按照学生的生活领域，在每一生活领域活动前加上一个正向的、具有良好含义的修饰词作为学校心理辅导的目标。例如"培养较强的社会适应能力，初步树立良好的自我意识，学习建立良好的人际关系，发展自己健全的性格，促进智力的正常发展"等。这些目标过于笼统，从而缺乏整体性和操作性，并且对学校心理辅导目标的层次性强调得不够。

学校心理辅导的目标包含两个层次，并且应该与学校教育的目标相一致。

首先，通过学校心理辅导，帮助学生"认识自己""接纳自己""欣赏自己"并"接纳他人"，帮助学生解决所面临的实际问题，并增强他们应对逆境和战胜挫折的勇气，管理自己的生活和学习。

其次，通过学校心理辅导，"使学生能祛除不良的习惯、改善行为、化解消极思想与情感""帮助学生正确地做出选择和制定切实可行的行动计划""鼓励学生通过自己的探索来寻求生活和生存的意义""帮助学生认清自己内在的潜力与资源，充分发挥内在潜能""最终目标是使学生过上健康的、有意义的、充实的和幸福的生活"。

基于此，我们可以凝炼出学校心理辅导的六个方面的目标。

1. 让被辅导者更全面准确地了解自己，接纳他人。
2. 激励被辅导者摆脱生活困境的勇气和信心。
3. 培养被辅导者战胜困难的能力。
4. 矫正被辅导者的不良行为习惯，建立良好的生活习惯。
5. 提高被辅导者对现实问题的认知和分析水平，充分发挥被辅导者自身潜能。
6. 给予被辅导者情感支持，让他们获得积极情感体验，过上幸福生活。

通过学校心理辅导，我们首先期望学生能学会调适。调适包括调节与适应。调节指通过学校心理辅导，个体调节自身的精神生活、行为模式的各个方面及其相互关系。适应指通过学校心理辅导，达到个体与周围环境的和谐一致。学会调节是指"学会正确对待自己""接纳自己和他人",学会化解自己的消极情绪,从而使个人精神生活保持一种内部和谐的状态。学会适应一方面指的是要矫治自己的错误行为,使自己养成正确的适应行为,从而将自己的行为调整到符合社会规范的轨道上;另一方面指的是要消除人际交往中的各种障碍,提高人际交往的质量,最终达到适应社会环境的目的。因此,调节是处理个体自身内部的精神活动和行为模式,适应是处理个体与外界的关系。

其次是期望寻求学生的发展。寻求发展是一个终身概念,这就不仅需要教师正确引导学生认清楚自己的潜力与现有特长,从而确立起具有较高价值的生活目标,担负起生活责任;而且需要教师帮助学生拓展生活方式,发展良好的人际关系,激发学生自己的主动性、创造性以及发挥学生作为社会一员的良好社会功能。注意,寻求发展的最终目的是帮助学生过积极、幸福而有效率、有意义的生活。

需要明确的是,在以上这两个目标中,"学会调适"是基础目标,所以,以此目标为主要目标的心理辅导可以称为"调适性辅导";"寻求发展"是高级目标,那么,以此目标为主要目标的心理辅导被称为"发展性辅导"。这两个目标能否达成以及达成度怎样,表现在,当接受过心理辅导的学生在面临各种困难、压力的情境时,能否综合个人条件和环境要求,自主地做出适当的选择和明智的决策,从而制定切实可行的行动计划,进而成功克服困难和解决问题,以及度过困境之后能增进自身解决问题的能力,使潜能充分发挥。

三、学校心理辅导的主要内容

在我国中小学教育中,开展心理辅导的时间还不长,积累的相关经验和教训还比较少,从业教师的专业素质和能力还有待提高。这些因素使得辅导教师在教学实践中面对学生的心理问题时常认识不足,指导不够有效。这种情况可能导致心理健康教育和其他科目的教学效果受到负面影响。所以,在现阶段明确学校心理辅导的内容对于教师的教和学生的学两方面都具有重大的实践意义。

在传统的分类标准中,研究者将学校心理辅导的内容分为四大类,即"学习辅导""人格辅导""生活辅导"及"职业生涯辅导"。每一类别的辅导对学生的全面发展都具有重要意义。

(一)学习辅导

学生是以成长和学习为主要任务的特殊个体。学习心理活动可以说是学生的主导心理活动。因此,学习辅导就成为了学校心理辅导工作中的重中之重。有学者指出,"学习心理辅导是学校心理辅导的一个重要课题,其针对的主要对象是因心理问题而引起的学业不良的学生"。大量的研究结果与学校教育实践共同表明,"中小学生大量的心理问题都与其学习心理问题有或多或少的联系"。

学习辅导可以分为广义的学习辅导与狭义的学习辅导。广义的学习辅导是指"教育者对学习者在学习过程中遇到的各种问题(例如,知识技能、知识障碍、动机、态度和价值观以及情绪等)进行辅导"。狭义的学习辅导是指"教师对经历了学习挫折和学习困难的学生的心理困扰和行为障碍进行专业的心理辅导"。因此,从培养学生良好的心理素质意义上讲,广义学习辅导更具有积极的意义,因为它符合学校心理辅导中所提出的发展性目标的精神。在学校心理辅导工作实践中，我们可以将学习辅导的概念理解为，"心理辅导教师运用学习心理学及相关理论对学生的学习技能、学习动机和学习情绪，以及学习习惯进行训练与辅导，从而提高学生的心理品质与技能"。

需要注意的是，我们这里所说的学习辅导与家长送孩子到各类培训机构帮助孩子查漏补缺、拓展学习内容是完全不同的两个概念，也和教师课后对学生所进行的辅导有区别。送学生到培训机构接受辅导或教师课后对学生进行辅导仅仅是对学生所学的知识技能进行弥补和加强。本教材所提到的学习辅导是指学校的专职心理辅导教师针对学生的学习技能、学习动机和学习情绪，以及学习习惯等进行专门训练与辅导。

另外，在学校心理辅导的实际工作中，大多数教育工作者都已认识到，学生智力发展水平是影响学生学习成绩的重要原因之一。然而，除此之外，学生学习的迁移水平、学习动机、人格差异、教师心理和学习的反馈，甚至学校教育活动中的各类社会心理因素（例如，学生在学校中的人际关系以及所处班集体的整体学习氛围）都会对学生的学习产生重要的影响，这些因素容易被忽略。因此，教师对学生进行学习上的心理辅导时应该全面了解学生学习心理困扰和行为障碍的原因。

（二）人格辅导

人格是个体在与环境各种交互作用过程中形成的内在的动力组织和相应行为模式的统一体（郭永玉，2007）。人格是一个综合性的概念，包含了能力、气质、性格、价值观和认知风格等多个方面。在学校心理辅导领域，人格是指"与个体对己、对人、对事方面的个性心理品质"。人格辅导就是指"教师对学生的自我意识、情绪的自我调适、意志品质、人际交往与沟通，以及群体协作技能进行辅导，旨在培养学生良好的个性心理品质与完善的社会适应能力"。其中，自我意识辅导和情绪辅导在人格辅导中具有重要作用，本书将在第四章和第五章中详细介绍。

某些学生的人格适应不良与他们的学业失败具有密切关系。学业成绩较好的学生很少表现出人格适应方面的问题，因为这些学生通常具有高度的自我整合性、高度的独立性和成熟性等特征。相比之下，那些学业成绩较低的学生，则更容易表现出与人格适应不良相关的问题，产生一系列不利于学习行为的"症状"，例如，多动、敌对情绪、执行控制能力较弱、志向水平较低、缺乏责任感和独立性、延迟满足的能力差、情绪波动大、对复杂的学习任务缺乏坚持性等。这类学生往往缺乏自信，对挫折的容忍比较差。当他们遇到问题时，就容易感到焦虑。他们倾向于回避那些自认为可能会使他们受到批评或嘲笑的学习任务，或者可能倾向于逃避困难的学习情景。所有这些不良的特点又会反过来对他们的学习造成负面的影响，从而可能造成恶性循环。

综上所述，人格辅导的目标就是"帮助学生建立和健全独立的人格，从而提高自我意识、提高情绪的自我调控能力，并进一步增强学生的意志品质和团队合作精神以及社会适应性"（许思安、严标宾，2009）。

（三）生活辅导

生活辅导主要是指"通过休闲辅导和消费辅导以及日常生活技能辅导等方式，培养学生健康的生活情趣和乐观的生活态度以及良好的生活技能"。这些生活技能的获得对于学生将来获得幸福而充实的生活具有一定的潜在意义，同时对他们个性的发展和才干的增长，以及学习效率的提高也具有重要的作用。

例如，辅导教师可以鼓励学生积极参加课外兴趣班，如书法、音乐、舞蹈、体操等，培养个人兴趣爱好、提升才干、丰富生活。辅导学生合理安排节假日，通过开展情境讨论、角色扮演等活动对学生进行必要的生活技能辅导，如怎样叠衣服最美观、手工艺制作等。另外，还可以针对理性消费开展专题讨论等活动。

(四) 职业生涯辅导

有研究者指出，"生涯是生活中各种事件的演进方向和历程，它统合了人一生中的各种职业和生活角色，由此表现出个人独特的自我发展形态"。同时，"生涯也是个体自青春期以至退休以后，一连串有酬或无酬职位的综合"。除了职业之外，生涯还包括任何与工作有关的所有角色。例如，小学生、教师、退休工人等角色。所以，生涯可以理解为介于生命和职业之间的概念，其内容是比较宽泛的，具有丰富的内涵与独特的特性。

职业生涯是"指一个人一生中从事职业的全部历程"。这个历程可以是间断的，也可以是连续不断的，它包含个体所有的工作、职业和职位的外在变更，也包括个体对工作态度和职业体验的内在变更。职业生涯规划是指"个体把自身发展与组织发展、眼前的机遇和制约因素相结合，并对决定个人职业生涯的个人因素、组织因素和社会因素等进行综合分析，从而制定个体一生中在事业发展方面的战略设想与规划"。这些规划包括：为自己确立职业方向、职业目标，选择职业道路，确定教育和发展计划，为实现职业生涯目标而制定一系列的行动方案等。

四、学校心理辅导的形式

目前，在中小学实施的心理辅导可以概括为教育教学中的心理辅导、开设心理辅导活动课程、个案咨询、书信咨询、电话咨询、专栏咨询、团体心理辅导和讲座、网络心理咨询。学校可以根据学生的实际情况和学生的心理需要来选择适当的形式，以保证心理辅导的实效。了解和掌握这些学校心理辅导的具体形式，有助于我们更好地将心理辅导方法运用于教育教学工作之中，从而促进教学质量的提高。

(一) 教育教学中的心理辅导

教育教学中的心理辅导即辅导教师在教学过程中，针对有心理问题或心理困惑的学生而进行的专门的心理咨询与辅导。教学的本质在于促进人的全面发展，这与心理辅导的目标一致。因此，教学过程本身就是一个育人过程，是一个心理辅导的过程。另外，有研究者提出，在教学过程中实施心理辅导，意味着辅导教师帮助学生处理好五方面的关系（朱海，2004）。

（1）在教学过程中处理好教师与学生之间的关系。
（2）在教学过程中处理好学生与学生之间的关系。
（3）在教学过程中处理好学生与自我之间的关系。
（4）在教学过程中处理好学生与知识之间的关系。
（5）在教学过程中处理好学生与学习之间的关系。

(二) 开设心理辅导活动课程

开设心理辅导活动课程是指中小学每学期专门开设一定课时量的心理辅导课程 (图1-1)。学生在活动中能反映其心理发展状况, 通过观察学生的自主活动可以较全面地了解学生身心发展的各个方面。因此, 中小学校应该足够重视心理辅导活动课程, 不仅要全体学生都参与课堂活动, 而且要充分发挥学生的主动性和积极性。

图1-1　心理辅导活动课程

心理辅导活动课程的形式多种多样, 例如: 体育活动、游戏活动、手工艺制作、音乐活动和美术活动等。通过体育活动来培养学生坚毅沉着、勇敢顽强、吃苦耐劳和坚持不懈的良好品质。通过游戏活动来培养学生的团队合作能力, 使他们形成公平竞争的理念, 养成遵纪守法的社会生活习惯。通过手工艺制作可以培养学生的动手能力, 同时也可以激发学生的创造性潜能, 并增强学生对生活的热爱之情。通过音乐活动可以净化心灵、放松心情、缓解疲劳、释放压力, 培养学生调适身心的能力。通过美术活动可以使学生充分发挥想象力和创造力, 表达思想与情感。

(三) 个案咨询

个案咨询即心理辅导教师在学校心理咨询室"坐等"来访者上门咨询, 是辅导教师通过与学生一对一的沟通互动来实现的专业的助人活动 (图1-2)。个案咨询要求辅导教师有正确的观念、端正的态度, 并要遵循一定的伦理准则和技巧方法。

在辅导过程中, 教师要始终贯彻真诚、尊重和理解的原则。并且, 辅导教师要明确, 个案咨询的核心是谈话, 但并不意味着是教师在说教, 而是要求教师去聆听, 使学生感到教师是最好的交流伙伴。"让学生敞开地讲"是每一个成功辅导者的最主要诀窍。辅导教师要仔细聆听, 让学生充分表露自己的情感、想法。此外, 教师还应细心观察, 通过学生的声调、表情、体态的表达来探索学生谈话的弦外之音, 以帮助学生找到解决问题的方法。

图 1-2 个案咨询

（四）书信咨询

书信咨询，即"通过辅导教师与学生进行书信交流的形式来实施心理辅导"。这种咨询方式操作简单、运用方便，非常适合那些对自己的心理障碍有顾虑、比较胆小或怯懦的学生。

（五）电话咨询

学校心理辅导教师可以公布办公室电话甚至个人移动电话，以便于学生出现心理障碍时可以通过电话的方式随时与辅导教师进行沟通。

（六）专栏咨询

专栏咨询是指心理辅导教师针对本学校学生的实际情况，通过广播、报纸或张贴栏等形式对学生的典型心理问题进行辅导和解答。如通过广播或报纸、张贴栏等形式，针对学生的考前焦虑心理问题进行解答和辅导，其时效性较高，实施起来比较简便。

（七）团体心理辅导和讲座

团体心理辅导和讲座主要指"教师针对学生团体中存在的普遍心理问题或心理困惑进行当面的、集中的指导和咨询"（图1-3）。学校团体辅导的对象可以是学生群体、家长群体或亲子群体，甚至是由课任老师、校领导、家长和学生共同组成的群体。

（八）网络心理咨询

网络心理咨询是指"辅导教师以网络为媒介，运用各种心理学理论和技巧，帮助当事人以恰当的方式解决其心理问题的过程"。目前，使用得比较多的网络咨询与服务方式主要包括一些实时的聊天软件，例如，微信、QQ和ICQ等，电子邮件和电子布告（BBS）

以及一些电台等。

图 1-3 团体心理辅导

五、学校心理辅导的实施原则

（一）全方位考虑，面向全体学生的原则

考虑到"学校心理辅导是通过引导、启发、协助和服务的方式，来促进全体学生的心理成长和发展"。因此，有学者建议，我们在制订心理辅导计划时"要着眼于全体学生"；在确定心理辅导活动的内容时，"要考虑大多数学生的共同心理需要与普遍存在的心理问题与困惑"；在组织团体辅导活动时，"要创造必要条件，尽可能多地让全体学生都参与其中，特别是要给那些内向、沉静、腼腆、害羞或表达能力差、不太引人注目的学生提供尽可能多的参与和表现的机会，从而使全体学生都能得到有效的心理辅导"。

辅导教师要做到四个结合。即"将思想引导和心理辅导结合起来考虑""将活动体验与学科渗透相结合""将学生自我调适和教师参与辅导相结合""将家校沟通与师生之间有效交流相结合"。辅导教师通过全方位、多角度地实施心理辅导，来促进全体学生的心理成长与健康发展。

（二）预防、矫治与发展相结合原则

此处的预防指的是"教师帮助学生掌握心理学方面的知识和技能，学会人际交往和自主地应对由挫折、冲突和压力或紧张等问题带来的心理困扰，减轻身心不适的体验，从而预防学生心理适应不良问题的发生和保持正常的生活秩序"。所以，有人提出，预防性原则与预防性辅导相对应，即"以预防某种可能或已然发生的心理或行为问题的发生或扩大为工作重点，预防对象以少数有问题倾向的学生为核心，根据需要扩展到一定范围的学生"。预防性辅导以个别咨询式的辅导为主，团体辅导为辅。同时，辅导教师要注意保持与家长或学生监护人的必要联系。

矫治是矫治学生的不良行为习惯，从而帮助学生排除或化解持续的心理紧张或各种心理冲突。因此，矫治性原则与矫治性辅导相对应，即"以诊断和治疗学生已经出现的心理或行为问题为工作重点，辅导对象仅限于少数有问题的学生"。这种辅导大部分偏重个别咨询式的辅导，经常会使用到一些心理测验或其他评量工具，辅导教师应该合理的对测验结果进行解释。同时，辅导教师应该注重保密原则，并与学生班主任或家长保持必要的联系。

发展是指"辅导教师指导学生树立有价值的学习与生活目标，认清自身的潜力和可以利用的资源，承担生活责任，发挥个人潜能，充实和丰富生活"。发展性原则对应于发展性辅导，指的是以促进全体学生的心理发展、发挥每位学生的潜能为辅导重心。在实际工作中，辅导教师可以与学生的任课教师保持密切联系与沟通，并且特别注重从发展的观点出发，对任课教师所采用的教学方法和教材以及教具等提供积极的建议，以帮助课任教师更好地进行教学。同时，我们建议，辅导教师也要与家长保持积极联系，并与家长一起共同为学生建立良好的学习环境、协助学生的全面发展。

学校心理辅导工作所追求的最终目标是发展学生自我理解、自我指导和自我调节的能力，帮助学生树立自主把握个人的命运与独立承担起责任的主体精神，从而促进学生心理素质的完善。为了帮助学生认识自己、认识环境，促进其成长和发展，辅导教师要重视学生个体发展的内在需求，要认识到自己辅导的对象是人，而不是问题。要帮助学生解决学习上、择业上、情绪上以及人际关系上的种种问题。

(三) 以学生为中心，尊重与理解学生的原则

辅导教师在心理辅导工作中，要尊重学生的主体地位，并以学生为中心。这是因为，心理辅导的目标在于，促进学生的成长与发展。而从根本上说，成长与发展主要是一种自觉的和主动的过程。学校心理辅导工作应该始终是以学生为中心，围绕学生的实际问题而开展。心理辅导教师所做的一切努力与付出都是为了帮助学生解决他们的困惑和问题。

心理辅导是一种助人、自助的过程。"助人"只是手段，让学生"自助"才是目的。青少年时期是个体自我意识、独立倾向快速发展的黄金时期。在这期间，很多学生都渴望通过自己的独立思考来主动探索和解决面临的问题。此时，他们会对外界的压力和成人的过度保护表示反感。因此，教师在辅导中要考虑到学生的这些心理特点，充分发挥学生的主体作用，满足学生渴望独立的需要。

心理辅导教师要对学生的问题出自真诚的理解，要对学生有爱心和人文关怀，同时还要做到一视同仁、人格平等。"尊重与理解学生是学校心理辅导过程中辅导教师对待学生的基本态度和原则"。尊重就是"尊重学生的人格与尊严"、"尊重每个学生的权利"。理解则要求辅导教师以平等的态度理解学生与学生之间、学生与辅导教师之间的角色差异，善于换位思考，站在学生的角度理解学生的所思所想、所作所为。

建立平等尊重的咨询和谈话（咨访）关系是心理辅导能否取得成效的重要前提和基础保障。当辅导教师做到尊重和理解学生时，师生之间才能更有效的形成良好信任，从而达到心灵的沟通。同时，当辅导教师尊重学生时，学生才会更尊重自己，珍惜自己的成绩和进步，体验到做人的尊严感。学生如果被教师尊重和理解，他就会更加信任教师，从而也

愿意向教师倾吐内心的思虑、惶恐和苦闷，这是取得圆满咨询结果的重要保证。这种良好的师生关系是学校心理辅导获得成功的基本条件。

(四) 尊重个体差异性、因材施教的原则

尊重个体差异性就是要在进行心理辅导前，必须收集学生各方面的资料，了解学生的个体差异，根据每个学生各自的身心条件采取不同的辅导策略，从而充分发展每位学生的潜能，防止其人格发展过程中一些不良习惯的滋生（张伟英，2002）。尊重学生的个性差异性，也在于要求辅导教师注重调动学生学习的内在动力，在实施辅导过程中要因材施教，这样既能引导学生发展自身兴趣与特长，又能使之完成学习任务（刘志伟，张兰英，2001）。

第二节 学校心理辅导的发展现状

本节主要以美国、日本、我国港澳台地区和内地学校心理辅导的发展为例，介绍学校心理学的发展现状，总结各国学校心理辅导的发展对我国学校心理辅导发展的启示。

一、美国学校心理辅导的发展

学校心理辅导最早在美国兴起。自 1896 年美国学校心理学之父 Witmer 在宾夕法尼亚大学建立第一个心理诊所至今，已有一个多世纪的时间。其间，美国学校心理辅导不断繁荣起来。自 20 世纪 90 年代以来，学校心理学已成为美国心理学学科体系中影响较大的应用性学科（孔燕，朱芬，王少，2017；任其平，2007；佟月华，2000）。美国学校心理辅导兴起早、发展快、学科体系成熟，主要表现出以下特点。

(一) 初创期：学校心理学家称谓的由来

1896 年，美国教育家 Witmer 首先在宾夕法尼亚大学建立了"特殊儿童指导诊所"。之后，他又首次创立了一所特殊的学校，该校的运行模式类似于医院的运行模式，即"俄勒岗学校"。他对学校心理学这一门学科的产生做出了具有奠基性的重要贡献，因此，他被人们尊称为"美国学校心理学之父"。

1915 年，美国耶鲁大学儿童发展心理咨询所的所长 Gelsell 应邀到康涅狄格州对当时全州的儿童进行智力测验，以筛选出有特殊需要的儿童，从而进行分班教育。他正式在学术杂志上确定了"学校心理学家"这一称谓。他的工作对学校心理学的发展具有推动意义，因此，他也被认为是"美国第一位具有'学校心理学家'称谓的人"。

受到职业辅导运动、心理测量运动和精神卫生运动的影响，这一时期的学校心理工作重点是诊断和评估智力落后的儿童，解决学生的学习及相关问题。

(二) 学校心理学机构的成立和专业期刊的创刊

1946 年，在美国心理学会第 54 届年会中，与会人员计划把学校心理学列为第 16 个分支。当时，Baker 被选为该分会的第一任主席。由此，"学校心理学家"第一次拥有了自己的全国性组织机构和平台。作为一门学科或一种职业，学校心理学得到了组织的认可。

此时，学校心理学进入到学科发展的"婴儿期"。从此，各项工作开始迅速开展起来。

1954年，美国心理学会在纽约西点军校塞耶饭店召开会议。本次会议的议题旨在，研究和确定学校心理学家的作用、资格和培训标准。从此以后，学校心理学家第一次有了关于自身价值、作用与培训方式的统一文件，这对学校心理学的学科发展起到了"里程碑式"的推动作用。

到了20世纪60年代，在学校心理学分会的领导下，《学校心理学杂志》和《学校中的心理学》两种专业杂志正式创刊；之后，《学校心理学评论》《国际学校心理学》《学校心理学季刊》以及其他杂志又陆续创立。学校心理学研究进一步发展。

(三) 学校心理辅导工作者的队伍不断壮大，队伍素质不断提升

成立之初，美国学校心理辅导工作者的人数只有100名左右。1950年，美国学校心理学家的人数扩大到1000人左右。到了1970年，人数迅速上升到5 000人。20世纪70到80年代，学校心理学家的人数突破2万人。目前，全美学校心理学家的人数大约为3万人。

目前，美国学校心理学工作者培养计划主要分为学校心理学专家培养计划和博士培养计划两大类。学校心理学专家培养计划主要是为学校培养解决实际问题的专家，学习者必须具备教育心理学或相关的心理学硕士学位。博士培养计划主要培养研究者和专业从业者或者专业培训人员。在美国，要成为一名学校心理学家，获得从事学校心理学工作的正式任职资格，必须获得所在州的任职资格证书或获得全美学校心理学家证书委员会颁发的证书。这两类计划的实施极大地提升了美国学校心理学工作者自身的专业知识和能力素养（官群，2009；孔燕等，2017）。

(四) 重视发展性心理辅导

目前，美国学校心理辅导的重点是关注全体学生在不同发展阶段所面临的任务，辅导的内容涉及到每个学生的认知、情感和行为的方方面面（任其平，2007）。1997年美国学校咨询师协会颁布了《全美学校咨询标准》，提出学校咨询的基本目的是促进学生的学习，帮助学生实现教育目标和争取更大的发展（Fagan，Wells，2000）。1998年，全美学校心理学家学会提出了学校综合改革模式。把矫正学生的行为偏差和消极心理问题作为短期目标；把培养学生正确的自我观、自主性、学习能力和社会生活适应力等作为中期目标；把促进学生的自我完善，使个人潜能得到充分发挥作为辅导的终极目标（Kiesler，2000）。因此，现阶段美国学校心理辅导工作非常重视对学生的心理发展采取综合预防、积极干预和发展为主的策略，同时兼顾对学生心理和行为的矫正与治疗。

(五) 研究取向体现应用性

美国学校心理工作者具有心理学方面的学识和实践技能以及有教育方面的实践经历。他们把实践建立在强调心理学和教育学基本领域的学术内容以及学校心理实践的专业内容上。实践内容强调评估、干涉、咨询、组织和计划发展、监督、研究以及法律和职业问题的培训。对实践性和应用性的重视也是当今美国政府所关注的问题。2000年3月，美国白宫首先召集了有关儿童心理健康问题的会议，美国卫生局于2001年正式出台了《儿童

心理健康国家行动议程》(任其平，2007)。

（六）辅导对象主要是学生、家长或学生监护人

学校心理辅导工作者的直接工作对象是学生，同时他们也通过学生家长和教师间接地为学生提供服务。目前，接受学校心理辅导的学生学龄范围已经扩展到3至21岁。学生家长或其监护人也是学校心理工作者的工作对象。为了搜集学生的各方面资料，学校心理辅导工作者需要向家长或学生监护人了解一些情况，并对出现家庭教育问题的学生及其家长或监护人进行辅导。这体现了学校心理辅导中的家校沟通与师生之间有效交流相结合的原则。

二、日本学校心理辅导的发展

1991年，日本正式使用"学校心理学"这一专门用语。在日本教育心理学会第33次总会上，研究委员会特别策划了一个关于学校心理学的研讨会，探讨学校心理学工作者的培养，并确定了以大学的教育心理学系、心理系作为培养基地的方针。1993年，日本教育心理学会出刊了《什么是学校心理学》一文，该文准确的回答了为什么现在需要学校心理学家，学校心理学家的工作和作用是什么，大学如何培养学校心理学家，其他国家的学校心理学家正在进行哪些工作，以及学校心理学的发展展望。该刊物在教育系统广为发放，对学校心理学的初步普及起到了重要推动作用（黄喜珊，刘鸣，2009）。

日本教育心理学会于2001年提出，学校心理学的心理教育服务体系有三个层次。第一层次，以全部中小学生为对象，进行入学时的适应、学习技能、人际交往技能等的辅导，解决一般的发展和学习指导问题。第二层次，以缺乏学习动力、拒绝上学的儿童、人际交往困难等学生为对象，解决缺乏学习动机儿童和社会交往适应不良儿童的问题。第三层次，以长期拒绝上学、欺侮、学习障碍、行为不良等有特别需要的学生为对象，进行行为矫正。在日本，从事学校心理辅导工作的教师叫学校心理士，指以中小学生、教师和家长为工作对象开展心理教育服务工作的专家。

学校心理师的报考要求包括专业基础知识和实践能力两个方面。专业基础知识要求考生必须在研究生院修完教育心理学、发展心理学、临床心理学、特殊儿童的心理与教育、学生指导和生涯指导、教育评价和心理测量、学校心理咨询这七个领域的课程。在实践能力方面，要求考生在中小学、教育研究所等机构做过心理辅导。同时满足上述两个条件者方可报名参加由学校心理师认定机构举办的资格考试。资格证书的有效期为五年，取得资格证者每五年必须办理资格证的更新手续。另外，学校心理师联合资格认定机构每年都对学校心理师们进行资格审查，要求每年达到一定的学分，不合格者可能被撤销从业资格。

学校心理师的工作职责包括三方面：（1）对学生存在问题的性质、原因、经过等作专门的诊断评价；（2）对教师或家长提供指导和建议；（3）心理咨询与治疗。

三、德国学校心理辅导的发展

1922年，德国首个学校心理咨询中心成立，标志着德国学校心理辅导工作正式开展。20世纪80年代左右，德国教育改革使得学校心理服务工作开始得到教育界的重视，但从业者数量严重不足。2010年，巴登—符腾堡州议会宣布开展广泛的学校心理危机预防与

干预项目，计划通过大幅增加学校心理服务工作者的数量。2014年以来，德国学校心理工作者的数量逐年增加，各类学校都配备了专业的学校心理咨询教师。

德国心理学会和职业心理学家协会联合制定的《伦理准则》对从事学校心理工作的人员设置比例、工作原则、职业资格标准和设备配置，以及工作职责范围和道德准则都进行了清晰界定。学校心理工作者违反准则将受到相应的制裁。并且，教育部门还对学校心理工作者的行业标准进行了规定。学校心理咨询教师必须是心理学、医学或教育学专业本科和研究生毕业，取得心理咨询师职业资格证书，具备五年以上的心理咨询实践经验。而学校心理学家则必须具有硕士以上学历，如在学校内服务，则需具备某一学科的教师资格证，另外必须在专业机构接受100小时以上的专业学习（含基础理论知识和心理咨询相关技能）和为期两年的专门督导考核。即使已经具有了学校心理咨询教师或学校心理学家的资质，从业人员每年须接受一定时间的督导和4次专业培训。

德国学校心理服务系统分为两个层级，面向学生不同层次的需求提供精准化服务（崔景贵，谢莉花，2015）。第一层级，社会工作者、心理咨询教师和专业指导教师面向全体学生提供日常管理、生涯规划指导、心理咨询与辅导、专业技能与职业素养培训等服务。第二层级，学校心理学家为学生、教师、学校管理人员提供咨询，同时承担学校心理咨询教师的培训、督导工作，并在特定环境下为学校或个人提供危机干预或处理紧急情况。

德国教育的特色是在全国推行"全纳式教育"。全纳式教育指学校无条件地接受学区内所有的学生，有教无类、因材施教。这一理念也是学校心理服务工作的一项重要任务。《德国学校心理学》一书明确指出，学校心理学的任务之一是发展全纳式学校。全纳式教育理念在承认个体差异性的同时，也提倡为全体学生提供平等的学习机会，以满足全体学生的学习和发展需要。这体现了学校心理辅导中，尊重个体差异性，以学生为中心，因材施教的原则。

德国历来重视儿童的心理健康教育。自幼儿期开始，德国儿童青少年每年都要接受一次心理体检。这些心理体检数据由政府相关部门建档保存，被用于进一步研究和分析。

四、我国港澳台地区学校心理辅导的发展

我国香港、澳门和台湾地区先后于上世纪50年代到70年代开始实施学校心理健康教育工作，并迅速引起相关部门的重视。他们建立了相对完整的学校心理服务系统、制度以及培训机构。然而，港澳台地区的学校心理辅导工作的发展进程和特色各不相同（徐红丹，2015）。

(一) 香港地区的学校心理辅导发展

香港地区学校心理辅导的发展包含三阶段：社会福利服务阶段（20世纪70年代）、香港教育署积极参与推行阶段（20世纪80年代）和学校本位辅导阶段（20世纪90年代）。辅导人员和机构包括学校辅导主任、学校辅导咨询主任、家庭与儿童福利社工、社会福利志愿机构和福利署等福利机构。被辅导对象包括学生、家长和教师。辅导行为涉及到政府和教育部门明文规定的制度行为、组织行为和教育行为。辅导形式多样、内容丰富，主要表现为通过开展心理健康教育课程、个案辅导和团体辅导等形式，达到预防、矫正和治疗的目的。近年来的发展是表现为本土化和普及化特点。

辅导模式主要有三种。(1)学校本位辅导模式。即由全校参与，全校教师共同识别学生发展的整体需求并制定计划，目标在于培养学生的良好行为，塑造健康的自我形象，力求带领学生达到认知、情感、意志等的协调发展。(2)诊断矫治模式。即以心理医生的身份对学生的心理障碍或行为偏差给予科学的心理诊断和治疗，以帮助学习适应困难或情绪、行为不良的学生缓和心理冲突、实现心理平衡。(3)社区学校模式。即通过学校、家庭和社区的相互联系，及时沟通，形成相互支持的心理辅导模式，共同促进学生的身心发展。

(二)澳门地区学校心理辅导的发展

相对于香港地区，澳门地区的学校心理辅导发展较缓慢。20世纪90年代后，学校心理辅导在澳门地区广泛发展，并逐渐步入正轨。许多学校不仅将心理辅导工作纳入基本教育体系中，而且还成立了专门的心理辅导组，聘任专职心理辅导主任。之后，澳门通过课程进修、校本教研、派出学习等方式来不断提升心理学教师队伍的专业水平，这使得心理辅导教师能不断接受最前沿的心理学理论和心理辅导实践技能训练，保障了心理辅导教师队伍的专业素质。现阶段，澳门的学校心理辅导目标主要在于引导学生了解自我，培养人际交往能力，树立正确的人生态度和解决学生的各种心理问题。

(三)台湾地区学校心理辅导的发展

台湾地区的学校心理辅导开展得较早，师资队伍建设深受美国影响，专业素质层次较高。并且，台湾的社会辅导机构较发达，如成立了"中国辅导学会"，进行了"中等学校辅导工作实验计划"。另外，他们一方面重视国际交流与合作，如聘请联合国文教组织专家协助设计职业辅导计划；另一方面也重视学校心理辅导成果的汇编和经验的总结，如编印心理卫生丛书与职业辅导丛书等。20世纪90年代开始，台湾地区的学校心理辅导已得到全面发展，确立了学校心理辅导在学校教育工作中的重要地位，并对学校心理辅导工作的实施制定了相关的计划和具体方略。近年来，他们的理论研究更趋于本土化与人本化，辅导技术和手段更现代化，学校辅导课程的范围正逐步扩大，职业辅导越来越受到重视。

五、内地学校心理辅导的发展

我国内地的学校心理辅导的起步和发展都较晚。直到1993年，我国才第一个学校心理学的专业组织，学校心理学才正式开始在我国高校萌芽，随之才慢慢扩展到中小学(杨玲，赵国军，2006)。近年来，教育部门大力推广素质教育，同时，党和政府高度重视学生的心理素质培养，这使得我国内地学校心理辅导有了很大发展，培养了一大批学校心理健康教育专(兼)职教师，大量的学校心理辅导教材和专著出版等。

近几年，全国各地的学校积极开展心理辅导活动实践。很多发达地区的中小学已经十分重视学生心理素质的培养与提升，并正式开设了相关的心理辅导课程和一些丰富的心理辅导课外活动。心理辅导的形式多样，内容逐渐完善。辅导教师的队伍也在不断发展壮大，教师的心理学理论素养和操作技能也在不断提升。学校心理辅导的相关研究也逐渐受到人们关注，研究成果也如雨后春笋般出现。

然而，学校心理辅导的地区间差异大。在很长的一段时间内，我国内地的一些学校一直将文化课教学摆在教学的首要位置，这使得学校心理辅导课程没有得到应有的足够重视。其中一个原因在于，没有设置心理辅导课程的考核标准，所以心理辅导课程容易流于形式。一些经济不发达地区的学校心理辅导还没有受到足够的重视，开展起来也比较困难。例如，有研究报告分析了当前农村中小学心理健康教育的落后状况，包括认识观念模糊、师资力量薄弱、课程教育德育化、心理健康教育学科教育化等。因此，研究者主张采取一些有针对性的措施，如加大宣传力度、建立健全机构、转变教育观念和开展师资培训等，来加强农村中小学心理健康教育（苏计峰，张锋，刘燕，2008）。

我国内地的学校心理辅导工作者的培养模式也存在一些问题，具备专业素养的师资还比较欠缺。有研究者指出，我国内地学校心理辅导有科班式的学校专业培养模式和半路出家式的继续教育培养模式两种典型师资培养模式，但存在着与社会的需求和发展相脱节，把心理健康教育教师的培养与心理咨询师的培养混为一谈等问题（廖全明，刘宗发，2006）。

另外，内地学校心理学研究主要以学校心理健康教育的理念为指导，以往的很多研究仅仅单方面从学校角度去思考青少年的心理健康教育，而没有注重家庭教育在学生心理健康发展中的重要作用；并且我国内地中小学对心理健康教育的重视仍然不够。因此，有关部门对心理健康教育的宣传力度和重视程度还有待加强（李清华，杨军，2011）。

六、我国学校心理辅导发展的启示

(一) 大力加强学校心理学的师资队伍建设，建立完善的资格认证制度

我国学校心理学的师资队伍较薄弱。例如，心理辅导教师队伍的数量少，水平还有待提高。专职人员少，兼职人员多。心理学专业尤其是具有临床经验的心理学专业教师少，半路出家的多。师资培训较薄弱，表现为专业实践培训少，理论讲座多；实质内容培训少，巧立名目培训多；按计划培训的少，临时培训的多。

根据联合国教科文组织要求，大约7000名中小学生中至少要拥有一名学校心理学家。据此计算，我国需要3万多名学校心理学家。所以，必须通过多途径、分层次的专业教育与系统培训相结合的方式，逐步建立健全以专业化为主的、专兼结合的学校心理学师资队伍。可以借助心理学和教育学较强的大学或研究院所加强学校心理学专业化教师的培养和培训。培养和培训的内容要以心理诊断、评估、辅导和干预为主。参加培养和培训的教师要有学校实习的经历和通过综合考试。通过严格师资培养和培训制度，逐步建立国家和地方的学校心理学家和心理学工作者的资格认证制度，使我国学校心理学走上规范化和标准化的道路，从而使得学校心理学这个行业在我国真正形成和独立运作起来（黄喜珊，刘鸣，2009；林崇德，魏运华，2001）。

(二) 缩小地区差异，促进不发达地区心理辅导工作的开展

目前我国学校心理辅导的地区差异较大，发达地区开展得相对较好，成果和经验丰富；而某些地区的农村中小学由于经济欠发达、信息与技术缺乏等原因，还没有很好地开展心理辅导工作。因此，有关部门应该尤其要注重对于经济欠发达地区的中小学校心理辅导工作的开展，加强对于这些地区的心理辅导工作者的培训，加大学校心理辅导的

宣传工作。

(三) 面向全体学生，构建学校心理辅导的发展模式

儿童青少年处于心理不断发展的过程。通过学校心理辅导来促进全体学生的心理成长和发展，这是学校心理辅导的重要目标之一。学校心理辅导工作者应该把服务对象扩展到全体学生，以学生为中心和主体，同时根据学生的实际情况，通过家校合作，发挥教师和家长在辅导中的作用，形成专家、教师、学生和家长相结合的综合辅导模式。发展模式还体现在学校心理学的心理评估、干预以及教育计划工作中，工作思路从以评价、矫正为主到以综合预防、积极干预和发展为主。

(四) 重视学校心理辅导的本土化发展和切实开展中小学心理健康教育的应用研究

我国的学校心理辅导不能照搬他国的模式，而是应该在继续吸收国外学校心理学发展的先进经验和成果的同时，结合我国的国情创建具有中国特色的本土化学校心理辅导。我们应该学习和借鉴国外的先进理念和技术，立足我国的文化背景，并使这些理论和技术中国化。在继承和发扬中国传统文化的同时，努力使其现代化。在总结和提炼我们现在的学校心理辅导模式的同时，使其进一步规范化。

要针对我国的国情和学校教育实际来研究我国学校学生的心理特点和规律，建构自己的学校心理学理论体系，提炼适合中国文化背景下的心理服务技术，建立适合我国国情的学校心理学运行机制，从而为提高我国儿童青少年的心理健康水平服务。例如，我们可以制定我国学校心理学的发展模式，制定我国学校心理学的师资培训和资格认证制度以及相应的监督和管理体系（任其平，2007）。

另外，我们应该既注重在学校心理辅导基础方面的研究，也应该结合我国国情，投入人力、财力在应用研究方面。例如，在研究课题的选择上，研究者可以考虑将学校心理辅导中的具体问题作为直接研究课题，如儿童青少年的攻击行为、留守儿童心理健康、儿童青少年网络成瘾和特殊儿童的心理健康等问题。

第三节 学校心理辅导的理论流派

一、精神分析理论

奥地利精神科医生弗洛伊德（图1-4）于19世纪末20世纪初创立的精神分析理论属于心理动力学理论，是最早系统地揭示人类心理及行为背后原因的心理学理论体系，对理解人类的心理现象及其规律都有重要贡献（车文博，2014a，2014b；弗洛伊德编著，张登浩，高兴翔译著，2010；金军伟，2007；瓦尼埃，2008）。自创始以来，精神分析已成为理解人类异常心理的主要理论之一。

精神分析理论将人的精神层面分为意识（conscious）、

图1-4 弗洛伊德（Sigmund Freud，1856.5.6 — 1939.9.23）

无意识（unconscious）和前意识（preconscious）。该理论指出，"意识是心理与现实联系的部分，是人们当前能直接注意到的心理活动，如感知觉、情绪、意志和思维等以及可以清晰感知到的外界各种刺激等"。"无意识即潜意识，通常是不能被人意识到的心理层面，并且正常人的绝大部分心理活动都是在无意识中进行的，并受无意识动机的驱动"。该理论认为，"无意识的主要内容是不被客观现实、道德理智和法律所接受的各种盲目冲动、各种本能以及出生后和本能有关的欲望，或明显导致精神痛苦的创伤性事件"。例如，已经被个体压抑的童年期的不愉快经历、或者某些心理上的创伤等。个体将这些本能冲动和欲望排挤到无意识中，但它们并没有消失，仍然在积极地活动着，以时刻追求满足这一过程被称为压抑/潜抑（repression）。无意识是人类心理发展的原动力。因此，弗洛伊德主张，"心理学的研究对象主要应该是人的各种无意识层面的精神活动过程"。

"前意识介于无意识和意识之间。它主要包括目前未被注意到或不在意识之中，但在一定条件下又能被意识到的心理活动和过程。前意识的功能是协调意识和无意识之间的平衡，从而阻止无意识的本能冲动到达意识中，使个体控制和调节欲望，使这些欲望尽可能按照现实要求和道德准则来得到满足"。

该理论提出，个体的心理活动受到无意识动机、压抑、防御机制和早期经验的重大影响。心理障碍的病因是无意识层面心理冲突的结果或防御机制的失败。当自我预感到焦虑时，为防止焦虑的发展，自我会施行压抑，并运用防御机制进行伪装，从而避免痛苦，但这样却会形成神经症症状。所以，"神经症症状是被压抑到无意识中的欲望寻求满足的扭曲表现，是压抑与被压抑的两种势力相互冲突而造成的结果，症状的核心问题是焦虑"。

精神分析治疗通常采用自由联想、释梦、阻抗分析、移情分析和解释，以及修通等技术，将个体的心理冲突和痛苦体验挖掘出来，使未得到满足的无意识欲望、本能以更具适应性的方式得以满足，个体便能以更成熟的自我功能和防御方式应对内心冲突，达到消除症状、增进适应的目的。

精神分析理论提出人格结构由本我（id）、超我（superego）和自我（ego）三部分构成。"本我代表人的生物性本能和欲望，是与生俱来的、最原始的、永存的部分，在人一生的精神生活中都起重要作用"。"本我存在于无意识中，主要是性本能（libido）和破坏欲"。本我遵循的原则是"唯乐原则"，也即追求直接的、绝对的和立即的满足，如果这种满足的愿望受阻，个体就会出现焦虑。

超我是人格的最高层次，是社会规范和道德观念等被内化的结果，具有通常意义上良心、良知、理性等含义，大部分是属于意识的。"超我用良心和罪恶感去指导自我行为，限制本我冲动，从而对个体的动机和欲望以及行为实施管制"。超我遵循的原则即"道德原则"，它使自我符合社会的规范，并使个体向自己的理想努力，从而达到人格的完善标准。凡是不符合超我要求的活动都将引起个体良心的不安甚至罪恶感。但需要注意的是，超我的力量过强，则会过度限制个体本能的表达，从而导致个体承受过多的良心痛苦，受到良心的谴责。

自我是本我与超我的协调者，决定着个体心理健康的程度。这表现在，一方面，"自我的动力普遍来自本我"；另一方面，"在超我的要求下，自我顺应现实环境，为了满足本我的需要而维持个体的生存，管制不被超我所容许的冲动，使两者保持平衡"。所以说，自我遵循"现实原则"。而一旦当本我和超我之间的矛盾达到自我不能调和的程度时，就会出现心理疾病，如焦虑、恐惧等。

精神分析理论对个体的人格健康发展有重要启示（郝敬习，2009；林碧烽，张晓容，2000）。在学校心理辅导中，应用精神分析方法对学生进行人格辅导应该至少遵循三个原则（林碧烽，张晓容，2000）：（1）自我、家庭、学校和社会相统一的原则；（2）快乐原则与现实原则相统一的原则；（3）给予成功的机会与给予高品质的爱相统一的原则。

人格辅导对于保持身心健康发展和维持健全人格都非常重要。以精神分析理论为理论指导，在学校情境中对学生进行人格辅导，一方面能帮助学生认识自己的本我欲望，正确认识自我，发展超我，内化社会道德观念和准则；另一方面对个别具有心理障碍的学生进行精神分析治疗，寻找症状背后的无意识动机，使未得到满足的无意识欲望、本能以更具适应性的方式得到满足，从而消除症状、增进适应。

二、行为主义理论

行为主义理论是由美国心理学家华生（图1-5）在俄国生理学家巴甫洛夫的条件反射学说基础上创立的，是美国现代心理学的其中一个主要流派。从发展阶段来看，行为主义可以被区分为以华生为首的早期行为主义、以斯金纳为代表的新行为主义和以班杜拉为代表的新的新行为主义。

华生认为（宋耀武，景宏华，2003；张厚粲，2003），心理学不应该研究意识，只应该研究可观察的行为，因而把行为与意识完全对立起来。在研究方法上，行为主义主张采用客观方法，如客观观察法、条件反射法、言语报告法和测验法，而不使用内省法来对人类的行为做系统的、经验的和因果的解释。

他认为，"人和动物的所有行为都是刺激与反应之间的联接，都是后天学习而习得的。以此逻辑，我们也可以通过学习而更改、增加或消除这些联接"。因此，"查明了环境刺激与行为反应之间的规律性关系，就能根据刺激预知反应，或根据反应推断刺激，

图1-5 华生（John Broadus Watson，1878.1.9 -1958.9.25）

达到预测并控制动物和人的行为的目的"。他认为，"行为是有机体用以适应环境刺激的各种躯体反应的组合，如肌肉收缩和腺体分泌，可以表现在外也可以隐藏在内部，只是强度大小不同"。他断言，"人和动物在心理上没有本质差别，要像研究动物心理那样来研究人的心理"。

1930年起出现的新行为主义理论修正了华生将人的心理过分简化为刺激–反应之间的联接的极端观点。新行为主义的代表人物是美国心理学家斯金纳（Burrhus Frederic Skinner，1904-1990）。斯金纳认为，"心理学所关心的是可以观察的外在行为，而不是行为的内部机制"。他不仅考虑了刺激与反应之间的对应关系，也考虑到了那些改变刺激与反应的关系的条件。他认为，人和动物的行为分成应答性行为和操作性行为两类。应答性行为是"由已知的刺激引起的反应，与刺激物有必然关系"。操作性行为是"有机体自发的反应，与任何已知刺激物无关"。同时，与此两类行为相对应的条件反射类型也可以分

为两种,即应答性反射和操作性反射。

斯金纳对学习问题进行了大量研究,并根据研究结果提出了他的强化理论。强化就是指"通过强化物增强某种行为的过程",而强化物就是指那些"增加反应概率的刺激"。他又进一步把强化分成积极强化和消极强化两种类型。这两种强化都是增加反应再发生概率的强化类型。他认为,"学习就是反应速率的变化。当主体学习时,反应速率增强;不学习时,反应速率下降"。学习过程是循序渐进的过程,教师在学生学习过程中起着监督者或中间人的作用。

在新行为主义理论之后,美国心理学家班杜拉(Albert Bandura,1925-)于1971年提出了新的新行为主义理论,即社会学习理论。该理论是在科学的实验基础上建立起来的,着眼于观察学习和自我调节在引发人类行为中的作用,强调认知、行为与环境因素三者及其交互作用对人类行为的影响。

班杜拉指出,"人的行为,尤其是人的复杂行为主要是通过后天的学习而习得的"。"行为的习得既受遗传因素和生理因素制约,又受后天经验环境影响,并且两者对人类行为有交互的影响"。班杜拉认为,"行为习得有两种不同的过程。其中一种是,通过直接经验获得行为反应模式的过程,即直接经验的学习。另一种是,通过观察榜样的行为而习得行为的过程,即间接经验的学习"。他的社会学习理论强调这种间接经验的学习,即观察学习。在这类学习过程中,观察学习者只是观察榜样的行为及其行为结果就能进行学习。行为结果包括外部强化、自我强化和替代性强化。班杜拉把这三种强化作用看成是学习者进行学习的动机。

综上所述,行为主义认为,心理疾病完全是后天错误学习的结果。既然它们可以从学习中得来,也同样可以通过学习去除。因此,基于行为主义原理的行为疗法(行为矫正技术)提出,咨询师或治疗师可以通过行为主义原理去校正和塑造个体的行为,从而达到心理矫治的目的。这一疗法在学校及家庭教育方面有重要应用,对于治疗焦虑和恐惧障碍,校正学生的不良行为等有很好疗效。

三、认知理论

认知理论提出,"人的心理功能类似一个信息加工系统"。认知心理学重视心理内部过程的研究。认知模式的理论基础是贝克等提出的情绪障碍认知理论。他认为,"心理问题不一定都是由神秘的、不可抗拒的力量引起"。相反,心理问题可以从平常的生活事件中产生。"例如,错误的学习,依据片面的或不正确的信息做出错误的推论,以及不能合理区分现实与理想之间的差别等"。他提出,一个人的思想决定了他内心的体验和反应,即认知歪曲是引起情绪不良和非适应行为的根本原因。因此,通过改变个体的适应不良性认知就可以改变或矫正情感和行为障碍。

基于认知理论发展起来的认知疗法在学校情境中有重要应用。其中,最著名的是20世纪50年代由艾利斯在美国创立的合理情绪疗法,又叫认知-行为疗法。艾利斯认为,人的认知既可以是理性的、合理的,也可以是不理性的、不合理的。合理的思维与信念会引起人们对事物的适当情绪反应。然而,任何人都可能具有或多或少的不合理思维与信念。不断重复某种不合理的、违反逻辑的思维和信念将导致无法排解的情绪或心理困扰。

因此,他提出情绪ABC理论,认为"人的情绪不是由某一诱发性事件本身引起,而是由个体对这一事件的解释和评价引起"。如果诱发性事件用 A 表示，个体对诱发事件的看法、解释和评价用 B 表示，个体的情绪及行为结果用 C 表示，通常情况下，人们会倾向于认为，情绪及行为反应直接由诱发性事件 A 引起。但该理论指出，"诱发性事件 A 只是引起个体情绪及其行为反应的间接原因，人们对诱发性事件所持的看法和理解 B 才是引起个体的情绪及其行为反应的直接原因"。

合理情绪疗法实际上是一种对有情绪障碍的来访者实施再教育的过程。咨询师所扮演的角色是指导者、说服者和分析者、权威信息的提供者和与求助者非理性观念对抗的辩论者。咨询师需要充分发挥并利用自己与来访者的认知能力，通过逻辑分析，指出来访者认知结构中不合理的认知方式，并指导来访者用新的、合理的认知方式来代替旧的、不合理的认知方式。因此，该疗法适用于有情绪和行为障碍，并且智力和文化水平都相对较高的求助者。

采用认知情绪疗法可以帮助学生以理性的认知方式看待事件，正确认识自己的情绪，并学会调控情绪，提高学生的逻辑分析能力和推理能力。

四、人本主义理论

人本主义理论是 20 世纪 50 到 60 年代在美国产生和发展起来的，代表人物是马斯洛和罗杰斯，该理论被称为有别于行为主义和精神分析理论的心理学第三势力。人本主义强调，心理学应该研究人类真实的、内在的自我，而不是用客观的方法研究一些表面化的东西；人本主义理论将人的成长和发展称为自我实现；注重心理学研究与人类生活实际相结合。

1943 年，美国人本主义心理学家马斯洛提出需要层次理论（图 1-6）。该理论认为，人作为一个有机整体，具有多种动机和需要。各种需要是分层次的，并且层次有高低与顺序之分，需要影响着人们行为的方式和方向。不同的人有不同的需要，而且这些需要会随着时间等因素而变化。

他把人的需要分为五个层次：即生理的需要（如食物、呼吸、居住场所、睡眠和性等）、安全的需要（避免对生命构成威胁）、归属和爱的需要（希望得到相互的关心和照顾）、尊重的需要（希望自己有稳定的社会地位，要求个人的能力和成就得到社会的承认）和自我实现的需要（充分地、活跃地、忘我地、集中全力、全神贯注地体验生活，完成与自己的能力相称的一切

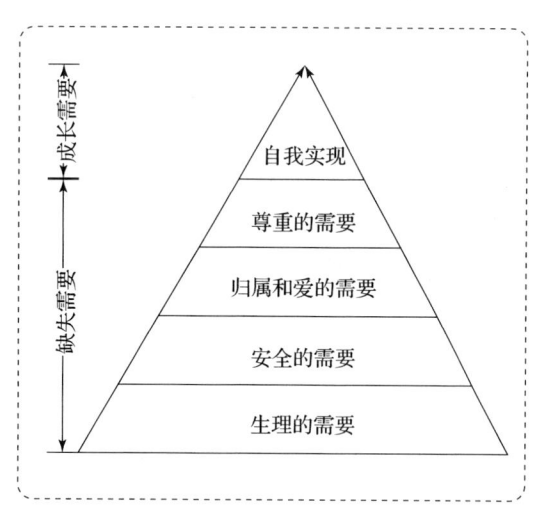

图 1-6 马斯洛的需要层次理论

事情，最充分地发挥自己的潜能，成为所期望的人）。前四种需要关系到人的生存，是缺失需要，又叫低级需要。低级需要是人最迫切的需要，是激发个体行动的主要原因和动力。自我实现的需要是个体追求成长和完善的需要，是成长需要，又叫高级需要。高级需要是超越性的，是个体追求真、善、美的需要，并将最终引导个体实现完美人格。高峰体

验即代表了个体的这种自我实现的状态。

需要层次越低，力量越强、潜力越大。需要能从外部的满足逐渐向内在的满足转化。人的低层次需要得到满足后，会寻求实现更高层次的需要。高级需要满足后，低级需要依然存在，但对行为的影响降低了。从动物到人的进化及个体发展的过程中，高级需要出现较晚。人类的需要是一种似本能，这种似本能在某种程度上是由体质或遗传决定的。

20世纪60年代，美国心理学家罗杰斯（Carl Rogers，1902-1987）提出了"以来访者为中心"的主张，提出来访者中心疗法。他认为，每个人都有一种谋求自我成长，争取尊严和自我决定的潜能，精神障碍是由于外部因素阻断了人们的自我成长潜能。因此，人本主义疗法致力于帮助个体移出这些障碍，使个体能够遇到真实的自我。他用来访者一词替换病人来强调观点上的巨大变化。

他认为，治疗情境中促使个人成长的三个重要的因素是真诚、无条件积极关注和共情。真诚是指为了营造一种和来访者相互信任的关系，咨询师表现出诚实开放的态度，这是治疗成功的关键因素之一。无条件积极关注指咨询师必须学会尊重每一位来访者，并采用非评判的态度。共情指咨询师能够"设身处地"地理解来访者的想法或感受，像感受自己的内心世界一样去感受来访者的隐秘世界（李文权，2016）。

【章末思考与练习】

1. 学校心理辅导的概念和目标是什么？
2. 请举例说明学校心理辅导的具体形式。
3. 简述学校心理辅导的原则。
4. 简述学校心理辅导的理论流派？

【阅读书目推荐】

1. 辛勇. 学校心理咨询［M］. 成都：四川大学出版社，2004.
2. Schmidt J. J. 沈湘秦译. 学校心理咨询实用规划［M］. 北京：中国轻工业出版社，2005.
3. 许思安. 学校心理学［M］. 武汉：华中科技大学出版社，2015.

参考文献

1. Fagan. T. K, Wells. P. D. History and status of school psychology accreditation in the United States［J］. School Psychology Review, 2000, 29(1):28-51.
2. Kiesler. C. A. The next wave of change for psychology and mental health services in the health care revolution［J］. American Psychologist, 2000, 55(5), 481-487.
3. 常硕峰. 科尔伯格道德发展理论的特征及其本土化［J］. 学术交流，2012（9）：51-54.
4. 车文博. 精神分析新论［M］. 北京：九州出版社，2014a.
5. 车文博. 精神分析学导论［M］. 北京：九州人民出版社，2014b.
6. 崔景贵，谢莉花. 德国学校心理学服务工作的职责、特点与经验［J］. 现代教学，2015（z4）：93-97.

7. 弗洛伊德著. 日常生活的心理分析［M］. 张登浩，高兴翔译. 北京：北京出版社，2010.
8. 官群. 学校心理学发展的国际现状［M］. 心理学探新，2009，29（2）：52-56.
9. 郭永玉. 人格心理学导论（21世纪心理学系列教材)［M］. 武汉：武汉大学出版社，2007.
10. 郝敬习. 弗洛伊德精神分析理论及其人性观［J］. 湖州师范学院学报，2009，31（3）：59-62.
11. 黄喜珊，刘鸣. 日本的学校心理士制度及对构建我国学校心理学的启示［J］. 心理科学进展，2009 17（4）：780-783.
12. 金军伟. 精神分析理论发展概况述评［J］. 体育研究与教育，2007，22 (s1)：108-112.
13. 孔燕，朱芬，王少. 国外学校心理学研究的进展 ——基于 WOS 数据库 1232 篇文献的分析［J］. 外国中小学教育，2017（9）：14-22.
14. 李清华，杨军. 我国中小学学校心理学研究综述［J］. 太原师范学院学报（社会科学版），2011（3）：155-157.
15. 李文权. 教育心理学［M］. 上海：华东师范大学出版社，2016.
16. 廖全明，刘宗发. 论当前心理健康教育师资培养模式存在的问题及对策［J］. 教育探索，2006（11）：97-99.
17. 林碧烽，张晓容. 精神分析理论对人格教育的有益启示［J］. 中国教育学刊，2000（3）：37-40.
18. 林崇德，魏运华. 试论学校心理学的未来趋势［J］. 教育研究，2001（7）：30-34.
19. 刘金明. 论学校心理辅导的目标及其达成策略［J］. 教育研究与实验，1997（1）：52-53.
20. 刘晓丹，褚潇潇. 学校心理理论与学校心理学［J］. 科教导刊：电子版，2005（26）：15-16.
21. 刘志伟，张兰英. 学习心理辅导的内容与价值［J］. 辽宁教育，2001（5）：25-27.
22. 任其平. 美国学校心理学的发展趋势及对我国的启示［J］. 比较教育研究，（2007）.28（1）：49-54.
23. 史颖. 科尔伯格的道德认知发展理论及对我国开展德育工作的启示［J］. 辽宁教育行政学院学报，2009，26（7）：45-47.
24. 宋耀武，景宏华. 行为主义心理学思想评析［J］. 河北大学成人教育学院学报，2003，5（3）：22-24.
25. 苏计峰，张锋，刘燕. 农村中小学心理健康教育的现状及对策［J］. 中国校外教育，理论，2008（S1）：511.
26. 佟月华. 美国学校心理学的发展［J］. 济南大学学报（社会科学版），2000（3）：44-46.
27. 瓦尼埃. 精神分析学导论［M］. 天津：天津人民出版社，2008.
28. 辛勇. 学校心理咨询［M］. 成都：四川大学出版社，2004.
29. 徐红丹. 港澳台地区学校心理学的发展及其对大陆地区的启示［J］. 亚太教育，2015（11）：131-132.
30. 许思安. 学校心理学［M］. 武汉：华中科技大学出版社. 2015.
31. 许思安，严标宾. 大学生人格发展与辅导［M］. 广州：暨南大学出版社，2009.
32. 杨玲，赵国军. 学校心理学，学校心理辅导与咨询［M］. 甘肃：甘肃教育出版社，2006.
33. 张厚粲. 行为主义心理学［M］. 杭州：浙江教育出版社，2003.
34. 张伟英. 开设学校心理辅导的必要性［J］. 西北医学教育，2002，10（2）：79-79.
35. 周怀红，孙树平. 科尔伯格的道德发展阶段理论及其启示［J］. 辽宁师范大学学报（社会科学版），2012，35（6）：784-789.
36. 朱海. 谈学校心理辅导的几种形式［J］. 教育实践与研究，2004（5）：15-15.

第二章　心理健康教育概述

【教学/学习目标】

1. 知识与技能：掌握心理健康的概念和标准，了解心理健康教育工作者的职业标准。
2. 过程与方法：明确学生常见的心理障碍并掌握相应的技能及对策。
3. 情感态度与价值观：培养学生良好的心理行为习惯，使学生能够准确表述自己的内心状态。

"这世界除了心理上的失败，实际上并不存在什么失败，只要不是一败涂地，你一定会取得胜利的。"——亨·奥斯汀

随着社会发展的不断提升，经济全球化和信息全球化促使生活在竞争激烈环境中的我们不得不加快步伐以适应时代的变化。对于个体而言，健康的心理是我们在时代变迁与演进过程中不断提升自我的保障。对于在校学生而言，健康的心理是学习科学文化知识的基本前提，是综合素质的重要组成方面，也是学生顺利成才的重要保证（王永和，2004）。健康的心理环境使学生能够形成良好的个性和稳定的气质特征，从而更好地适应社会发展。而现实是，这种快节奏带来经济发展的同时，对个体的心理发展和适应也带来了不少问题。

产生心理问题的原因有很多。例如，人际关系、社会支持、经济水平、出生次序等，甚至天气的好坏对人们心理健康也有十分显著的影响（宋烨，2015）。研究表明，我国学生普遍存在心理危机。其中，小学生心理障碍发生率大约在20%至30%之间，由于厌学、心理精神相关问题导致的辍学达到了60%至70%（答会明，2018）。中学生的心理健康状况也不容乐观，通常表现为郊区学生心理健康状况远低于城区。学习、人际、身体状况、肥胖、留守、家庭教育等是中学生心理问题产生的主要来源。针对大学生心理健康的研究表明，新生适应、强迫症状和人际关系焦虑等成为现代大学生心理健康问题的主要原因。而无论是哪一阶段的学习，心理问题给学生的学业和生活造成的负面影响总是巨大的，这种影响或是即刻浮现，又或是潜移默化的。

2017年3月，沈阳接连发生学生跳楼事件，造成一死一伤的悲剧。2018年6月初，洛阳栾川有一名男生，毕业20年后在回家途中遇到自己的初中老师，并将其拦下扇耳光报复的事件使得人们在网络上纷纷讨论。同年，在广西省融水县某中学，一名初二女生在教室内被多名女生殴打，打人者边打边笑，旁边还有人拍视频并将视频在微信和QQ群传播，造成了极坏的社会影响。

一系列问题的产生不仅反映的是教育的问题，更反映了社会和学校在教育过程中对学

生心理健康的忽视和淡漠。"千里之堤,溃于蚁穴"。一名教育工作者固然要关注学生是否成才,而这一切的基础和关键便是学生的心理是否能够得到健康的发展。这是一条漫漫长路,需要我们不断探索。本章主要探讨了心理健康及其相关诸多问题。通过本章,我们可以学习和掌握心理健康的标准、心理健康教育的内容和发展、心理健康教育工作者的职业标准、心理异常的应对和处理策略。

第一节　心理健康及其评估标准

一、健康的概念

无论是身体还是心理,健康一直是人们关注的重要话题。健康是一个相对和发展的概念,即相对疾病而动态平衡。1990年,世界卫生组织(World Health Organization,WHO)完善了健康的概念,即"健康的个体不仅只是身体没有缺陷和疾病,而是在躯体、心理、社会适应和道德四个方面都达到一种完好的状态"。基于此,我们可以从以下几个方面对健康的概念作进一步的认识。

1. 健康是一个相对而平衡的概念

一方面,健康与疾病相对立,两者相互关联又密不可分。试想,如果人们没有疾病也就不存在所谓的健康。另一方面,健康是一个动态平衡的概念。健康是平衡的体现。平衡既是健康的基础也是健康的标志;动态体现了健康随个体年龄阶段的变化而变化,同时也是个体与生态系统的整体平衡(曾凡龙,2007)。如果我们将人的状态分为健康、亚健康和疾病三种(图2-1),那么健康和疾病处于两端,在二者之间是亚健康。

图2-1　健康和疾病属于一个连续体的两端

2. 健康需要拥有良好的身体基础

俗话常用"留得青山在,不怕没柴烧"来比喻只要还有生命,就还有希望和未来。在躯体层面,健康的个体拥有发育良好且功能正常的器官和各项系统,精力充沛,能够满足日常工作和劳动需求。他们身体指标正常、身体动作协调,能够抵抗一般性疾病等。

3. 健康需要具备良好的心理素养

所谓健康不仅包括没有疾病,良好的心理素养是健康个体必备的重要条件之一。保持良好的心理素养,即当内外环境发生改变时,个体能够通过心理调试保持正常的心理状态和行为表现。我们通常也将这种心理和行为上的反应状态称为心理弹性。较强的心理弹性是个体维持良好心理 - 行为状态和耐受挫折的基础。

4. 健康需要具备良好的社会适应能力

心理健康的个体能够悦纳自己,同时也能够创造和维持良好的人际关系。根据马斯洛的需要层次理论,个体在社会交往过程中,良好的人际关系能够满足个体归属与爱的需要,能够满足个体尊重他人以及被尊重的需要。此外,心理健康的个体能够不断保持一种积极向上的态度，这有利于个体在社会生活中处理各种压力和挫折。

5. 健康需要具备良好的道德品质

所谓道德是由思想、行为所表现的，有一定标准的社会、风俗和习惯等。在适应环境的过程中，个体能够习得和理解社会上约定俗成的标准，能够尊重他人或群体，能够以帮助他人为自我价值的体现，能够遵循目前的规章和守则，也能够发现和创造生活中的希望和美好。

二、心理健康的含义

（一）心理健康的定义

健康是一个相对的概念，要求个体在生理、心理及行为上保持一种动态的平衡。然而，我们对于心理健康的认识还存在主观差异。由于研究者确立心理健康的依据、尺度大小及品质内容的不同，目前学术界对于心理健康的界定并没有一个统一的标准和界限。以下，我们通过几个方面来理解什么是心理健康。

1. 西方心理学家的观点

（1）美国著名的人格心理学家、人本主义的先驱——奥尔波特（Allport）认为，心理健康的个体能够摆脱潜意识的束缚，行为完全按照意识水平指引。与心理动机理论相似，奥尔波特认为，个体的追求不仅局限于例行公事的需求，而是能够对新兴刺激保持稳定的意向和紧张。健康的个体总是积极且充满希望的，具有远大的理想和目标；能够面对挫折、迎接挑战，富有自知和爱；能够客观地看待现实世界。

（2）与奥尔波特的观点不同，精神分析学派代表人物荣格（Juong）肯定了潜意识的作用。他认为，心理健康的个人能够从意识层面引导和发挥潜意识的能量，强调二者的相互作用，并最终整合一体，充分发挥二者的作用。

（3）德国著名的精神病学家弗洛姆（Fromm）强调社会对个体的影响。他认为，心理健康依赖于社会的性质，什么样的社会成就什么样的社会成员。他强调，应该是社会来适应群体而非群体来适应社会。

（4）奥地利神经病学家弗兰克（Frankl）提出，心理健康是超出自我中心以达目的的，强调在超越自我中心的过程中找到生命的价值和意义，成为真正的自己，强调意志的作用。

（5）珀尔斯（Perls）则将心理健康界定为此时此刻的意义与感知。根据其观点，一个健康的个体能够坦率而明确地承认和面对当前自己的情绪、状态、需求、潜力和不足，能够清楚地认识自己、了解自己、释放自己。"如果你为错过太阳而流泪，那么你也将为错过繁星而黯然神伤"。因此，心理健康的个体能够把握当下，正确面对和感知自己所处的环境。

（6）著名的人本主义代表人物罗杰斯（Rogers）认为，心理健康并非某种状态，而是一种不断前进的动态过程。个体具有自我实现的愿望，并且能够以自我本来的面目对抗实现过程中的种种困难。这种过程和趋势使得个体不断保持激动、力量和动力。

（7）另一位著名的人本主义代表人物马斯洛则提到，健康的个体能够利用潜力充分认识和理解当前世界，并力求获得满足与自我实现。马斯洛认为，极度健康的人也即自我实现的人，他们总是着眼于自我潜能的发挥与理解当前环境，通过补充知识经验以增添生活乐趣（李蔚，2003，2004）。

2. 我国心理学家的观点

早在 1996 年，刘艳（1996）就通过对 Mental Health 的分析和总结认识到，心理健康是一种个体内部协调与外部适应相统一的良好状态。1997 年，胡江霞（1997）从"欲"与"矩"两个方面谈到了心理健康的定义和标准。胡江霞认为，心理健康是建立在社会规范基础上的个体性和社会性不断完善的动态过程。研究者们普遍看来，心理健康是一个连续的概念，而非能够用对与错、是与否进行简单区分（兰文杰，宛容，1998）。易法建等将心理健康分为最低层次、中间层次和最高层次，分别用以指代严重心理疾病、超越亚健康状态以及自我实现三个部分（易法建，2006），如图 2-2 所示。人们的心理健康水平从低到高可以分为五类：严重心理疾病、低于一般心理健康水平、健康水平、高于一般心理健康水平和极端心理健康水平。其中，低于一般心理健康水平、健康水平和高于一般心理健康水平属于超越亚健康状态，极端心理健康水平属于自我实现状态。

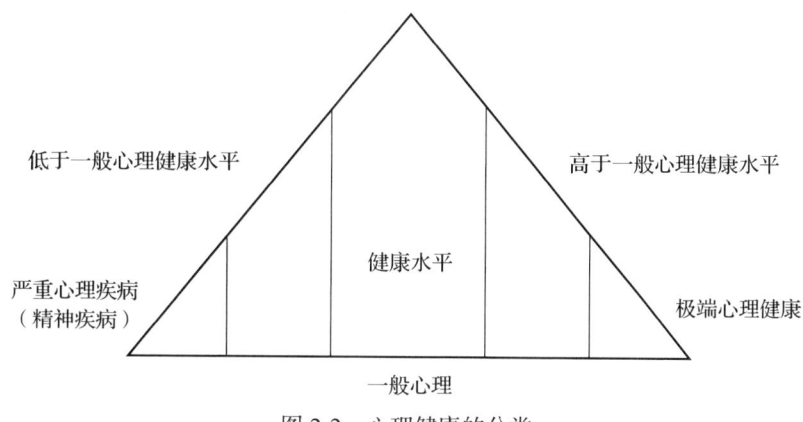

图 2-2　心理健康的分类

朱丽娅（2004）从广义和狭义两方面阐述了心理健康的概念。从广义上讲，心理健康是高效且令人满意的连续心理状态。从狭义上讲，心理健康是指心理过程的完整与协调。此外，有研究者从系统资源管理和维列鲁学派活动理论出发，论述了心理健康的实质与意义。即心理健康的实质是个体管理和实施生活进程的有效性，其内涵可通过包括计划、组织、指挥、协调及控制五个方面在内的操作维度来理解（石文山，陈家麟，2004a，2004b）。因此，心理健康是内外系统的和谐（阳泽，2010），是个体自我成长过程中的最佳状态（李蔚，2003）。

综上所述，本书认为，心理健康是指一种积极连续的内心体验和过程，能够促使个体保持活力，以发挥个人潜力并适应社会，最终趋于自我实现。因此，我们可以从以下三方面来理解心理健康的含义。

（1）心理健康是一种相对而连续的过程

一方面，社会文化背景对个体的心理健康有巨大影响。不同社会文化背景下的个体，其心理健康的标准不同。因此，我们认为，心理健康是一个基于社会文化背景的相对概念。另一方面，马克思和恩格斯关于人的本质的观点中曾提到："人是社会关系的总和，人的本质不是永恒的"。同样，个体心理健康应该是一个连续发展的过程。在这一过程中，个体随着社会经验的积累，不断形成和完善人格与个性，不断调整和适应社会关系，不断满足自身需要,最终趋近于自我实现。

(2)心理健康是一种积极向上的平衡状态

基于马斯洛的需要层次理论,所谓积极向上,是指心理健康的个体都具有不断追求和创新以达成个人目标的愿望;同时,个体为达到自我实现,充分发挥自我潜能并与环境保持平衡。平衡既包括个体本身内在的平衡,即人格与行为相一致;也包括外在的平衡,即个体与周边环境和他人相和谐。

(3)心理健康是一种能够正确感知和理解现实世界的能力

在变态心理学理论中,研究者常把是否具有自知力看作是心理问题的重要指标之一。心理健康的个体能够正确表达自我的情绪、情感及体验,主客观统一;能够感知自身所处的环境,感知和理解他人的情绪和行为并做适当的反馈。

(二)心理健康的评估标准

有研究表明,教师对学生心理健康程度的理解受到教师的教龄和条件性知识(教育学、心理学方面的知识)的影响(申继亮,洪韵,彭华茂,2001;申继亮,洪韵,杨小洋,2001)。一些中学教师常将道德规范、学校规章等作为学生心理健康的评判标准,而忽视了学生人际关系的重要性。从心理学方面来说,目前学术界对心理健康的评估标准没有统一的准则。

周燕(1996)强调,心理健康标准应该是生存与发展的结合,个体在社会化过程中,应该有选择地、创造性地适应社会。心理健康标准的制定应该在个体、群体、机构多个层面来综合考察。邓云龙等先后从中国本土文化出发来解读心理健康的标准,提出包括(1)知己知彼;(2)反应适当;(3)真实和谐;(4)悦纳进取四个方面的内容(戴吉,邓云龙,2013;邓云龙,戴吉,2010)。

此外,关于心理健康标准的维度问题,胡江霞(1997)提出了心理健康自主性、规范性及适应性的三维度标准。叶一舵(2001)提出心理健康标准的"二维适应论",认为个体心理是否健康,取决于其是否能够保持良好的适应(图2-3a))。也有研究者从卫生与教育、理想和现实标准(图2-3b))出发,构建心理健康的二维结构(张海钟,2000)。

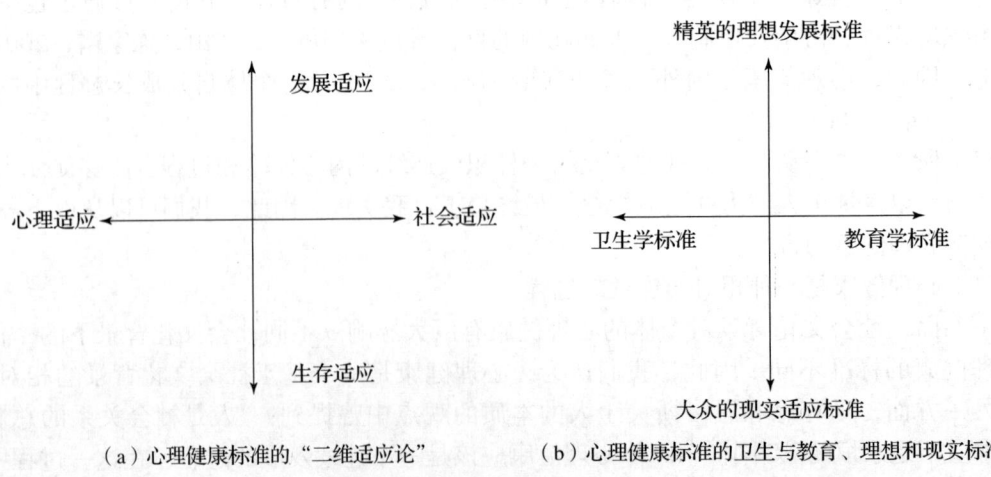

(a)心理健康标准的"二维适应论"　　(b)心理健康标准的卫生与教育、理想和现实标准

图2-3　心理健康的标准

此外，也有研究者从生态学视角出发，将心理与环境间的关系作为探讨心理健康的标准，在生态心理学的基础上构建了较为完善和全面的心理健康标准（朱琼，吴建平，2010）。更有学者提出心理健康的六条标准，即"对现实的正确认识""自知、自尊与自我接纳""自我调控能力""与人建立亲密关系的能力""人格结构的稳定与协调""生活热情与工作效率"。心理健康指的是一种持续的心理状态。"在这种状态下，个人具有生命的活力、积极的内心体验、良好的社会适应，能够有效发挥个人的身心潜力与积极的社会功能"（刘华山，2001）。

从积极心理学的角度出发，心理健康的标准包括七条："自我接纳与开放""乐观的生活态度""积极的情绪""充满希望""充满爱""同理心及共情力""良好的安全感以及和谐的人际关系""潜能与创造力的发挥"（杜学敏，戴贝钰，刘正奎，2018）。

同时，由于中西方在历史文化和观念背景上的差异，在制定心理健康的评估标准时也往往在研究思路、自我观念和人格观念等存在差异（姚本先，吴凌燕，陈美爱，2008）。纵观心理健康标准的制定历程，我们虽然无法设定和统一唯一正确和适用的标准，但通过整理前人研究，我们发现心理健康的标准大致可以归纳为以下几个方面的内容。

（1）统计学标准

在一定社会条件下，心理健康的个体，其心理评价指标应与大多数人类似。即考察心理指标是否偏离平均数。以正态分布理论为理论基础的统计学标准能够较为客观地统计均值及偏离值。一般认为，偏离平均数即为心理异常。

（2）社会学标准

即个体行为是否符合当前社会规范的要求，是否能够得到绝大部分社会成员的理解和接受。

（3）社会适应标准

即个体是否能够适应生存的环境，包括生活适应、社会适应等。考察个体是否能接受当前的现实状态，是否能够在其中发挥自我潜能，是否能够发展良好、和谐的社会关系。通常，研究者将善于生活者视为正常，反之为异常。

（4）临床医学标准

从临床医学上看，我们能够较好地确定心理问题的产生。根据心理学或精神相关临床判别标准，我们可以判断个体是否具有心理或精神疾病。例如，认知障碍、情绪障碍、意志行为障碍、精神分裂和神经质等。

（5）个体主观经验

即个体主观经验和感受是否协调，主客观是否统一，心理适应程度是否恰当。个体是否能够按照自己的意愿行事，心胸开阔，积极乐观，是否能够保持一种快乐而持久的心境等。

（6）身心成熟与发展水平

即指从发展心理学的角度上看，个体目前的身体和包括智力等在内的心理发展水平与同龄人比较是否存在较大差异，是否能够适应性地解决当前该年龄阶段所面临的问题，是否能够形成该年龄阶段所需的知识体系，是否能够发挥创造力与潜能。

三、心理异常的含义

(一) 心理异常的概念

心理健康与心理异常是两个相对并彼此依存的概念,二者并没有严格的界限。心理异常是指个体因遭遇挫折而导致其心理活动和行为之间无法保持协调一致,不能适应客观环境,无法形成良好和稳定的人格结构或长期保持消极负面的情感体验。例如,抑郁、暴躁、强迫、恐惧、自卑、失落和焦虑等(傅安球,1999;史天山,妙改霞,2011)。

心理异常从轻微到严重可以分为一般心理问题、心理障碍、心理疾病以及心身障碍与心身疾病。其中,一般心理问题指由现实因素引发、持续1个月或间断2个月、不严重影响社会功能。一般心理问题的产生往往出现在特定的情景当中,而在其他情景下则不出现泛化。例如,有的学生当面临重大考试时会出现考试焦虑,因过度紧张而产生手抖、紧张、出汗、失眠、恐惧等症状。但这仅仅在重大考试这一场景中出现。心理障碍与一般心理问题具有本质上的区别,没有特定的场景诱发且具有持久性。心理疾病是多种心理障碍的集中体现,多以症候群的形式出现,表现稳固而病态。心身障碍与心身疾病均为生理异常带来的心理结果,前者主要表现为心身功能失调,后者则与个人情绪有关且伴有器质性病变(杨皓凯,孟晶,贾建平,2009)。

(二) 心理异常的影响因素

中学生正处于青春期发育的关键时期,情绪情感都较为敏感,如果不能有效地预防、及时发现、正确指导,可能会带来十分严重甚至不可逆转的后果。中学生常见的异常心理通常表现为孤独、自卑、恐惧、焦虑、自负、压抑、逆反和嫉妒等,而导致心理异常的原因是多方面的,大致可分为以下几类。

1. 生物因素

主要是指包括素质性与诱发易感性在内的遗传因素,同时也包括躯体疾病或损伤。例如,由于神经系统、大脑的损伤导致的心理或精神问题等。

2. 心理因素

主要是指环境不能满足个体需求而产生的心理冲突,这是心理异常产生的主要原因之一,常表现为焦虑、苦闷、消极、甚至伴有自杀意念。

3. 环境因素

主要包括家庭(教养方式、父母关系和家庭条件等)、教育(教师的教学方法、态度、水平和人格等)、社会环境(政治、经济、文化和就业等)及意外事件(重大事件、成员变故和人际关系受挫等)。

(三) 心理异常的鉴别

心理异常的判断和鉴别可通过比较判断、常识判断、专业判断和心理学判断以及综合分析判断等方式展开(刘晓温,2009)。而心理异常的标准化区分与心理健康的区分方式对应,一般分为四类判别标准,包含有医学上的标准、统计学标准、内省经验标准和社会适应标准。心理异常的判断通常需要遵循以下三条原则。

1. 主客观世界的统一性原则

人的精神和行为若与现实世界不一致，必然不被理解。例如，当个体认定自己看见、听见、闻到了什么，而现实这些东西并不存在，则很大可能产生了幻觉。

2. 心理活动的内在协调性原则

心理活动分为心理过程和个性心理。心理过程又包含了认知、情绪情感和意志三个方面的内容；个性心理包括个性心理倾向和个性心理特征。心理活动的协调性是指不同部分相互区分，同时也互为一个完整的整体，协调一致指导个体的心理和行为。例如，开心便手舞足蹈，难过便泪流满面。

3. 人格的相对稳定原则

个体在长期的发展过程中普遍形成了自身较为稳定的人格，若没有重大外界刺激的影响，一般不轻易改变。若没有明显的外界条件的改变，个体的人格发生了变化，通常考虑心理异常。例如，平时活泼好动的人突然变得冷酷无情；平时乐于助人，突然之间变得嫉恶如仇等，都可能是心理异常的表现（郭念锋，2005）。

【案例专栏1】 大学生自卑心理案例

王某某，男，23岁，在读大学三年级学生，汉族，身高1.8米左右，体态正常，高考和大学入学体检未发现躯体疾病，无家族精神疾病史。

个人成长史： 王某某是家中独生子，出生后身体较健康。儿童时期母亲对其十分宠爱，父亲平常对他管教比较严格。并且父母对他都寄予了很大期望。由于体格优势，他从小便被送往游泳队参加训练，因而从小与家人见面的机会相对较少。由于长时间与家里人联系较少，他时常感觉非常孤独。为了获得父母的关注，在训练期间，他十分刻苦。他参加过许多大赛，也都取得了不错的成绩。18岁以艺体生的身份考入重点大学。不管在学习上还是平常的训练中，他都十分要强，追求完美。

个人陈述： 我从小性格就比较要强，我希望能通过我的努力让父母看到我的进步，认可我，夸奖我。但是无论我得了多少奖牌，由于距离的原因，我都无法及时与他们分享我的喜悦，似乎我无论做什么，在父母眼里都是理所应当的。一个月以前，我因为训练时不小心弄伤了手腕，在比赛的时候与奖牌失之交臂，我觉得我完了。因为为了这场比赛我足足准备了半年，每天起早贪黑，可是没想到最后居然失败了。我觉得我从小就开始训练，到现在还是如此差劲，大概是我本身就不是运动员的料吧。比起其他同学，我除了身高外，似乎也没有什么优势了。我在学习上很用功，但总是事倍功半，我感觉我得不到我想要的效果，甚至有些时候觉得自己几乎是个废人。我觉得我对不起父母对我的期望，我对不起自己付出的时间和精力。一想到这些，我就整夜失眠，睡不好觉，成绩更差了。我也知道再保持这种低落的情绪对自己不好，可是我真的不知道该怎么办。

咨询师观察和了解到的情况： 求助者说话速度较慢，表达清楚，思维清晰，但情绪十分不稳定，说到父母对自己的期待和自己付出的努力时便十分激动，眼圈泛红。他的同学反映，他近期显得十分沉默，不爱说话，情绪低落，总觉得自己一无是处。经好几次沟通、开导无果后主动前来求助。

诊断结果： 根据王某某平时的考试成绩，可推断他的智商处于正常范围。王某某能意识到自己本身存在的问题并主动要求接受心理咨询，可知其有较强的自知力，也有求治愿望，符合一般心理问题的诊断。结合其他相关信息，该来访者被诊断为自卑和抑郁情绪，属一般心理问题。

第二节 心理健康教育的内容和发展

心理健康教育一直都被人们所关注，其重要性不言而喻。自 2000 年以来，我国对于心理健康及其标准的研究就呈不断发展的态势，特别是针对高校心理健康方面的理论性研究（姚本先，何玉梅，2008）。然而，我国的心理健康教育仍处于起步且落后的阶段。群众乃至于部分教育工作者对心理健康教育的认识往往还存在误区。例如，人们通常将心理健康教育的问题简单归责为心理辅导老师，将心理健康教育视为心理测验、开展心理健康活动或开设心理健康的课程（宿正文，2003），这些观念都是十分片面的。

心理健康教育要求教育者根据学生心理发展变化的特点，运用科学适当的教育手段帮助学生培养良好的心理素质、维护学生的心理健康水平。作为一种教育活动和范畴，心理健康教育一方面可以应用于心理咨询体系中，以帮助学生自我发展和完善人格；另一方面也是德育教育的重要内容之一。心理健康教育的目的在于心理保健、潜能开发以及社会适应。心理健康教育应该贯穿教育全程。

一、心理健康教育的范畴及途径

（一）心理健康教育的内容和范畴

学校要搞好心理健康教育，第一步就要搞清楚心理健康教育的内容和范畴，也要搞明白心理健康教育应该做些什么，能够从哪些方向着手。王希永（2002）将心理健康教育分为四个方面的范畴：（1）综合性宏观的心理教育，例如，心理素质教育、心理辅导和心理卫生等；（2）方法与技术，例如，心理咨询和治疗以及心理训练等；（3）心理教育模式，例如，挫折教育、生存教育和创新教育等；（4）专项心理教育，例如，兴趣、情感和思维训练教育等。

有研究者对小、中、大学心理健康的不同内容进行了总结，认为心理健康教育的内容可分为：（1）向学生普及心理健康知识和策略；（2）学习心理教育；（3）情绪情感教育；（4）人际关系指导；（5）环境适应教育；（6）人格健康教育；（7）职业教育（王福兰，2002）。

张东红（2006）总结了心理健康教育的内容问题，并将学校心理健康教育的内容分为了三个层次，即（1）学生心理健康的维护；（2）学生心理问题的矫正；（3）学生心理潜能和创造力的开发。

林昭雄（2000）认为心理健康教育的内容包括：（1）心理卫生教育，即包括普及心理健康的知识以及教导学生如何防止心理疾病的发生；（2）智力因素教育，即个体的一般能力和习惯方式，例如，记忆力、理解力和观察能力等的教育；（3）非智力因素，例如，动机、情感和气质等的培养；（4）适应环境教育，即教育和引导学生如何适应人际与社会两方面的环境。

有研究者从群体心理健康教育视角提出了大学生心理健康的群体教育模式（李莉，杨玉宇，张燕，2017）。该模式一共包括四个体系，即"三层次两模块一体化"的教学体系（"必修课程—选修课程—活动体验课程"三个层次、"课堂教学和心理体验课程"两个模块，以"实施有效的心理教育"为目标的一体化课程体系）、以社团和拓展为主的心理健康教育活动体系、以群体为主的心理咨询与辅导体系、以学生群体为预防单位的心理危机预防干预体系。

根据前人的研究，本书作者认为，无论针对哪一阶段的心理健康教育，其教育内容与范畴均可划分为以下几个方面。

（1）心理健康知识的普及与引导

大力普及并推广心理科学知识是心理健康工作的关键路径。目前，通过各种网络途径，各式各样的新媒体机构或个人开始推广和普及心理健康知识，取得了一定的成效。然而，在鱼龙混杂的网络环境中，作为一名心理健康教育工作者，我们要在向受众宣传心理健康知识的同时，学会保持知识的科学性与时代性。遵循"知、信、行"的工作原则，掌握扎实的心理学基础知识、建立坚实的心理健康信念和实践心理健康工作（高文斌，樊春雷，王利刚，陶婷，2016）。

（2）学生心理健康水平的维护与提高

即通过心理健康知识的学习，知晓个体心理活动的内容以了解自我心理现状与水平，学会如何保持良好的心态，提高心理素质，发挥个人潜力与创造力。例如，根据心理活动的内容，帮助学生在心理过程和个性心理层面上提高，前者包括个体的认知过程、情绪情感、意志；后者指能力、气质、性格等方面的培养和改善。

（3）学生心理疾病的预防与治疗

在校学生通常在入学适应、考试、学习压力、人际交往和自我意识发展等方面出现问题和困惑。若不及时处理和引导，可能会带来不良心理反应，如焦虑、自卑、胆怯、暴躁、固执、绝望和自负等，严重者甚至导致感知和思维、情绪和意志行为等心理障碍和其他行为问题。

（4）人际关系与社会适应

人际关系对中学生的心理发展起重要作用。中学生人际交往水平受到年级、性别以及不同交往对象的影响（沃建中，林崇德，马红中，李峰，2001）。例如，女生的人际关系要好于男生，高中生人际关系要显著好于初中生（刘广增，胡天强，张大均，2016）。积极的亲子关系、师生关系和同学关系能够显著正向预测学生的学习投入（燕良轼，王小凤，李桃，郑红，徐琳琳，2018）。消极的人际关系则可能直接与学生的攻击行为相关（段东园，程琪，张学民，夏裕祁，2014）。在学校这样一个小型的社会中，辅导教师要引导学生理解当前社会的现状及其运转规律，了解自我在社会中的定位与价值，面对现实，接受挑战。

(二) 心理健康教育的方法与途径

现在，我国的心理健康教育主要通过自我、家庭、学校、社区和社会等途径进行。有研究者认为，学校心理健康教育可通过课程、咨询或班级活动等方式开展，其教育的模式可分为医学、咨询辅导和教育三种（张东红，2006）。李莉等（2017）从群体心理健康教育视角出发，探索了我国高校心理健康教育的模式，倡导结合学生的成长和发展特点展开多学科融合与创新。这为我国高校心理健康教育提供了较强的参考价值。此外，积极心理学的不断发展对改进和优化心理健康教育也起到了促进作用（王承清，崔立中，2013）。大体上，我国学校心理健康教育的途径包括以下几条。

1. **开设心理健康教育课程**

即学校专门开设与心理健康有关的教育课程。例如，心理卫生保健课程、特殊年级（入学／升学）压力应对的专业辅导课程，定期举办主题性的心理专业知识讲座等。

2. **组织心理健康实践活动与宣传**

即以班级为主的有计划、有目的、有组织、有安排的实践活动。例如，每年的5月25日是心理健康日。教育者可以组织学生开展心理宣传和教育活动，推行各项心理体验活动等。学校心理健康的宣传方式一般还可通过广播、校报、心理健康小册子、手抄报和黑板报等形式进行。

3. **构建学生心理健康档案**

即当新生入学时，可先对其进行心理健康筛查，了解和掌握在校学生的心理健康状况并对有特殊心理问题的学生建立特定的心理健康档案。这有利于教师即时追踪和掌握学生的心理发展情况。一般常用的普查问卷包括SCL-90、心理健康自评量表等。

4. **创立心理问题辅导机构**

可以针对个人心理咨询或小组心理辅导的需要设立心理健康咨询辅导中心和相关机构。前者主要是面对具有心理问题或少数患有心理障碍的学生个体。对于这类学生，教师可通过面谈、电话、书信、网络和心理测试等方式开展心理辅导。后者相对注重个体的发展性需要，以缓解心理压力或其他相关的心理问题为主要目的。例如，人际关系成长、小组领导力的培养、情绪调节问题以及青春期常见的问题等。

5. **多学科工作相互融合**

由于学科性质的交叉与重合，目前国内心理健康的普及和教育常与其他学科相融合。例如，心理健康与德育教育、心理健康与思政教育等的融合。通过工作的结合，一方面提高了学校的工作效率，另一方面也使得心理健康教育能够继续得以推行。

6. **优化校园环境，完善校园设施**

校园文化对学生的影响是潜移默化的。学校创建良好的校风、学风，创建良好的校园环境，完善和健全设施设备，能提高学生的学校社区感。

【案例专栏2】 日本"死亡体验营"，思考生命的意义

据媒体报道，近期日本流行了一种死亡体验（图2-4）。即入馆三分钟感知生命的重要，感知当下的价值。位于东京都丰岛区的金刚院莲华堂，自2013年起，每月举办"体验死亡"工作坊以来，至今已有六年的历史，参加人次超过3000人。

近年来，20~30岁的青年参与者逐渐增多。参与工作坊的民众在主持人的带领下，首先在卡片上写下一些对自己十分重要的东西，接着会场转黑，参会者闭上双眼想象自己患上某种疾病，能做的越来越少，要求参与者放弃自己手中的卡片。通过卡片的不断舍弃，可以看出每个人看待这些人或事物的轻重不同。活动的主持人表示，人们通常在患病后，才能体会到健康的可贵。这项"体验死亡"的活动，便是让参加者透过放弃重要的人或事物，而意识到当下的可贵。

 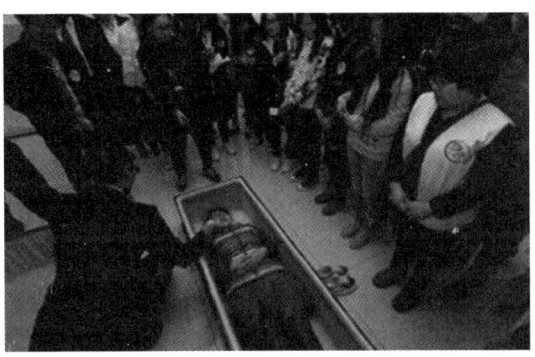

图 2-4　日本开展的"体验死亡"活动

资料来源于网络（https://www.toutiao.com/i6646240449436582404/；https://www.toutiao.com/a6636624934166594051/）。

二、心理健康教育相关概念辨析

学科间的重叠和交叉使得学校心理健康教育工作呈现出多角度、多方位的特点。学校管理者和教育者应该学会从众多相关工作中明晰并认清心理健康教育的实质。本书将从以下几个方面对与心理健康教育有关的概念进行辨析。

（一）心理辅导、心理咨询和心理治疗

心理辅导是指教育工作者根据学生身心发展的规律构建来访关系，并运用专业知识和技能协助学生解决心理和行为问题。学校心理健康教育既类似于心理辅导又与之有所区别。在中小学教育中，前者面向所有学生，后者在范围上往往针对有心理问题的学生。我们应该明确，通过心理辅导实施心理健康教育工作是心理健康教育的一部分，但这并不能完全代表心理健康教育的全部内容（余勇，2006）。

心理咨询是研究精神障碍并予以咨询的一门学科。学校心理咨询是心理咨询在学校中的运用，从属于健康科学。心理健康教育是学校教育体系的重要活动，以教育学原理为指导。学校心理咨询从属于学校心理健康的教育目标，是其必要的补充（李林，2003）。

心理治疗是指经过专业训练的人有目的地与心理障碍者建立咨访关系，根据求助者的需求采取适当的心理学方法，减轻或消除其不适的心理现象，从而恢复其心理健康，使之养成良好心理习惯的过程（向远明，柯善玉，2003）。心理治疗面对的是心理健康水平较低的人群，重点在于矫治和纠正其心理-行为问题。

（二）德育教育

德育教育是指学校以一定的思想政治观点和社会规范为准则，以培养学生良好的思想品质、道德判断和自我修养能力为目的的活动（陈家麟，栾海清，2004）。心理健康教育与德育教育的本质大体是一致的，但心理健康教育并非德育教育，主要表现在以下几方面。

（1）起源不同

学校心理健康教育最早由职业指导、心理测量及心理卫生三项内容汇集而成。德育教育则在学校成立之日起便早已设立。

（2）具体目标不同

心理健康教育以人为主体，关注个体的自我意识、自我发展、人际关系和社会生存以及适应等相关问题。德育教育主要教育学生形成符合社会规范的人生观、价值观及世界观。

（3）理论基础不同

心理健康教育主要基于心理学、教育学、心理咨询与心理测量等相关学科的理论。我国德育教育则主要基于马克思主义及相关的重要领导思想和伦理原则，包括社会科学、哲学等意识形态方面的学科。

（4）工作原则不同

心理健康教育与德育教育的原则差异主要体现在三个方面：是否批判、是否指导、是否保密。

其一，心理健康教育要求心理咨询师对来访者保持中立的态度，即要求咨询师从来访者的角度出发，不予以自己私人的评价。德育教育则要求教育者根据思想政治要求和社会道德规范对学生的思想行为进行考察和判断，引导学生向社会要求的方向发展。

其二，心理健康教育强调助人自助的原则，心理咨询师的作用在于协助来访者发现自我冲突并化解矛盾所带来的心理问题。德育教育则要求教师在思想和道德方面给出直接的建议和意见。

其三，心理健康教育工作者对来访者的问题和个人信息具有保密的义务，在保密范围内，不得泄露来访者的任何信息。德育教育在保密上并没有非常严格的要求，特殊条件下具有一定的公开性、公益性和强制性。

（5）特征不同

心理健康教育主要受心理学相关学科的影响，相对较为稳定。德育教育则主要受到民族文化及当前社会意识形态的影响，具有易变性和阶段性。

（6）教师队伍不同

心理健康教育工作者需要具备一定的心理咨询资格。而作为德育教育者，则并不需要取得特定的资格证书，一般只要思想政治上与团体利益保持一致者即可。

（7）学生观不同

在心理健康教育中，教师和学生往往是来访者与求助者，二者的关系平等。教师作为学生的朋友、支持者和协助者，帮助学生缓解心理问题，认清自我，从而帮助学生更好地发展和成长。在德育教育中，教师更多地把学生视为工作的对象，站在一个较为权威的位置，这种教育模式是一种自上而下的教育与被教育的知识传输关系。

（8）工作内容与方法不同

心理健康教育主要针对学生的人格和自我意识发展等方面展开，强调学生的内在需求和成长。德育教育则主要引导学生明辨是非，判断美丑，追求高尚的思想。因此，前者主要通过辅导和协助的方法帮助学生自我反思和自我成长；后者常通过讲座报告、学习讨论和批评、表扬等方式，试图以理服人。

（9）评价标准不同

心理健康教育的成功表现在来访者心理上的协调、行为的正常和适应的良好；而德育教育的结果则主要强调学生行为改善，行为符合集体的利益（陈家麟，栾海清，2004；于萍，李鹏，陶云，2001）。

（三）思想政治教育

心理健康教育是思想政治教育的基础，思想政治教育是心理健康教育的升华和必要补充。思想政治教育是指教育工作者对学生"三观"的建立和引导，以帮助学生提高政治觉悟和道德品质，是有目的、有计划、有组织的教育教学活动（王法敏，马仲雄，艾陟邦，2016）。思想政治教育旨在帮助学生提高政治觉悟和社会道德，而心理健康教育旨在帮助学生更好地发展与自我实现。

三、我国心理健康教育的不足与策略

（一）缺点与不足

我国心理健康教育存在着一些局限和不足，表现为以下几个方面。

1. 重理论而轻实证

现阶段，我国的心理健康教育研究还倾向于理论研究，而相对忽视了实证研究。并且，在理论研究中，大部分研究层次还有待提高，高素质的研究成果还不够，实际研究能力有待加强。

2. 活动形式化，教师专业素养不高

在一些中小学，心理健康教育并没有真正受到学校管理者的重视。心理健康教育实践表现出形式化，心理健康活动课开展过后，学生一哄而散，甚至一无所获。心理健康活动课缺乏系统性和有效性。在教师方面，部分中小学心理健康教育教师并没有相关的资格和阅历，而是在承担其他科目教学工作的同时也担任心理健康教育的工作。

3. 教育途径单一，缺乏全面性和深入性

目前，我国部分中小学心理健康教育以课堂讲座的方式开展，这使得教育途径简便而单一，学生缺乏兴趣、积极性。因此，学生的参与程度不高。心理健康教育缺乏全面性和深入性是指目前中小学的心理健康教育工作的作用不大，治标不治本，实际上很少甚至没有起到预防、辅导以及治疗的作用。

4. 心理健康教育工作两极分化

在一些发达地区的中小学，心理健康教育已经开展得非常成熟，且成体系、有特色。在经济水平落后的地区，人们主要关注经济和生存，不重视甚至根本不知道心理健康为何物，城乡差异大（曾梦杰，2015；左雪，朱斯琴，2004）。

（二）展望和策略

在未来的心理健康教育工作中，学校教育工作者要明确心理健康教育的目标和原则，创新教育方式及途径。

1. 扩展教育内容

心理健康教育应以学生为主要研究对象，关注学生的发展和问题，从课堂出发，将心理健康有机渗透到其他学科及日常工作中。

2. 培养专业的师资队伍，构建专业的机构，深化教育内容

学校要有意识地培养一批专业教师，专职从事心理健康教学工作，定期出资、出人参加心理健康培训课程，树立典型和榜样，特别要加强落后地区学校的教师培养。学校应该成立心理健康咨询单位或部门，将工作内容贯穿于学生学校生活的各方面。

3. 改革研究手段和方法

目前，我国采用的学生心理健康调查和研究工具适用性较窄，标准化低。未来研究应该更加倾向于本土化研究，开发良好的、适用性强的工具。

4. 将心理健康教育纳入学生必修课程，加大投入力度，引导学生关注和重视心理健康

学校应该制定心理健康教育管理制度，有专业的领导班子独立主持和开展工作，并有必要实行责任监督制，将责任和义务落实到个人（姚本先，陆璐，2007；左雪，朱斯琴，2004）。

第三节　心理健康教育工作者的职业标准

一、心理健康教育工作者的定位

在一些中小学，心理辅导教师可能还同时兼职了行政、思政、德育等日常管理工作。因而，工作的兼顾性使得心理辅导教师在价值、义务和结构等方面可能产生角色冲突（刘葵，唐闻捷，2012）。一方面，心理辅导教师要利用较高的职业和人格素养，帮助学生解决心理困惑；另一方面，心理辅导教师面临的专业工作内容包括心理咨询、心理学教学及科学研究等多个方面（祝春兰，丁红，俞晓歆，2013）。

从国家层面上看，心理辅导教师是国家心理健康的推行者，也是教育的服务者与合作者，为我国心理健康教育的开展和普及做出了巨大贡献。教师作为学生灵魂的摆渡人，在心理健康教育的宣传、指导和机制体系建设等方面都起着至关重要的作用。

从学校层面上看，学校心理辅导教师是心理健康教育的组织者和实施者，也是心理辅导者和咨询者。心理辅导教师要维护学生的心理健康、开展丰富多彩的心理健康活动；要利用学校资源，安排课程，组织教育教学工作；要利用自身专业知识和技能协助学生缓解心理问题，引导其积极健康成长；要参与学校相关教育、指导、评估和决策工作，改进和完善心理健康教育教学制度。

从教师本身及学科发展层面上看，学校心理辅导教师是职业发展的自我成长者和职业建设者，是心理健康教育的研究者和实施者。我国的心理健康教育已经有了一定程度的发展，但与西方发达国家相比仍处于发展阶段。在心理健康教育的实际推行和专业研究领域中，都有待加强。因而，无论对教师发展还是学科发展而言，我国心理健康教育之路任重而道远，需要广大心理健康教育工作者的共同努力和不懈奋斗。

从家长层面上看，心理健康教育工作者是学生和家长之间的联系人和服务者。心理辅导教师不仅要做好学校的心理辅导工作以及其他工作，还要和家长及时沟通，通过家校结合的方式共同促进学生的心理健康。因此，心理辅导教师要协助家长处理他们与孩子之间的关系，提高家庭教育水平和能力，为家长提供心理咨询，改善家庭环境等。

从学生层面上看，心理辅导教师是学生的心理健康老师，他们要引导学生学习心理学内容，普及心理健康知识，预防心理疾病的发生。心理辅导教师也是学生心理健康的观察

者和评估人,通过各种心理测验和调查,及时掌握学生的心理健康状况。心理辅导教师是关心和爱护学生的朋友,要通过各种干预和教育措施,提高学生的心理健康水平,解决学生的心理问题(蔡雪斌,李晶晶,2017;宋锋,2015)。

二、心理健康教育工作者的职业要求

(一)学校心理辅导教师的职业要求

学校心理辅导教师是指受过专业训练,具有实践操作能力,在学校从事学生心理健康教育、维护学生心理健康水平、开展心理健康活动的专(兼)职人员。其工作内容涉及学生心理发展中的各项问题,也包括全体在校师生的心理测评工作。联合国教科文组织认为,学校心理辅导教师必须具备教学文凭和教师资格证书、具有5年以上教学经验以及系统地完成心理学课程的培训(杨逯,2008)。此外,学校心理辅导教师的职业要求还主要体现为以下几个方面的内容。

1. 专业的知识与实践技能

心理健康教育和心理咨询都是非常专业的工作,这就要求心理辅导教师要具备开始咨询、利用资料、情感反应、引导、沉默、恢复及终结的能力。除扎实的专业基础外,还必须积累丰富的咨询实践经验,能够设计并实施心理健康教育课程、组织策划团体辅导活动,能够建立咨访关系、展开个体心理辅导,能够清楚地阐明和表达自我,能够面对和解决问题并开展专业研究等。

2. 具备良好的个性品质和心理状态

心理辅导教师应该拥有良好的自我认识能力,对自己的专业水平、能力状态有一个客观的认识。心理辅导教师应该拥有良好的智力、适应力、判断力和决策能力,保持价值中立的态度、温和且宽容。

3. 具备完整的教师职业道德规范

"身正为师,学高为范"。心理辅导教师在作为一名心理健康教育工作者的同时也担负着一名教师的责任和义务。因此,心理辅导教师要明确,自己的工作目的是以为学生服务的信念为宗旨,以学生为中心,教学相长;要不断反思和实践,在教师的岗位上树立好职业形象和职业规范。心理辅导教师要保护每一个来访学生的正当权益,不向学生强加自己的价值观、生活习惯和方式。

4. 终身学习的理念

"活到老,学到老"。心理健康教育工作者要保持终身学习的理念,要探寻学生心理问题的原因。这就要求心理辅导教师应该具有较宽的知识面,较深的知识厚度,并且拥有先进的知识理念、教学方法、技术技能和测量工具等(邓如陵,2005;王曦,2006;姚本先,方双虎,2006)。

(二)专业心理咨询师的职业要求

心理咨询师是指具有心理学及相关学科知识,遵循心理咨询的原则,通过心理咨询的技术和方法,帮助求助者解决心理问题的专业人员。除专业知识外,心理咨询师还应具有基本的职业思维方式和态度,包括以下几方面。

1. 唯物主义观点

作为一名心理咨询师，要时刻保持唯物主义信念。心理咨询不是算命，更不是巫术。开展心理咨询必须建立在科学的基础之上，实事求是地在现实中寻找规律和细节，一步步帮助来访者打开心灵防备，缓解心理问题。

2. 普遍联系的观点

马克思主义理论认为，事物不是孤立的、片面的，而是普遍的、全面的。心理咨询师要坚持普遍联系的观点，首先要坚持身心一体的观点。个体的身体和心理常常相互作用，互为因果。例如，积极乐观的心态会使疾病向好的方向发展；多病脆弱的身体可能是由于忧郁、无助和绝望的心态引起。

心理咨询师要坚持普遍联系的观点，其次要坚持心理、生理和社会多方面交互作用的观点。个体不是独立的生物，引发心理问题的因素也是多方面的。心理咨询师在描述和总结时要学会从不同的角度出发，既要考虑个体纵向的历史发展，也要思考周围环境的作用和影响。

心理咨询师要坚持普遍联系的观点，最后要坚持整体性的观点。整体是指当个体出现某一方面的问题时，绝不是他的个别认知、个别情绪、个别行为发生错误，而是整体相互作用的结果。例如，来访者在咨询师面前表现出的是强迫症状，通过详细的接触和进一步访谈发现，其中可能还涉及到自卑心理、认知错误和情绪情感等方面的问题。

3. 限制性观点

首先，心理咨询师的责任限制。心理咨询本身的性质决定了心理咨询师的责任并不是无限的。心理咨询师不是万能的，并不能帮助求助者解决生活中的所有问题。例如，当咨询师面对一位感情受挫的来访者时，他只能协助其解决情绪、认知或态度等方面的问题，而不能在现实中介入其婚恋关系。

其次，心理咨询的时间限制。无论是心理咨询师还是来访者都必须严格遵守时间限制，双方可以根据问题性质商定咨询时段和咨询时间的长短。这样可以使得来访者有充分的咨询体验，也使得来访者在咨询间隔时间中学会自我成长。

再次，感情限制。咨询关系中的感情限制是指咨询师只能建立以帮助来访者为目的的咨访关系，严禁咨询师因为任何原因与来访者建立咨访以外的任何关系，特别是针对异性来访者。任何其他关系都会瓦解和破坏咨访关系，妨碍咨询的顺利进行。情感上的限制是职业特殊性的要求，同时也是咨询师遵守职业道德和职业伦理的基本体现。

最后，咨询目标限制。心理咨询的目标只能是来访者的心理问题而非其他。心理咨询师不能帮助其治疗生理问题，也不能在短时间内制定过多的咨询目标。在咨询后期，咨询师对咨询的效果既不能过分夸大，也不能相对保守等。

4. 历史—逻辑—现实相统一的发展观

一方面，在初次接触来访者或者在咨询的初期阶段，面对来访者表现出的问题，咨询师要学会追根溯源。另一方面，在咨询过程中，咨询师要学会用发展的眼光看问题，相信来访者有积极向上的能力，有逐渐发展的趋势。

5. 中立性态度

中立性态度要求咨询师从来访者的角度了解问题，而不是将自己的评判体系，以自己的价值标准作为评价指标。中立性的态度可以有效防止咨询师将个人情感带入咨询中，同时获取来访者的信任,从而有利于建立良好的咨访关系(郭念锋,2005)。另外,心理咨询师面对不同的来访者时,可能会产生移情或反移情,这就要求咨询师保持中立的态度,具备自知之明和良好的自我修复能力。

我国相关部门对心理咨询师的评估通常要经过标准化考试、材料评估以及现场评估三个流程。心理咨询师的等级一共分三个。总体上,报考心理咨询师需要具有大专及以上学历并接受相关培训,且一名合格的心理咨询师应该具备一定的观察和逻辑思维能力、人际沟通、表达及自我控制的能力("心理咨询师国家职业标准,"2009)。

三、我国学校心理健康教育工作的现状与未来

在学校心理辅导工作中,心理障碍成为辅导教师接触的主要工作内容之一。然而,辅导教师的专业技能还有待提高。

首先,部分地区的心理辅导教师并不具有心理学方面的专业知识,没有受过专业训练,这导致辅导教师的专业能力不足,缺乏实操技能与应对和诊断问题的专业能力。心理辅导教师的工作内容多元化,专业度和发展环境均还有待提升(范福林,王乃弋,王工斌,2013)。

其次,一些学校的心理辅导教师还缺乏必要的心理辅导理论素养。所以,这部分心理辅导教师还需要接受系统的心理学理论学习。

最后,受个人经验的影响,心理辅导教师需要接受专业的心理督导,这是所有心理咨询师的成长需求。心理健康教育工作者要进一步发展和提升,就必须得到心理督导的帮助和指导(安芹,贾晓明,尹海兰,2011)。

目前,我国中小学的女性心理健康教师显著多于男性,但专业背景教师的占比较少。大、中小学心理辅导教师在知识文化水平上也存在显著的性别差异。研究表明,男性心理辅导教师的胜任力水平显著高于女性教师(王智,张大均,2012)。我们期望心理健康教育能够走向专业化的道路,这就必须直面目前我们所存在的各种各样的问题。

1. 学历教育的欠缺

目前,国内的中小学或高校心理健康教育相关专业仅仅包含心理学和教育学专业。课程建设不全面、不够完善。这往往带来的是专业学生毕业进入学校工作后无法适应工作内容,导致专业人员不专业的现象产生。

2. 心理咨询培训行业混乱

在心理咨询师资格证考试正式取消之前,国内存在各式各样的心理咨询师培训机构。这些机构面对的人群鱼龙混杂,主要包括行业教师、学生和其他社会人员等,并且有的培训机构本身不正规,培训教师的专业素质低。最后取得认证的个体和机构空有一身理论基础,而无实践能力。培训考核结束后,学员可能也不会再进行深入学习,培训成了一种形式,成为获得一纸证书的捷径而非获得真才实干的途径。当这部分人真正从事学校心理辅导工作时,无论对于学生还是对于辅导教师或是学校心理辅导工作,都是弊大于利的。

3. 心理辅导工作者的背景复杂,部分心理辅导教师专业素质偏低

在我国很多地区和学校,并没有专业的心理辅导教师。从事心理健康教育的人员大都同时从事其他工作,甚至一些心理辅导教师是其他的课任老师,因为工作需要从其本身的工作中抽调部分精力从事心理健康教育。例如,思想政治教师、辅导员、班主任、校医

等。心理辅导教师来自各个学科方向，学科构成比较复杂，人员的不专业和不集中带来的问题是心理健康教育无法在学生中取得良好的心理健康维护效果。

4. 职业倦怠

学校心理健康教育工作的压力大、责任重。如果心理辅导教师缺乏经验和支持，那么这部分心理辅导教师就容易表现出疲惫、缺乏热情和低认同感，即出现职业倦怠。职业倦怠可能使辅导教师的爱心、责任心和工作热情缺乏。

5. 相关法律规范的不完善

目前，国内的整个心理健康教育体系还并不完善。虽然心理咨询行业有严格的行业规范，但国家法律并没有明确的制度规范约束心理咨询从业者。这使得部分心理辅导教师常根据自己的个人标准进行伦理判断，在实践中也常常出现进退两难的情况。这阻碍了心理健康教育工作的顺利进行，同时也严重阻碍了该行业积极持续地向前发展（陈毕晟，2013；胡信奎，2004）。

综上，我们可以看到，专业的能力和系统的发展及管理成为了学校心理健康教育工作者未来发展的重要途径和方向。

一方面，健全和完善心理健康教育的临床与咨询认证。从目前我国学校心理辅导教师的现状可以发现，虽然有很多取得相关资质证明的教师在从事心理健康教育工作，但实际上，他们解决问题的专业理论和技术还有待提高。健全和完善相关心理咨询认证，既包括专业的临床咨询资格认证，也包含专业等级的评估和训练，特别是针对某个阶段的学生容易出现的心理问题和心理障碍的实践训练。在职业培训方面，要严格保证参与资格认证的人数和质量，确保心理咨询培训的理论和实践相结合，特别要注重独立操作的能力和资格，把好入职门槛。

另一方面，加强学校心理辅导教师的心理健康维护。心理健康教育工作者必须具备健康的心理和稳定的人格。做好自我心理健康维护是心理健康教育工作的前提和重要保障。学校心理辅导教师要树立良好的自我概念，正确了解自己、评价自己、要求自己；在工作中要直面自己的不足和缺陷，加强自身修养，学会释放压力，减轻工作的负担，积累工作经验。另外，心理辅导教师要有健康、规律的生活方式，良好的人际关系，这有利于辅导教师构架积极的咨访关系。

最后，心理辅导教师要学会利用舆论来提升心理健康教育工作者的社会形象。心理辅导教师在提升自我专业素养的基础上，要利用媒体等工具宣传心理咨询与心理辅导，打消公众对心理咨询师或心理辅导教师乃至于心理咨询行业的偏见（傅健，徐建，2010）。此外，健全心理健康督导双成长机制也是心理辅导教师自我心理健康维护的重要途径。

第四节　学校心理辅导的常用技能

学校心理辅导教师通常可针对不同学生的心理问题以不同的方式和手段进行辅导。例如，面对发展性问题时，常以宣讲、鼓励和指导为主；当面对障碍性问题时，则常以疏导、矫正和行为训练等为主（刁维国，2000）。目前，国内外心理疗法的相关研究呈现逐渐上升的趋势（许昌泰，王家同，苗丹民，欧阳仑，2004）。我国学校心理咨询日益技术化、网络化、简短化和本土化。本节我们将基于心理学几大流派介绍学校心理辅导中常用的心理疗法和技能。

一、放松疗法

(一) 基本内涵

放松疗法即通过精神、肌肉、环境、催眠和音乐放松等方式减弱交感神经的兴奋性，适当调节个体紧张的身心状态，帮助个体积蓄力量，恢复身心健康。该疗法要求来访者在治疗全程完全投入，需要来访者主动参与整个过程。

(二) 适用范围

该疗法可有效用于减缓来访者的焦虑、紧张、疲劳、失眠和恐惧等心理或生理症状。

(三) 工作要点

1. 环境要求

咨询环境必须保持安静和舒适，室温适宜，光线柔和。咨询室的装修色调要以粉色、蓝色等较为柔和的色调为主，营造一种轻松、舒适的咨询环境，避免来访者的陌生感和不安感。环境不能过黑过暗，以免加深来访者的心理负担。来访者可除去身上厚重的衣物、配饰、提前排空大小便等。

2. 肌肉放松

来访者根据咨询师的指示进行渐进式放松训练。咨询师指导来访者闭上双眼，慢慢调整呼吸并以舒适的姿态坐好。有条件者也可采用躺卧式姿态，开始从局部到整体逐渐放松全身。放松顺序可以从下往上（足底、脚踝、小腿、膝盖、大腿、臀部、腰部、胸腔、肩部、下巴、嘴、鼻子、眼睛、头皮等）或从上往下依次进行。

3. 精神放松

在全身肌肉得到一定程度放松的基础上，咨询师可以使用语言来引导来访者进入设定的场景，使其能够逐渐表达出内心的想法，达到释放压力的效果。在精神放松过程中，咨询师可以根据来访者的特点播放一些舒缓、轻柔的背景音乐，例如《摇篮曲》《高山流水》《雨中漫步》等。

(四) 注意事项

放松训练的场地应该隔声良好，避免外界干扰，打断治疗进程，影响治疗效果。另外，咨询师的言语引导很重要。

二、认识－领悟疗法

(一) 基本内涵

认识－领悟疗法由钟友彬及其小组提出和创立。该疗法属谈话疗法中的一种，强调个体由无意识向意识的转变，把心理分析和动力学原理与国人的心理特点相结合，讨论和分析来访者在儿童时期由于外界刺激带来并潜伏的幼稚观念和情感，使之逐渐认识和从中领悟，并回归正常的行为模式（钟友彬，1992）。

（二）适用范围

该疗法主要用于障碍性问题的治疗。例如，焦虑症、强迫症、学习障碍和恐怖症等。

（三）工作要点

1. 初次会面建立咨询关系，了解来访者的资料和具体情况。
2. 通过摄入性会谈确定来访者是否适合使用认识–领悟疗法。
3. 引导来访者分析和探讨问题的核心与不合逻辑的认知，使他认识到在成年人的观点中，这些认知甚至完全没有意义。
4. 使用启发式提问，使来访者围绕中心问题回顾相关经历和事件，回溯过去。可以安排来访者进行自由联想式的家庭作业。通过自由联想，不仅可以帮助来访者宣泄不良情绪，而且可以帮助来访者思考和领悟。心理咨询师要向来访者说明保密原则，让其单独在一个无人打扰的、安静的环境中自由联想。无论联想到的事件是否符合道德，无论是好的还是不好的，都可以写下来，并要求来访者把联想到的所有内容以纸质的形式呈现给心理咨询师。
5. 运用心理和精神分析理论向来访者解释其心理问题的原因与形成机制，包括在咨询过程中的治疗、方法步骤和预期效果等。同时，咨询师可以采用澄清、扩通、类比等方式使其对自己的问题产生"领悟"并积极应对（李曙亮，2012）。

（四）注意事项

1. "认识–领悟疗法"基于精神分析理论而非认知心理学理论。
2. 在使用该疗法的过程中要注意，来访者心理问题的根源在于早期创伤，而不是来源于对人或事件的错误认知。

三、认知行为疗法

（一）基本内涵

认知行为疗法的理论基础是认知理论和行为理论。该理论认为，来访者不良情绪和行为的产生是由其对人或事件的错误认知导致的。外界的刺激只是产生心理问题的诱因，而个体的观念和判断才是根本原因。因此，矫正行为的关键就在于改变认知，帮助来访者重新构建新的、正确的和客观的认知结构。常用的认知行为疗法包括埃利斯的合理情绪疗法、贝克–雷米的认知疗法以及梅肯鲍姆的认知行为疗法。这些方法有效、简便，属于短程类的心理治疗方法。

1. 埃利斯的合理情绪疗法

该疗法基于情绪 ABC 理论，通过诊断、领悟、修通、再教育等阶段以纯理性分析和逻辑思辨改变求助者的非理性观念。其中，A 代表诱发性事件；B 代表个体的错误信念，是导致不良行为的根本原因；C 代表因为错误信念而导致的不良情绪和行为反应。此外，合理情绪疗法模型还包括 D、E 两部分，分别代表与个体的不合理信念作辩论以及该疗法的治疗效果。在运用情绪 ABC 理论时，心理咨询师一定要找准来访者的不合理信念并对其与来访者进行辩论，以成功达到咨询效果（陆明，2008）。

2. 贝克 - 雷米的认知疗法

通过认知疗法来改变来访者的认知偏差，例如主观推断、选择性概括、过度概括、夸大和缩小、个性化、贴标签和错贴标签、极端思维等，从而构建合理认知，消除心理障碍。该疗法涵盖七段治疗过程，包括建立咨询关系、确定咨询目标、利用提问和自我审查技术确定问题、通过建议、表演和模仿检验表层错误观念、用语义分析技术纠正核心错误观念、通过行为矫正技术进一步改变认知、最后通过认知复习来巩固新观念。贝克也将认知疗法的过程称为"共同感受"过程。

贝克 - 雷米的认知疗法和合理情绪疗法都认为修正认知偏差是改善心理问题的重要途径。不同之处在于，（1）前者从来访者的自动思维入手，后者更倾向于来访者的错误信念；（2）前者强调良好咨询关系的建立，后者强调咨询师的指导者作用；（3）在治疗风格上，前者更具结构性，后者往往带有强烈的指导意义；（4）在适用范围上，前者更倾向于惊恐障碍、自杀行为等较为严重的心理异常，后者则广泛应用于焦虑、抑郁等一般心理问题的处理（张金玲，2017；张艳，2012）。

3. 梅肯鲍姆的认知行为矫正技术

该疗法的基本原理在于，通过学习如何矫正认知"定势"来有效应对压力情景。它关注来访者自我言语表达的改变，强调咨询师指导者和教育者的双重角色。咨询师既要对来访者的心理过程有一个全面认识，也要引导来访者对自身的认知过程有一定程度的了解和思考。

与合理情绪疗法的区别在于，该疗法更加强调来访者对自我谈话的觉察。来访者行为的改变包括自我观察、开始新的内部对话和学习新的技能三个过程及其相互作用和相互影响（郭念锋，2005；胡潇，2014）。

（二）适用范围

认知行为疗法常被用于缓解焦虑、抑郁、失眠、强迫、手机成瘾、人际关系以及疾病康复治疗等相关领域，同时对人格障碍也具有一定的辅助治疗作用。

（三）工作要点

1. 在建立良好咨询关系的基础上，首先要使来访者对该疗法有充分的了解和认可，消除来访者的疑虑，从而为获得积极的治疗效果奠定基础。

2. 列出问题清单，引导来访者对问题产生的原因进行讨论和推测，寻找问题的根源。

3. 选用具体且合适的治疗手段对来访者的错误认知进行解释和引导，用合理的认知结构替代其错误的认知方式，帮助来访者打开心结，缓解心理问题。

4. 布置家庭作业，强化正确认知。通过家庭作业使来访者将其在咨询中学习到的认知方式运用到实际生活中去，从而起到强化咨询效果的作用（张曦，2018）。

（四）注意事项

学生生活的环境对其思想、观念、认知等方面的影响是巨大的。为了使该疗法在学校心理健康教育中获得良好的疗效和效果,心理辅导教师要维持良好的学校舆论环境。

四、求助者中心疗法

(一) 基本内涵

该疗法又叫做"咨客中心疗法",以人本主义理论为基础,以关系为导向,通过设身处地地理解、坦诚交流以及无条件积极关注等技术来建立良好的咨询关系。该疗法认为,来访者的个性特点和咨访关系建立的质量是影响咨询效果的主要原因。该疗法的提出者罗杰斯认为,人是完全可以值得信任的,来访者能够通过自己的潜能解决心理问题,让自己更加开放、协调,自我信任、自我成长,从而达到人格的重建。

(二) 适用范围

该疗法常用于协助来访者解决焦虑、社交恐惧和适应不良等问题,也可用于增强来访者的自信心。

(三) 工作要点

美国著名心理学家佩特森将求助者中心疗法的咨询过程分为七个阶段。

1. 个人经验的僵化与疏远阶段

在咨询的初始阶段,来访者采用原有的、刻板的经验和态度看待问题,对问题的分析表现出两极分化,非黑即白,找不到问题的根源。同时,在这个阶段,来访者不愿意过多展露自己的内心,好像对咨询漠不关心,往往以第三人称的角度表述自己的事情。

2. "有所动"阶段

在建立良好关系的基础上,若来访者感觉能够被咨询师接纳和包容,就会进入"有所动"的第二阶段。在这个时期,来访者能够说明自身的问题,但不想承担问题的责任。

3. 客观地自我表达阶段

来访者在心理上感到足够的安全,顺畅地表达自己的观点,但无感情投入。

4. 顾虑地情感表达阶段

来访者自我防卫降低,能够顺畅而生动地表达自己过去的情感,但对当前情感的表达仍然存在顾虑。

5. 迟疑地情感表达阶段

来访者能够接受和表达当前的情感,明确自己的责任和矛盾,但在情感表达时仍有一些迟疑。

6. 协调一致阶段

来访者能够完全接受过去的情感,对现在的自我和感受也能够顺畅地表达。

7. 结束阶段

经过前六个阶段的咨询,来访者的感知、表达和情感方面都已经得到了一定的成长。在最后阶段，咨询师的关注和认同不再显得那么重要，来访者可以顺畅自由地表达情感，构建积极向上的自我认知。当面对消极环境刺激时，来访者能够正确、客观地面对。

(四) 注意事项

1. 该疗法认为，人性本善，人是可以信任的。个体具有建设性和创造性，具有自我实现的倾向。
2. 该疗法认为，个体的生命是一个动态变化的过程，是可以改变的，而不是静止的。
3. 自我理论（即来访者的经验、自我概念、价值评价）在求助者中心疗法中扮演着非常重要的角色，这些是来访者了解和解决自己心理问题的关键。

五、支持性心理疗法

(一) 基本内涵

社会支持对中小学生的心理健康有着重要影响。大量研究表明，社会支持能显著预测高中生的学习倦怠，能够一定程度上对中学生的心理焦虑、网络成瘾、应对方式、抑郁及主观幸福感等内容进行解释（顾倩，程乐森，张婧雅，王娜，2017；李金钊，2004）。支持性心理疗法基于心理适应理念，通过建立良好的咨访关系获得来访者的信任，通过言语给予来访者充足的心理支持和自信，以帮助其面对和解决心理问题。

(二) 适用范围

该疗法在学校心理辅导工作中是较为基本的治疗手法，常常用来治疗抑郁、焦虑、紧张不安等心理问题。同时，该疗法既适用于急性心理危机，也适用于慢性心理问题。例如，学生遭遇重大家庭变故、意外事故、学习压力过大、考试成绩不佳等。

(三) 工作要点

1. 建立咨询关系，搜集来访者资料

咨访关系建立的质量在支持性心理疗法中起着关键作用，决定着该疗法对来访者的影响大小。在咨询开始前，咨询师要先收集好来访者的所有资料，包括家庭条件、生活环境、人际关系和个性特征等，对来访者有充分了解。

2. 认真倾听，支持和鼓励来访者

认真倾听来访者的倾诉，无条件接纳来访者并鼓励其吐露心事、宣泄不良情绪。站在来访者的角度思考，同时给予其充分的支持和理解，取得来访者的充分信任。

3. 分析与解释，培养来访者的信心和希望

帮助来访者对提出的问题进行讨论和分析，运用心理理论进行合理的解释。通过建立可行的短期或长期目标，减少其焦虑和抑郁等心理症状，培养信心和希望。

4. 评估与调整

首先，帮助来访者找出心理问题的原因和症结，改变其错误的自我认知和行为。其次，帮助其调整对问题的看法和态度，使其对当前状态进行重新评估，并协助改善影响来访者心理健康状态的内外环境（户娟，2013）。

（四）注意事项

1. 支持性疗法的重点在于"授人以渔"

在缓解情绪状态的同时，要从根本上解决态度问题。咨询师不仅要协助来访者解决具体的心理问题，还要让其学会独立面对和评价问题，判断生活中的其他困难和问题。

2. 咨询师和来访者之间所建立的良好咨访关系是成功运用支持性疗法的关键之一

如果来访者无法完全让咨询师信任，那么咨询师的支持所起到的作用可能微乎其微（杨树君，2009；杨玉芹，赵宗翼，陈嵘，秦竹，2006）。

六、模仿法

（一）基本内涵

模仿法基于班杜拉的社会学习理论。咨询师向来访者呈现某种行为及行为结果，从而使其在类似的行为情境中再现该行为。因此，该方法也叫示范法。新行为的建立和保持通常需要强化或惩罚手段。若期望来访者出现或增强某种行为，一般在示范行为结束后会呈现一个奖励或正强化。相反，若期望来访者祛除或减轻某种行为，则在示范行为结束后呈现一个惩罚。

（二）适用范围

模仿法的适用范围很广，一般比较适合处于学龄期的来访者，也常用于家庭教育中。

（三）工作要点

模仿法并不是一项高难度的心理治疗方法。事实上，无论在咨询中还是在日常生活中，人们都潜移默化地在使用着这种方法。心理辅导教师要掌握模仿法中几种具体的工作方式。

1. 生活示范。即要求来访者在实际生活中模仿示范者的行为。

2. 象征性示范。不是所有行为都能要求来访者在实际生活中找到示范者。此时，我们就可以通过象征性示范来解决这个问题。象征性示范是指通过观察电影、图书或游戏中的行为，使来访者进行模仿。例如，为了缓解因人际关系不良导致的心理焦虑和紧张，咨询师可以向来访者播放一段轻松的、有关人际交往的电影片段，以对其进行暗示和影响。

3. 角色扮演。即由咨询师和来访者共同设定一定的情景，来访者扮演特定的角色。该方法也常用于由家庭因素或人际关系紧张而导致的心理问题。

4. 参与示范。即咨询师和来访者共同参与到示范行为中。例如，来访者因为小时候被开水烫伤导致长时期害怕将手放到温水里。咨询师可以利用参与示范，首先将自己的双手放到温水里，然后鼓励来访者尝试重复类似的动作。

5. 内隐示范。即示范行为不通过外显行为表现出来，而是通过咨询师的描述和绘画，引导来访者自由想象，进而模仿想象中的行为。

（四）注意事项

采用此种心理疗法时，咨询师要注意评估来访者是否具有一定的模仿能力。模仿能力强的来访者更能获得良好疗效。一般来说，示范者与来访者的共同点越多，示范者的感染力越强，示范效果就越好。在示范行为结束后，咨询师要注意及时对来访者的新行为进行强化。另外，咨询师要明确奖励或惩罚，且要适度。

【章末思考与练习】

1. 心理健康的概念包含哪些方面的内容？
2. 鉴别个体心理是否异常的标准有哪些？
3. 当面对因考试压力而前来咨询的来访者时，我们可以运用哪些辅导手段帮助来访者缓解压力？
4. 一名合格的学校心理辅导教师应该具备哪些素养？

【阅读书目推荐】

1、傅小兰，张侃. 中国国民心理健康发展报告（2017~2018）. 北京：社会科学文献出版社，2019.
2、王薇华. 心理健康法则（积极心理学改善心理健康）. 北京：中国财富出版社，2010.

参考文献

1. 安芹，贾晓明，尹海兰. 高校心理咨询师的专业能力及专业发展［J］. 心理科学（2011）.（2）：451-455.
2. 蔡雪斌，李晶晶. 新形势下高校心理健康教育工作者的角色分析［J］. 科教导刊（上旬刊），2017（4）：162-163.
3. 曾凡龙. 大学生心理健康教程［M］. 上海：复旦大学出版社，2007.
4. 曾梦杰. 大学生心理健康教育现状及对策研究［J］. 郑州牧业工程高等专科学校学报，2015，35（3）：42-45.
5. 陈毕晟. 关于高校心理健康教育工作者专家化的思考［J］. 思想理论教育导刊，2013（1）：121-123.
6. 陈家麟，栾海清. 心理健康教育是德育的组成部分吗——兼论心理健康教育与德育的关系［J］. 扬州大学学报（高教研究版），2004，8（4）：3-6.
7. 答会明. 十年来我国小学生心理健康研究述评［J］. 陇东学院学报，2018，29（6）：140-144.
8. 戴吉，邓云龙. 心理健康标准的中国文化因素探析［J］. 求索，2013（4），132-134.
9. 邓如陵. 论高校心理健康教育的专业化发展［J］. 教育探索，2005（3）：85-86.
10. 邓云龙，戴吉. 心理健康标准的中国文化解读尝试［J］. 中国临床心理学杂志，2010，18（1）：125-126.
11. 刁维国. 心理治疗方法在学校心理咨询与辅导中的应用［J］. 教育科学研究，2000（4）：81-83.
12 杜学敏，戴贝钰，刘正奎. 积极心理学视野下大学生心理健康标准的研究［J］. 思想教育研究，2018（3）.

13. 段东园，程琪，张学民，夏裕祁. 中学生消极人际关系、焦虑、暴力媒体接触程度和攻击行为的关系 [J]. 中国临床心理学杂志, 2014, 22（2）: 281-284.

14 范福林，王乃弋，王工斌. 中小学心理教师专业化现状调查及发展探究 [J]. 教育学报, 2013, 9（6）: 91-101.

15. 傅安球. 心理异常中"一般心理问题"的判别标准与临床表现 [J]. 心理科学, 1999（6）: 492-495.

16 傅健，徐建. 健康教育工作者心理健康维护与对策 [J]. 中国健康教育, 2010, 26（8）: 641-642.

17. 高文斌，樊春雷，王利刚，陶婷. 普及心理科学与建设健康中国 [J]. 中国科学院院刊. 2016.

18. 顾倩，程乐森，张婧雅，王娜. 高中生社会支持、归因方式与学习倦怠的相关性 [J]. 中国健康心理学杂志, 2017, 25（1）: 92-96.

19. 郭念锋. 心理咨询师. 基础知识 [J]. 北京: 民族出版社. 2005.

20. 胡江霞. "从心所欲不逾矩"——心理健康的定义及标准分析 [J]. 教育研究与实验, 1997（2）: 45-48.

21. 胡潇. D·梅肯鲍姆认知行为矫正技术对一例严重心理问题的咨询报告 [J]. 社会心理科学, 2014,（z1）: 174-180.

22. 胡信奎. 学校心理健康教育工作者人格特征探析 [J]. 高教发展与评估, 2004（1）: 43-46.

23. 户娟. 支持性心理疗法对慢性焦虑症患者康复的影响 [J]. 社区医学杂志, 2013, 11（10）: 56-57.

24. 兰文杰，宛容. 浅谈心理健康 [J]. 贵州师范大学学报: 自然科学版, 1998（2）: 77-82.

25. 李金钊. 应对方式、社会支持和心理压力对中学生心理健康的影响研究 [J]. 心理科学, 2004, 27（4）: 980-982.

26. 李莉，杨玉宇，张燕. 我国高校心理健康教育模式探索——群体心理健康教育视角 [J]. 学术探索, 2017（8）: 150-156.

27. 李林. 心理健康教育中若干概念的比较与辨析 [J]. 教育评论, 2003.（1）: 58-60.

28. 李曙亮. 认识领悟疗法常用的几种心理治疗技术 [J]. 中国民康医学, 2012, 24（5）: 595-597.

29. 李蔚. 心理健康的定义和特点 [J]. 教育研究, 2003（10）: 69-75.

30. 李蔚. 心理健康与教育 [M]. 太原: 山西教育出版社, 2004.

31. 林昭雄. 谈谈大学生心理教育的内容及途径 [J]. 思想教育研究, 2000（4）: 30-32.

32. 刘广增，胡天强，张大均. 中学生人际关系及其与自尊、人际信任的关系 [J]. 中国临床心理学杂志, 2016, 24（2）: 349-351.

33. 刘华山. 心理健康概念与标准的再认识 [J]. 心理科学, 2001, 24（4）: 481-481.

34. 刘葵，唐闻捷. 高校心理健康教育工作者在学生心理危机管理工作中的角色冲突与对策 [J]. 中国医学伦理学, 2012, 25（4）: 521-523.

35. 刘晓温. 异常心理的识别与判断 [J]. 护理实践与研究, 2009, 6（7）: 110-112.

36. 刘艳. 关于"心理健康"的概念辨析 [J]. 教育研究与实验,（3）: 46-48.

37. 陆明. 合理情绪疗法的理论与实践 [J]. 长春工业大学学 1996 报（社会科学版）, 2008）（6）: 118-120.

38. 申继亮，洪颚，彭华茂. 中学教师关于学生心理健康标准的内隐认识 [J]. 教育研究与实验, 2001（3）: 54-58.

39. 申继亮，洪颚，杨小洋. 中学教师关于学生心理健康标准的认识 [J]. 教育理论与实践, 2001（7）: 56-59.

40. 石文山，陈家麟. 心理健康: 从系统资源管理的视角来看 [J]. 心理科学进展, 2004a, 12（4）: 554-560.

41. 石文山，陈家麟. 心理健康：维列鲁学派活动理论的诠释［J］. 心理科学，2004b，27（5）：1168-1171.
42. 史天山，妙改霞. 心理异常的判断与防治［J］. 中国校医，2011，25（5）：399-400.
43. 宋锋. 试论学校心理健康教育中教师角色与功能［J］. 西安文理学院学报（社会科学版），2015（3）：106-108.
44. 宋烨，张恒艳，岳喜同，林立，马善晶. 雾霾天气对妊娠妇女心理健康影响［J］. 中国健康心理学杂志，2015（7）：1085-1088.
45. 王承清，崔立中我国积极心理健康教育研究现状的文献计量学分析［J］. 浙江教育科学，2013（4）：3-5.
46. 王法敏，马仲雄，艾陟邦. 心理教育在高校思政教育中的作用［J］. 科教导刊，2016（2z）.
47. 王福兰. 近十年我国心理健康教育研究综述. 教育理论与实践，2002（7）：59-62.
48. 王铭，江光荣，闫玉朋，周忠英. 我国心理咨询师与治疗师职业资格认证办法［J］. 中国心理卫生杂志，2015（7）：503-509.
49. 王希永. 对心理教育的几个基本问题的认识［J］. 中国青年政治学院学报，2002，21（4）：67-72.
50. 王曦. 学校心理健康教育教师的专业素质研究综述［J］. 教育科学研究，2006（2）：54-57.
51. 王永和. 谈大学生心理健康的重要性［J］. 中国高教研究，2004（4）：74-75.
52. 王智，张大均. 学校心理健康教育教师的胜任特征研究［J］. 西南大学学报（社会科学版），2012，38（6）：084-094.
53. 沃建中，林崇德，马红中，李峰. 中学生人际关系发展特点的研究［J］. 心理发展与教育，2001，17（3）：9-15.
54. 向远明，柯善玉. 心理咨询与心理治疗［J］. 华南国防医学杂志，2003，17（1）：2.
55. 心理咨询师国家职业标准［J］. 社会心理科学，2009（1）：91-96.
56. 宿正文. 对中小学心理健康教育的探讨［J］. 教育探索，2003（2）：88-90.
57. 许昌泰，王家同，苗丹民，欧阳仑. 国内外心理疗法文献增长规律及其比较［J］. 医学争鸣，2004，25（20）：1908-1912.
58. 燕良轼，王小凤，李桃，郑红，徐琳琳. 中学生人际关系对学习投入的影响机制研究［J］. 中国临床心理学杂志，2018.
59. 阳泽. 心理健康观的审视与再建［J］. 西南大学学报（社会科学版），2010，36（3）：146-151.
60. 杨皓凯，孟晶，贾建平. 试析心理健康与心理异常［J］. 山西广播电视大学学报，2009，14（5）：29-30.
61. 杨逵. 中小学心理健康教育教师的从业标准［J］. 文史博览（理论），2008.
62. 杨树君. 走出抑郁阴影的女大学生——运用支持性心理疗法矫治抑郁症的案例［J］. 吉林华桥外国语学院学报，2009（2）：9-11.
63. 杨玉芹，赵宗翼，陈嵘，秦竹. 中医心理疗法与支持疗法的相关研究［J］. 云南中医中药杂志，2006，27（5）：35-36.
64. 姚本先，方双虎. 学校心理健康教育工作者［J］. 中小学心理健康教育，2006（4）：29-31.
65. 姚本先，何玉梅. 1987—2006年我国心理健康标准研究现状的文献计量学分析［J］. 中国卫生事业管理，2008，25（2）：123-125.
66. 姚本先，陆璐. 我国大学生心理健康教育研究的现状与展望［J］. 心理科学，2007，30（2）：485-488.
67. 姚本先，吴凌燕，陈美爱. 中西方心理健康标准的比较与整合［J］. 医学与哲学，2008，29（7）：

43-44.

68. 叶一舵. 心理健康标准及其研究的再认识［J］. 东南学术，2001（6）：169-175.

69. 易法建. 心理医生 附：心理咨询治疗经典病案［M］. 重庆：重庆出版社，2006.

70. 于萍，李鹏，陶云. 论心理教育与学校德育［J］. 云南师范大学学报（对外汉语教学与研究版），2001，2（1）：17-20.

71. 余勇. 学校心理健康教育与学校心理辅导的关系［J］. 武汉市教育科学研究院学报，2006（6）：5-6.

72. 张东红. 中国学校心理健康教育近十年研究综述［J］. 社科纵横，2006，21（9）：154-155.

73. 张海钟. 心理健康标准研究的争鸣综述及其进一步的思辨［J］. 心理学探新，2000，21（3）：42-46.

74. 张金玲. 贝克和雷米认知行为疗法应用研究报告——以失恋抑郁青年的心理辅导为例［J］. 科学大众（科学教育），2017（8）：137-138.

75. 张曦. 认知行为疗法在大学生心理辅导中的应用［J］. 农村经济与科技，2018.

76. 张艳. 刍议合理情绪疗法与贝克认知疗法的异同［J］. 教师教育论坛，2012，25（4）：69-70.

77. 钟友彬. 认识领悟疗法的要点及其对强迫症的治疗［J］. 上海精神医学，1992（3）：161-163.

78. 周燕. 析心理健康标准研究中存在的问题——兼评中西方心理健康观［J］. 教育研究与实验 1996（4）：48-52.

79. 朱丽娅. 浅谈心理健康的标准及内涵［J］. 东北农业大学学报（社会科学版），2004（1）：46-48.

80. 朱琼，吴建平. 生态心理学视角下的心理健康标准［J］. 中国健康心理学杂志，2010，18（5）：630-633.

81. 祝春兰，丁红，俞晓歆. 高校心理咨询师的角色定位与职业发展［J］. 思想理论教育，2013（7）：64-67.

82. 左雪，朱斯琴. 当前中小学心理教育中存在的问题及其对策［J］. 内蒙古师范大学学报（教育科学版），2004，17（4）：103-104.

第三章 学习心理辅导

【教学/学习目标】

1. 掌握学习心理辅导的主要内容。
2. 掌握学习心理辅导的相关策略和技术。
3. 了解学生常见的学习心理问题。

第一节 学习心理辅导概论

一、引论

(一) 学习的概念

学习是人们在日常生活中经常使用的一个概念，也是人类生活的永恒主题，更是贯穿每个人一生的重要活动。从心理学的角度出发，学习是一种非常复杂的心理现象。其含义可以分为广义和狭义。广义的学习一般指个体（动物或人类）在生活过程中，依据其经验而产生的行为或行为潜能的变化，而且这种变化是持久稳定的。狭义的学习则重点指人类的学习，是人类个体在社会实践中通过观察、阅读、理解、探索等手段获得知识和技能的过程。我们可以从以下三方面来理解学习的含义。

首先，学习包括个体的行为、能力和心理倾向上的改变，这种改变是学习的根本标志。其中既包括个体通过学习得到一定的结果，也包括学习过程中的变化，这种变化不仅包括个体的外显行为变化，还包括思想、观念等难以观察到的内隐变化。例如，中国学生要学会流利的使用英语，需要经过一个长期的学习过程。在该过程中，学生在英语的听、说、读、写等方面都经历了一个由不会到会的行为变化。此外，个体对于音乐、美术等艺术的鉴赏以及对社会道德、法律规范的领会也属于学习。这类学习不会立即表现出外显的行为，但会深刻的影响到个体对某些客观事物的态度。学习所引发的改变还包括行为潜能的变化。有些行为变化不一定会立即表现出来，而是形成一种累积效果，由量变引起质变。

其次，学习虽然会引发改变，但并非发生在个体身上的所有改变都等同于学习。只有通过练习或者经验所引起的改变才属于学习，这种改变通常是个体在后天活动中通过与周围环境的相互作用获得的。而个体因为生长发育、身体疲劳、疾病和药物等因素引发的行为变化不属于学习。例如，儿童的身高、体重随着年龄增长而增长，青春期少年的嗓音变化，或运动员通过服用禁药在短时间内迅速提高训练和比赛成绩等。特别地强调，虽然个体的练习和经验的获得是学习的必要条件，但学习也离不开个体的生理结构和机能的发展成熟。在个体发展的每个阶段，从何开始学习，具体学习什么，都要以个体的生理相对成熟为基本条件。

再次，学习所引发的改变具有持久性和稳定性。相对短暂的个体行为变化不是学习。例如，个体因为某些生理条件的变化引起的暂时行为变化。个体一旦通过学习掌握了某些技能，例如骑车、打球、游泳等，这些技能几乎可以做到终生不忘。个体习得的某些知识观念虽然会随着时间的流逝发生遗忘或者被干扰，但所保持的时间仍然是相对持久的。

从学校教育实际出发，学习的主体是学生。学生在教师的指导下，有目的、有计划、有组织的系统学习、理解并掌握前人积累的知识和技能，发展智力和能力，锻炼个性和塑造品德。据此，可以将学习的内容分为知识的学习，技能的学习和行为规范的学习三类。

知识是客观事物的特征和练习在人脑中的主观反映和表征。知识的学习即个体通过一系列心智活动来获得并接受知识，同时建立起相应的认知结构。知识的学习所要解决的问题是个体的认识问题，即知道与不知道，以及知道多少。

技能是个体通过学习而形成的行为活动方式，并且这种活动方式要符合一定的法则要求，它既包含活动主体所做出的行为，也包含其反映出来的行为经验。与知识学习相比，技能的学习更加复杂，它不仅要求掌握活动的法则、结构和执行方式等相关知识，还要掌握其实际操作经验。技能的学习所要解决的问题是个体会不会的问题。

行为规范是由一定的社会组织根据一定的社会生活方式提出并要求全体成员共同遵守的行为要求。行为规范的学习就是把外在的行为要求转化为个体内在的行为需求，即个体对行为规范的内化和遵循过程。

(二) 中小学生常见学习心理问题

学习心理问题是指以学生的学习活动为主要因素引发的，表现在学生认知、情感、自我意识、个性及人际交往等方面的心理问题。学习心理问题是影响学生心理发展及其学业进步方面的重要因素，也是学生心理问题的主要表现形式。

通常，6岁至12岁是儿童进入到小学学习阶段的时期，是儿童心理发展的重要转折点。随着生理年龄的增长，在学校教育的影响下，小学生的认知能力和个性特征都在不断地发展变化。小学生的感知觉有了充分的发展，但注意水平依然有限。他们更容易注意到自己感兴趣的对象，并需要教师给予专门引导。他们的无意记忆占据主要地位，想象力丰富，以形象思维为主。自我意识更加明确，情绪情感较为稳定单纯。

入学适应问题是小学生在学习方面首先面临的问题。从相对陌生的校园自然环境到教师同学的人际关系环境，以及学习的压力、校纪校规的约束，都会使一部分小学生产生情绪障碍、注意力不集中等适应不良现象。个性内向胆小、急躁、情绪不稳定的学生容易受到此方面问题的困扰。

其次是学业方面的问题。随着学习竞争的加剧，学业负担的加重，学习持续时间的加长，小学生在生理、心理层面面临的压力也加大。如果身体长期处于疲劳状态，心理方面可能会出现抑郁、焦虑、烦躁、信心不足、思维迟缓等现象，导致这些学生逐渐对学习失去兴趣，跟不上教学进度，导致厌学和逃学问题。

此外，部分小学生在人际交往、意志力、异常行为及人格发展方面也会出现问题，进而影响学业发展和个体成长。

13岁到18岁是个体进入到中学学习阶段的时期,是形成健全人格的关键时期,是养成良好道德行为习惯的重要节点,也是出现心理问题的高发期。中学生的首要任务是学习,学习心理问题是中学生心理问题表现最突出的方面。主要有厌学、考试焦虑等。此外,中学生性格发展中的一些不良倾向也会对个体学习产生消极影响。

厌学。厌学是学生回避或厌恶学习的内在反应。个体因为缺乏学习自信心,对学习无法产生兴趣;由于成绩不佳产生自卑感,导致自尊心受损。

考试焦虑。学业繁重,自我期待过高,周围人的过度关注会增加学生获取好成绩的压力,造成焦虑情绪过度,甚至在考试前和考试中引发心悸、头晕,回忆困难等现象。

性格缺陷。例如,有些学生受不起委屈,因为小事儿过度烦恼,长时间郁郁寡欢,消极颓废,从而引发食欲不振,失眠等生理状况。有的学生常常对自己缺乏信心,害怕在他人面前讲话、做事。有的学生过于喜欢独处,缺乏人际交往,性格古怪;有的学生处处与人作对,喜欢无理取闹,破坏欲强。诸如此类的问题都可以归结为性格缺陷。

(三)学习心理辅导

将学习心理学、教育心理学、心理健康教育、社会心理学等学科相关知识有机整合,针对中小学生开展学习心理问题及其干预辅导的研究具有重要的理论和实际意义。学习心理辅导确立了中小学生学习心理健康维护的具体内容,包括学习动机的激发和培养、学习策略的形成与发展、考试心理的辅导与调试、学习自我效能感的增强与优化、科学合理且高效用脑,为制定相应教育政策提供了坚实理论基础,为中小学教师开展教学提供了理论和方法指导。同时,开展学习心理辅导有利于减轻学生不必要的学习负担,培养其良好的学习心理品质,解决学生面临的一些心理问题,优化其心理结构,从而提高学生们的心理健康水平。

学习心理辅导的定义也可以分为广义和狭义。广义的学习心理辅导指的是针对学生在学习过程中出现的各种问题进行辅导,尤其是在知识技能掌握、学习动机、学习态度、价值观、情感等方面存在的问题,帮助学生培养良好的心理素质,以便更好地参与到学校的各项学习活动中。而狭义的学习辅导则是对经历过学习挫折和困难的学生所产生的心理困扰以及行为障碍进行辅导。从培养学生良好的心理素质意义上讲,前者具有更加明显的积极意义,它符合学校心理辅导要以发展性目标为主的指导精神。在实际的学校心理辅导工作中,学习辅导的概念主要指心理辅导教师对学生的学习技能、学习动机、学习情绪和学习习惯等进行训练与辅导。

值得一提的是,学习心理辅导与家长送孩子到各类培训机构帮助孩子查漏补缺、拓展学习内容是完全不同的两个概念;也和教师课后对学生所进行的辅导有区别。送学生到培训机构接受辅导或教师课后对学生进行辅导仅仅是对学生所学的知识技能进行弥补和加强,而学习心理辅导是学校专职心理辅导教师对学生的学习技能、学习动机、学习情绪和学习习惯进行训练与辅导,是为了解决隐藏在学生学习活动中所表现出的不良行为背后的心理问题。

另外,在学校心理辅导工作中,学生学习的迁移水平、学习动机、人格差异、教师心理、学习的反馈,甚至学校教育活动中的社会心理因素(例如,学校中的人际关系、教学班的集体心理、课堂中的心理气氛）对学生的学习都有重要影响。因此，教师对学生进行学习心理辅导时应该做到全面了解学生学习心理困扰和行为障碍的原因。

二、学习理论

与学习相关的理论早在心理学诞生和分化出来之前就有不少哲学家做过探讨。古希腊哲学家柏拉图、亚里士多德的思想中就有不少论述涉及学习与记忆，尤其是亚里士多德提出的联想三原则——邻近律、相似律和对比律。这些思想构成了心理学中联想主义理论的基础。

学习心理学是以人和动物的学习活动中的心理和行为变化过程为研究对象的一门心理学分支，同时也是教育心理学的重要研究内容。而在教育心理学中，学习理论是最核心也是研究成果最丰富的领域之一。

学习的本质是什么？学习是如何发生的？学习是以怎样的方式进行的？在学习这一过程中具体存在哪些规律？学习过程受到哪些条件和因素的影响？众多心理学家和教育学家围绕这些核心问题，从各自的角度出发，运用不同的方法展开了深入研究，提出了各式各样的学习理论，共同为学习心理学的发展奠定了坚实的理论基础。其中，对学习心理学产生了较大影响，为学习心理辅导的开展提供了有力理论支持的包括联结学习理论、认知学习理论和社会学习理论等。

不同的心理学流派对学习的定义都各有侧重点。例如：行为主义学派通常将学习定义为"个体由练习或经验引起的相对持久的行为或行为潜能的变化"，这一定义关注学习过程中个体可以被观察到的外部行为。认知心理学派则将学习作为人的高级心理过程进行研究，关注这一过程中个体注意、感知觉、表象、思维、记忆等内部复杂心理机制的变化。

（一）学习的联结理论

联结理论重视后天环境和经验对学习的作用。其首先从动物实验中揭示和总结学习的基本原理，认为学习是通过条件作用，在刺激（S）和反应（R）之间建立联结的过程，而强化在这种联结的建立中起着重要作用。主要代表人物有巴普洛夫、华生、桑代克、斯金纳等。联结理论在教学设计和行为研究及异常行为治疗方面有着深远影响。

俄国生理学家巴普洛夫在研究狗的消化腺分泌变化时偶然发现其与外在刺激之间存在联系，并对此进行了深入研究，提出了经典条件反射理论。他认为，条件反射的获得是条件刺激物与无条件刺激物反复结合，从而使个体学会对条件刺激物做出条件反应。他进一步提出了高级条件反射，即在经典条件反射形成后，该条件刺激可以像无条件刺激一样使另一个中性刺激条件化，而不再需要无条件刺激参与，这极大地拓宽了经典条件作用的适用范围。

经典条件反射理论能有效解释个体如何学会在两个刺激之间建立联系，从而使一个刺激取代另外一个刺激与条件反应建立联结。经典条件作用式的学习，基本上都是这种刺激替代的过程，通过已有的 S-R 联结，建立起新的 S-R 联结，个体的学习过程是以旧经验为基础，学习新经验。例如，教儿童识字的图片卡就是采用这一原理将图形和字形相联系。又如，部分儿童所表现出的学校恐惧症或教室恐惧症，也是由于其在学校学习失败或者受到不当惩罚后，对整个学校场景产生恐惧的情绪反应。

华生是美国第一个将巴普洛夫的经典条件反射理论作为学习理论基础加以研究的心理学家。他认为，学习就是以一种刺激替代另一种刺激建立条件作用的过程。人类除了最基本的生理性反射和情绪反应外，其他的行为都是通过条件作用建立起新的S-R联结，从而形成各种各样的行为习惯。行为习惯在形成过程中还遵循频因律（在其他条件相同的情况下，某种行为练习的次数越多，习惯形成就越迅速）和近因律（较近产生的反应比较早产生的反应更容易得到强化）。

美国心理学家桑代克是教育心理学和行为主义心理学派的创始人。他通过动物实验进行了大量关于学习的研究，提出了"联结－试错"理论，认为动物个体是通过不断尝试错误进而获得成功的，并把这一过程称之为学习，而人类的学习与其有着共同规律。他认为，学习的实质就在于形成一定的联结，而联结的建立是个体盲目尝试并不断减少错误的过程，直到最终获得成功。因此，学习过程是试错过程。

在此基础上，桑代克还进一步总结出了学习的三条定律：准备律、练习律和效果律。准备律是指学习首先取决于个体的动机准备情况。练习律是指刺激（S）和反应（R）之间的联结因练习和使用的次数增多而增强。效果律是指这种联结还受结果的影响。他在后期还对练习律和效果律做了补充修改，认为练习和使用不能无条件、无限制的加强刺激和反应之间的联结，还需要伴随个体的主观感受，练习才会产生明显效果。

美国著名行为主义心理学家斯金纳认为，个体的行为应该分为两类。一类是应答性行为，是由已知刺激引发的行为反应；一类是操作性行为，是个体主动做出的随意反应，与明确的刺激物无关。而经典条件反射理论无法解释后者。因此，他提出了操作性条件反射理论。该理论指出，人的大多数行为属于操作性行为，对操作性行为进行研究才更能揭示个体的学习活动规律。其中的首要规律就是操作性行为主要受强化作用制约。

强化能改变个体某一类反应在将来发生的概率。根据具体的改变方式，可以将强化分为正强化和负强化。当个体自发做出某种行为时，随即呈现一个愉快刺激，使个体在将来做出该行为的概率增加，即是正强化，也叫积极强化。正强化表明，奖励在操作性行为的塑造过程中具有重要作用。例如，教师对遵守课堂纪律的学生进行表扬，为学习成绩优秀的学生颁发奖状以及提供奖学金等。

当个体自发做出某种行为时，随即排除或者避免某种不愉快刺激，使个体在将来做出该行为的概率增加，即是负强化，也叫消极强化。负强化强调的是个体事前的规避，具体又可以分为两类：逃避条件作用与回避条件作用。其中，逃避条件作用指当不愉快刺激出现时，个体自发做出的某种反应使其顺利逃避了不愉快刺激，那么这种反应在今后的类似情况下出现的概率会增加。例如，见到路上的垃圾选择绕道，听到屋里嘈杂的声音暂时离开等。回避条件作用指当预示着不愉快刺激即将出现时，个体自发做出的某种反应使其顺利避免了不愉快刺激的出现，那么这种反应在今后的类似情况下出现的概率会增加。例如，过马路时听到汽车鸣笛后立即躲避，驾车即将通过路口时遇到红灯立即停车等。回避条件作用建立在逃避条件作用基础之上，是个体在经历了不愉快刺激所造成的痛苦之后，学会对同类刺激提前做出反应，从而避免再次经受同样的痛苦。

当个体自发做出某种行为后，不采取任何强化措施，从而导致个体的该类行为在将来出现的概率降低，称为无强化。无强化是操作性条件作用的消退过程，目的在于消除个体的某类行为。例如，对课堂上通过怪异动作哗众取宠的学生，如果教师和周围同学都对其置之不理，则该类不良行为将会逐渐减少直到消失。因此，无强化可以作为消除学生不良行为，纠正其坏习惯的一种有效方式。

在操作性条件反射理论中，有一个容易与负强化混淆的概念叫惩罚。惩罚是指当个体自发做出某种行为后，呈现一个不愉快刺激，从而消除或限制该类行为的过程。但实验表明，惩罚对消除个体行为的效果并不良好，无法根除不良行为，往往只能让学生明白不能做什么，而不能让学生知道什么能做，以及该怎么做。所以，教师应多使用正强化来让学生学会积极的行为，通过无强化消除其消极的行为，慎重使用惩罚。

(二) 学习的认知理论

与联结理论相对立的是认知理论。该理论更加重视研究人在学习和获得新知识、新技能的过程中，无法直接被观察到的心理过程。该理论认为，学习主要不依赖于外界刺激环境，而是个体主动在头脑内部形成认知结构。该理论的主要代表人物有韦特海默、考夫卡、苛勒、布鲁纳、奥苏贝尔等。

认知学习理论的早期代表是格式塔学习理论，是20世纪初期德国心理学家韦特海默、考夫卡、苛勒等在研究知觉和问题解决过程时提出的。该理论反对将行为分解为个体肢体的机械运动，认为思维是整体的、有意义的知觉，个体所表现的行为依赖于心智在解决问题的过程中具体如何分析眼前的情境以及利用既有经验的途径，而不是刺激和行为的简单联结。因此，该理论尤其重视个体知觉组织、解决问题的过程和创造性思维活动的研究。

该理论提出，学习就是对问题情境的整体知觉和理解，是对完整结构（Gestalt）的组织。个体必须在认知活动中把感知到的所有信息组织整合成有机的整体才能真正理解。这一过程中不存在渐进的试错，而是通过突然顿悟实现的。但是，格式塔学习理论过度地将知觉经验组织的作用归因于大脑的先验本能，带有一定的唯心主义和神秘主义色彩。

美国心理学家及教育家布鲁纳提倡发现学习，倡导在中小学教育中加强结构主义教育，让学生能够独立思考、自行发现知识、掌握概念原理，引导学生在问题解决过程中亲自发现结论和规律。他提出了认知发现理论，强调认知学习和认知发展。该理论主要观点如下。

学习的实质在于个体主动地形成认知结构。认知结构又叫表征系统，是外界信息在头脑中的表现与记载方式，分为动作表征、肖像表征和符号表征三种。学习就是通过认知获得各类外界信息的意义和意象，从而建立表征，形成认知结构的过程。学习包括知识的获得、转化和评价三个过程。布鲁纳认为，学习首先是新知识的获得，这类知识既可能是学生已有知识的精炼升华，也可能与学生过往经验相违背，但无论新旧知识是何关系，都会使学生的知识体系进一步丰富。学生在获得新知识之后要对其进行转化，使其适应新情境，便于解决新问题，从而获取更多新知识。评价则是对这种转化效果的检验，以核对学生获取转化知识方式是否正确高效。

学生不是被动的知识接收者，而是积极的信息加工者。教育者只有帮助学生将学科的知识体系转化为个体自身的认知结构，才算是顺利完成了教育教学工作。因此，教学工作的中心任务是使学生理解各门学科的基本结构。即让学生掌握学科的基本概念、基本原理及其基本态度和方法。布鲁纳提出，教学过程应当遵循四项原则，即动机原则、结构原则、序列原则和强化原则。每个学生都具有内在的学习愿望，并将其作为学习的基本动力。教师应将知识、概念及问题用最佳的组织形式呈现给学生，并引导学生通过一系列循序渐进的程序完成对知识的掌握、转化和迁移。为切实提高学习效率，要给与学生适当的反馈，让学生逐渐摆脱教师，从而形成自我矫正的能力。

与布鲁纳同时代的美国心理学家奥苏伯尔提出了有意义的言语学习理论，也即认知同化理论。他认为，学习的实质是将抽象符号所代表的新知识与个体认知结构中已有的知识体系建立起非人为的实质性的联系，即有意义学习。反之，则是死记硬背的机械性学习。非人为的联系是指新知识与个体已有认知结构中的有关概念存在某种客观的或有逻辑基础的内在联系，而非任意联想。实质性联系是指新符号与个体已有认知结构中的符号的联系是非字面的，虽然表达方式不同，但意义等值。

有意义学习的产生既受学习材料本身性质的影响，又受学习者自身因素的影响。学习材料必须存在逻辑意义，且在学习者学习能力范围之内，学习者的认知结构中存在能够与之建立联系的旧知识，而学习者必须具有积极主动地建立这种联系的倾向性，反之则无法产生。

奥苏伯尔还提出了接受学习的概念。即学生在教师的指导下，接受事物意义的学习，也是课堂教学的主要形式，是学习者掌握人类科学文化知识的主要途径。此种学习适合年龄相对较大，已具备较丰富知识和经验的个体。影响接受学习的关键因素是认知结构中起固定作用的概念的可利用性。为此，他提出了"先行组织者"概念，即先于学习任务向学习者呈现的一种引导性材料，这种材料与学习任务存在一定关系，而其抽象概括和综合水平又高于学习任务，同时还与认知结构中原有的观念存在逻辑联系。"先行组织者"的意义在于为学生在学习新的任务时，提供观念上的固着点，从而增加新旧知识的可辨别性，促进学习的迁移。

（三）社会学习理论

从20世纪70年代开始，以班杜拉为代表的一批心理学家开始致力于拓展学习理论的研究领域，强调深入探讨学习的主观性、社会性和情境性，因此提出了社会学习理论。该理论认为，人的行为主要依靠后天习得，而习得某一行为的方式主要分为两种：一种是个体通过直接经验获得行为反应的模式，如行为主义学派所主张的刺激－反应的联结理论；另一种是通过观察示范者的行为而习得相应的行为模式。个体通过前一种方式进行的学习非常有限，人类的大部分行为都是通过观察学习而获得的，即通过观察他人所表现的行为及其结果而发生的替代性学习。

班杜拉将观察学习分为四个不同阶段：注意过程、保持过程、运动再现过程、动机过程。注意过程即观察学习始于观察者对于示范者行为的注意，其中学习者和示范者之间的关系至关重要。随后，观察者使用言语和形象两种形式把获得的信息转换成适当的表象保存于记忆，即保持过程。运动再现过程即观察者再将记忆中的表象转换成行为，并根据反馈来调整行为的再现方式，以便做出正确反应。学习者的自我监控和信息反馈能力决定了示范行为的准确性。动机过程即在学习者能够再现示范行为后，是否能够经常表现出示范行为还受到行为结果的影响。

班杜拉认为，有三种因素会影响学习者再现示范行为：（1）他人对示范行为的评价（外部强化）；（2）本人对自己再现能力的评价（自我强化）；（3）他人对示范者的评价（替代性强化）。这三种因素是学习者再现示范行为的动机力量。

（四）学习的信息加工理论

1974年，加涅根据现代信息加工理论提出了学习过程的基本模式。他认为，学习是一个有始有终的过程，该过程可以分为前后不同的几个阶段。个体在每一阶段中要进行不同的信息加工，在各个阶段中发生的事件则称为学习事件。学习事件是学生对信息进行内部加工的过程。教学过程既要以此为基础，又要能积极引导这一过程。而教学过程的重点就在于两者是否完全吻合。学习过程的信息加工模式总结如图3-1所示。

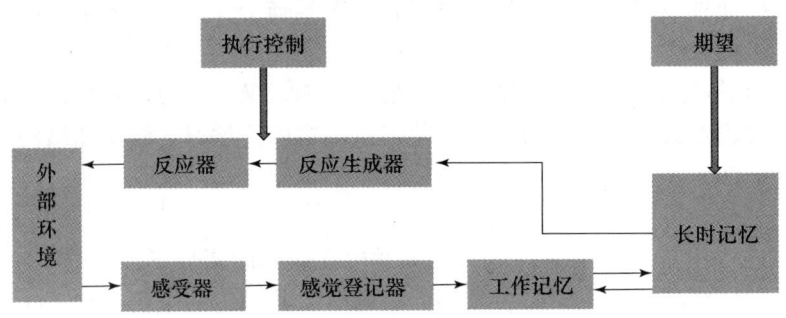

图3-1 加涅的学习过程信息加工理论模型

一方面，外部环境刺激作用于学习者的信息感受器，并在编码后进入神经系统，通过一系列记忆过程，信息予以保留。另一方面，从记忆中提取出来的信息通过反应发生器转换成个体的操作行为，而操作行为的出现表明，外部刺激对学习者发生了影响，信息得到了加工。在信息加工过程中，"执行控制"与"期望"非常重要。"执行控制"代表已有经验对学习过程的影响。"期望"代表学习者个人动机对学习过程的影响。整个学习过程都是在这两者的作用下进行的。

信息加工理论对教学实践具有明确的指导意义。首先，教学过程要注重吸引学生的注意。其次，最好能让学生带着问题去学习，将学习过程与自身对问题的思考结合起来。再次，教师应突出教学重点，引导学生积极复述关键内容，以便学生对重要信息进行编码，增强学生对相关知识的记忆。

第二节 学习心理辅导的相关概念及技术

一、学习的动机辅导

（一）学习动机的概念

动机是隐藏在个体内部的力量或对目标的趋避力，它能引起个体的紧张状态，并促使个体尽力完成某种任务。动机既可能来自于本能驱动，也可能来自理智决策，也或者是两者的混合。它包含了一系列的需求、行为和目标。需求促使个体产生行为，行为受需求驱动，向目标迈进，目标实现代表需求得到满足。动机的分类方式多种多样，最常见的是分为生理性动机（饥饿、口渴、性等）和社会性动机（名声、金钱等）两大类，本书只探讨学习动机。

学习动机指学生个体内部促使他从事学习活动的内部驱动力，其对学习活动有着引发、维持和导向作用。学习动机可以通过多种形式表现出来。一般而言，学习动机反映了个体的某些需求，通常表现为强烈的学习愿望，浓厚的求知欲，认识世界的兴趣，对外界事物的好奇心等；又或者是更加现实的内容，例如为了使家长满意，或者遵从老师教诲，为了获取好成绩以便赢取荣誉，为了避免老师及家长的批评与惩罚。学习动机的具体内容复杂多样，心理学家往往从不同角度对其进行分类。

1. 间接的远景性学习动机与直接的近景性学习动机

根据学习动机的影响范围和作用时间长短，可以分为间接的远景性学习动机与直接的近景性学习动机。前者是与学习活动本身没有直接联系的动机，反映了社会、家庭对学生的要求，与学生的世界观、远大抱负，以及对学习意义的认识有重大关系。对于幼童，这类动机的推动作用较小，但一旦建立就具有较大的稳定性和持久性，对学生学习的主动性和自觉性有很强的激发作用。后者是与学习活动直接联系的动机。它可能是由教师和家长施加的压力引起，也可能是由同学之间的竞争引起。此类动机容易受到具体条件和偶然情境的影响，作用范围和实际效能更小。两类动机相互联系、相互补充。在实际教育活动中，教师只有将学生的年龄特点和学习情境密切结合起来，才能促使学生产生持久有效的学习动机。

2. 外在动机与内在动机

根据学习动机的自发性和目的性，可以分为外在动机和内在动机。外在动机是主要由外在因素诱发的动机。例如，父母、老师的夸奖或惩罚，同伴的羡慕或嘲笑等。外在动机一般作用小、持续时间短、不稳定。一旦学生长期将外在动机作为自己学习的主要动机，他就会逐渐将学习活动本身当作是满足动机的手段，而难以将学习的最终目的明确为学习本身。外在条件一旦消失，动机就会立即失去作用。内在动机是主要由个体的内在心理因素转化而来的动机，包括好奇心、求知欲、责任感、自尊心、自我效能感等。内在动机对学习的推动作用大，持续时间长，效果较稳定。学生将学习活动本身看作是自己追求的目标，将刻苦学习获得的成功体验当作对自己的奖赏，从而对学习产生源源不断的激励作用。

3. 主导性动机与辅助性动机

根据学习动机作用的主次不同，可以分为主导性动机和辅助性动机。主导性动机是指在学生学习活动中居于支配地位、发挥主导作用的学习动机。其对学习活动的影响最强烈、最稳定。通常情况下，在同一时间段内的主导性动机只有一个。辅助性动机是指在学生学习活动中处于从属地位、发挥辅助作用的学习动机。其影响较小且不太稳定。在同一时间段内可以同时存在多个辅助性动机，强度和稳定性各不相同。比如，某个学生的学习动力主要源于其对某门学科的兴趣，但学校老师的表扬、同学的羡慕和家长的奖励都会对其学习产生推动作用，都是激发他学习的辅助性动机。

当主导性动机和辅助性动机之间的关系一致时，学习的动力会得到有效加强，当它们彼此之间存在冲突时，学习的动力就会受到削弱。

4. 认知动机、自我提高动机与附属动机

根据学习动机的内驱力成分，可以分为认知动机、自我提高动机和附属动机。认知

动机以求知为需求，以对知识的理解和掌握为目标，是指向学习任务本身的一种动机。认知动机本身源于儿童天生的好奇心和探究外界环境的倾向，没有特定内容和方向。只有在合适的引导下，儿童通过不断地实践获得成功，而成功的体验不断地强化这种好奇心，才会逐渐产生具有特定内容和方向的认知动机。自我提高动机是因个体自身能力和成就赢得相应地位的需要而引起的动机。它与认知动机不同，并非直接指向学习任务本身，而是完成学习任务后获得的地位以及自尊心得到满足。过度的自我提高动机会引发焦虑等负面情绪，教师在使用这种动机策略激发学生的学习兴趣时，要注意避免给学生带来过度焦虑，甚至使学生产生对学习任务的厌恶情绪。附属动机一般指学生为获得教师及家长的赞许和认可的内驱力。

在儿童阶段，附属动机往往是一种主导性学习动机，随着年龄的增长，认知动机和自我提高动机的作用越来越明显，三者共同推动个体完成日益繁重的学习任务。

(二) 学习动机的理论

心理学家尝试从不同角度阐释动机产生的深层原因，形成了多种动机理论。这些理论有助于我们从不同角度了解动机在学习过程中的作用原理。

1. 强化动机理论

强化理论是由行为主义学派提出的。该理论将动机看作是由外部刺激引起的对行为的冲动力量，重视用强化来说明动机的发生和作用。人的学习行为倾向取决于某种行为与外部刺激因为强化而建立的联系，强化能够增强学习过程中某种行为发生的概率。

按照强化理论的观点，任何学习行为都是为了获取某种报偿或者逃避惩罚。因此，在学习活动中，教师需要采取各种外部手段激发学生的学习动机，引起相应的学习行为。例如，奖赏、赞扬、评分、分级、竞赛等。由学校教师或家长施加的强化手段属于外部强化，由学生自己施加的强化属于内部强化。比如，学生在学习中由于考试成绩提升而获得的自信心和自我效能感。而无论外部强化还是内部强化，都有正强化和负强化之分，前者主要包括适当的表扬、奖励以及满意的成绩，后者主要是免去批评、避免处罚等手段。

2. 成就动机理论

20世纪30年代，默里（H.A.Murray）提出了成就需要这一概念，认为成就需要是人的一种"普通的需要"。他将其具体定义为"克服障碍、施展才能，力求尽快尽好地解决某一难题"。麦克利兰（D.Mcclelland）和阿特金森（J.W.Atkinson）在其基础上进一步发展出了成就动机理论。

麦克利兰认为，成就动机是在成就需要的基础上产生的，是极其稳定的一种心理特质。具有强烈成就需要的人希望能将事情做得更完美，取得更大成绩。他们所追求的是在获得成功的过程中通过努力奋斗，克服困难、解决问题，以此来获得快乐，以及体会成功之后的个人成就感。通常，高成就动机者比低成就动机者能取得更好的成绩。

阿特金森认为，个体在竞争过程中存在两种心理倾向：追求成功和避免失败的动机。追求成功动机较强的学生，会倾向于选择中等难度的学习任务，因为这类任务既有成功的可能性，又有足够挑战性。避免失败动机较强的学生，会倾向于选择相当容易或者相当困难的学习任务。一方面可以避免失败，另一方面可以在失败的时候找到适当借口，减少受挫感。他还进一步提出了成就动机模型。该模型提出，影响某一具体动机强度的因素包括动机水平、期望和诱因。其具体关系如下：

$$动机强度（T）= 需要（M）\times 期望（P）\times 诱因（I）$$

其中，需要是个体稳定追求成就的心理倾向；期望是个体在某一具体任务上获得成功的概率；诱因是个体完成某一具体任务所带来的价值或满足感。

3. 归因动机理论

美国心理学家韦纳（B.Weiner）提出的归因理论主要从结果来阐释行为的发生。他认为，一个人在分析其行为成败的原因时，主要涉及以下六个方面：努力、能力、运气、工作难度、身心状况、他人反应。这六个方面的原因又可以从三个维度归类。一是控制源，即把成败归于自身原因还是外部原因。能力、努力和身心状况都是自身原因；工作难度、运气等都是外部原因。二是稳定性，即成败原因在性质上是稳定的还是不稳定的。能力和工作难度属于稳定原因；运气、努力属于不稳定原因。三是可控性，即成败原因可否由自己控制。努力是自己可以控制的；而工作难度、他人反应等均非个人可以控制。个体的归因倾向将会影响其未来活动的选择、坚持程度和动机强度。

学生的学习活动能否取得成功，与多种因素相关。而通常情况下，学生无法做到正确归因。如果学生将暂时的失败归结为不稳定和可控原因，例如努力程度，那么其将有可能在失败的情况下提升努力程度，从而增加取得成功的可能性。如果将失败归结为稳定且不可控的原因，例如能力不足或学习内容太难，那么他的学习动机将会减弱，并阻碍接下来的学习行为。因此，教师应该引导学生对学业成败进行合理归因。

4. 自我实现理论

人本主义心理学家认为，个体的行为是由一定的需要驱使的。马斯洛（A.Maslow）将人的需要由低到高划分为5个不同层次，包括：生理需要、安全需要、归属和爱的需要、尊重需要及自我实现需要。其中，自我实现的需要是一种高级的成长需要。学习的主要目的就是为了追求自我实现。通过学习，使自己的价值、潜能和个性得到充分发挥。因此，自我实现的需要是引发学习动机的主要因素。

（三）学习动机的激发和培养

学习动机对学习过程的作用非常复杂。相关研究表明，各种学习活动都存在着一个最佳动机水平。并且，这个最佳动机水平并非固定不变，而是随着学习任务难度的不同而变化。

在难度较低的学习任务中，个体的动机水平中等偏高，学习效果最好。在难度较大的学习任务中，个体的动机水平中等偏低，学习效果最好。在难度适中的学习任务中，中等强度的动机水平有利于学习效果的提高。这种随着学习任务难度的不断增加，动机的最佳水平不断下降的现象叫耶基斯–多德森定律（图3-2）。因此，教师要引导学生根据

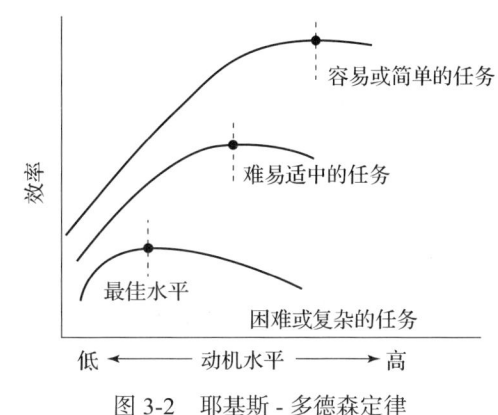

图3-2　耶基斯-多德森定律

学习任务的难度随时调节自己的动机水平，避免过高和过低的动机水平，这样才能产生良好的学习效果。

通常认为，学习动机本身不直接参与学习过程，而是通过努力、增强注意与学习持久性来对知识的获得、保持与提取等环节起间接作用。能够对学生学习动机产生影响的因素有很多，心理学家通常将其分为外部因素和内部因素。外部因素主要包括学习任务的类型和教师两方面。

首先，不同类型的学习任务会在不同程度上影响学生的认知活动，进而影响学习动机。一般来讲，学习任务可以大致分为记忆任务、程序任务、理解任务和评价任务。不同类型的学习任务在失败率上具有不同的风险性。例如，理解任务、复杂记忆任务和程序任务的相对难度更大，失败的风险性也更大；而评价任务通常没有标准答案，不易犯错；简单的记忆任务和程序任务也容易得到正确答案，失败的风险性更小。

不同的学习任务在是否存在标准答案上具有不同水平的模糊性。评价任务和理解任务一般不存在标准答案，模糊性较大。记忆任务和程序任务通常有明确的正确答案，模糊性很低。心理学家认为，风险性和模糊性较大的学习任务往往会增加学习难度，使学生产生学习困惑，从而可能损害学生的学习兴趣。具有焦虑和回避失败倾向的学生尤其如此。因此，教师应当适当减少学习任务的风险性和模糊性，这样更有利于维持和提高学生的学习动机。另外，在面临复杂的学习任务时，教师应当有意识地给予学生更多指导。

学习任务通常具有三种价值：成就价值、内在价值、效用价值。为了促进学生在学习活动中充分了解学习任务的价值，教师可以在教学中呈现更符合学生现实需要的学习任务，从而激发其对学习任务的意义感和兴趣。

除了学习任务之外，教师对学生学习动机的影响也很大。美国心理学家罗森塔尔（R.Rosenthal）曾对此做过专门研究，并提出了"罗森塔尔效应"。此即教师对学生的期望往往会收到符合预期的效果。

教师期望对学生学习动机的影响是通过师生互动实现的。教师对不同学生期望的高低往往会影响其对学生的态度和表达方式。面对期望较高的学生时，教师通常会提出更多更难的问题，并给予更多机会鼓励他们积极思考和回答问题。面对期望较低的学生时，教师所给予的关注和机会则相当有限。教师针对不同的学生所表现出的期望和态度的差别，将会在很大程度上影响学生自我概念的形成和对学习的兴趣，进而影响到他们的学习动机。因此，教师要充分发挥期望对学生学习动机的积极作用，努力避免其消极作用。

影响学生学习动机的内部因素主要是自主性和自我效能感。

自主性是学生在做什么，以及怎么做的问题上自己做出的选择和控制。在学习活动中，学生如果作为活动发起者，往往会表现得更加积极主动，更富有责任感。而学生作为跟从者参与活动，在行为表现上通常会比较被动，而且缺乏责任感。因此，教师在设计教学活动时，应该尽可能让学生自主参与，从而激发学生学习的自主性，增强学生的学习兴趣，鼓励学生将学校的教育目标转化为自己的成长目标。

自我效能感是个体对自身是否有能力完成某一行为所进行的推测和判断，即对自己能做什么和不能做什么的主观认识，其在个体选择目标和实现目标的过程中起着重要作用。

自我效能感可以影响学生对学习任务的选择。自我效能感高的学生对自身能力和任务结果的预期充满自信，敢于迎接挑战，会为自己设置较高的目标，希望取得较大成功，表现出较强的内在动机，且不容易受外部环境影响。自我效能感低的学生，倾向于选择简单任务，获得成功的内在动机也不强。自我效能感还能影响学生面对学习困难时的态度和努力程度。自我效能感越强，学习越努力，面对困难也坚持得越久。

自我效能感具有一定的学科性和领域性，这是由不同学生的学科状况及表现决定的。有的学生在数学领域效能感较强，在语言和写作领域较弱；有的学生在体育运动方面自我效能感较强，而在文化类课程反而则较弱。

教师在教学过程中要想有效激发学生学习动机，可以从以下几个方面入手。

（1）帮助学生树立适当的学习目标，

即帮助学生做好预期管理。让他们在学习活动中带着明确的目的和任务，并且要保证目标是现实的，对学生是有意义的，有一定的难度，使学生能够真正接受目标。在树立目标时尤其要注重引导培养学生的自主性，使他们认识到目标任务的现实价值，并且要为其实现目标提供必要的帮助支持，让学生树立信心。

（2）增强自我效能感

在教学过程中尽可能为学生提供获得成功的机会。通常可以采取三种做法：一是对部分学生尤其是学习能力较差的学生适当降低评价标准，在其取得相对较小的成功时也给予鼓励；二是尽可能发掘学生的长处，给学生提供展现自己的机会；三是设置合适的学习目标，使学生在完成复杂学习任务的过程中能实时体会到进步和成功。

（3）要引导学生进行合理归因

不同的归因对学生的学习动机起着不同的作用。在学习失败的情况下，如果将原因归结于自身努力不够等内部非稳定性因素，有助于提高学习积极性；如果把失败的原因归结于学习任务过难，能力不够等因素，将会降低其学习积极性。而通常情况下，由于认知局限，学生的学习成败归因可能存在着偏差。所以，教师要及时引导并帮助学生掌握正确的归因技能，减少和消除归因偏差。

（4）提高学习任务的意义性

充分激发学生的内部动机，需要教师提供有意义的学习任务，提高学生学习的兴趣和参与度。教师可以将教学任务相关的概念、原理和方法与学生的性格特点和接受方式相结合，尽可能让学生在问题解决和实践环节中获得知识。

（5）充分利用学习反馈和评价

学生运用所学知识解决问题的成效、作业正确率、考试成绩的优劣及学习态度是否认真都属于学习的反馈信息。对这些信息的合理利用也可以激发学生的学习动机。教师在使用过程中要注意，学习评价要尽可能公正、客观和及时，并且要充分考虑学生的接受程度，使学生对学习评价保持理性态度。

（6）科学运用奖励和惩罚手段

奖惩手段能够有效激发学习动机，塑造良好行为，改变不良行为。但是在实际操作过程中，教师要充分考虑各方面条件。例如：教师的威信以及师生日常关系；学生对奖惩手段的重视程度；奖惩手段本身的公平性；奖惩时机及力度的控制等。奖惩对象要有针对性，过分的奖惩会降低效果，引发学生焦虑和敌意情绪。

二、学习策略的辅导

(一) 学习策略的概念

随着时代的发展，知识的传播增长速度越来越快，学生已经不可能在学校中获得在今后工作和生活中所需要的全部知识。因此，学生不仅要在学校掌握基本知识，更要掌握和灵活运用尽可能多的学习策略，从而提高学习效率，获得全面发展。

从20世纪中叶开始，关于学习策略的研究在心理学相关领域占据了关键地位。学习策略指学生为达到一定的学习目标而采用的学习方法、技巧和规则。在学习策略的具体研究中，应该主要从三个方面对其进行把握。一是将学习策略看作是学习活动或学习步骤，是"在学习中用以提高学习效率的任何活动"；二是将学习策略看作是学习规则、能力和技能，是一种"内隐的学习规则系统"；三是将学习看作学习计划，是"学习者为完成学习目标而制定的复杂计划"。

可以认为，学习策略是在具体的学习情境中，学习者对学习任务的认识、对学习方法的使用和对学习过程的调控，具有以下特性。

学习策略是学习者为了完成学习任务主动使用的，是有意识的心理过程。在这一过程中，学习者一般先会分析学习任务和自身特点，然后根据这些特点，制定合适的学习计划。

学习策略是提高学习效率、保证学习效果的基本条件，是有效学习所必需的。策略的运用都带有明确的目的，可能是为了提高记忆效率，或是为了更好地解决问题。

学习策略与学习过程相关，它决定了学习时做什么和不做什么，先做什么后做什么，是一种程序性知识，由一系列规则和技能构成。

学习策略是学习者所制定的学习方案。不同的学习活动对应不同的学习方案，同一类型的学习任务所对应的学习方案基本类似。学习者应针对不同的学习活动制定不同的学习策略。

学习策略对于学生的学习活动具有重大的意义。学习策略的合理运用通常可以提高学生的学习效率，尤其是促进那些学习策略掌握不到位的学生改进学习方案，提高学习质量，并且进一步培养学生的终身学习能力，让学生在今后的生活中不断学习，不断进步。

教育实践表明，学习策略是可以通过教学活动传授给学生的，但影响学生掌握学习策略的因素很多。只有了解这些因素的作用，才有利于学生对学习策略的掌握和运用。

首先是儿童的认知发展水平。相关研究表明，学前儿童尚无法有效掌握学习策略，即使他们自发地获得了某些简单的学习策略，也不知道什么时候、在什么场合下应用这些策略。小学生已经掌握了不少简单的学习策略，但通常需要在家长和教师的指导下才能有效地在学习活动中利用这些策略。中学生在自己熟悉的知识领域可以自觉地运用适当的策略，并且能根据学习效果反馈调整学习策略。

其次是个体的能力差异。个体的智商水平越高，就越能自发地形成有效的学习策略。与其他认知能力的学习相比，学生对学习策略的掌握会更多地受到个体差异的影响。此外，学习动机对于学生学习策略的掌握和运用也存在较大影响。如果学习者的成就目标、动机归因、自我效能感不同，那么其学习策略的掌握和运用情况也不同。

除了个体本身的因素，一些外部因素也会影响到学习策略的掌握和运用。包括学习策略的训练和教师的日常教学方法。学习策略的训练方式分为两种形式，一是对学习策略进行直接的专门训练，通过单独开始学习策略训练课程来教授通用的学习方法和思维技巧；二是对特定学科内的学习策略进行训练，即根据具体学科内容，教授适合特定范围的学习方法和思维技巧。两者应该相互兼顾，随时调整，以便适应学生不断改进学习策略的需要。教师教授知识技能的方式对学生学习策略的掌握也有影响。教师本人在学习和问题解决过程中运用的学习策略，能够影响学生学习策略的形成。

(二) 学习策略的分类

学习策略的分类方式有很多，最常见的分类方式是由迈克卡（Mckeachie）提出的认知策略、元认知策略和资源管理策略，接下来将分别予以介绍。

1. 认知策略

加涅认为，认知策略是个体用于处理内部世界的一种自我调控能力，认知策略的改进是学习策略改进的原因。认知策略是学习策略的核心组成部分，而学习策略所涵盖的范围比认知策略更广。在学习活动中经常会用到的认知策略有复述策略、精加工策略和组织策略。

（1）复述策略

复述策略是个体在记忆过程中为了保持信息，运用内部语言在大脑中对学习材料进行重现，这有利于学习者将注意力持续维持在学习材料上。在简单任务的学习中，复述策略只是按照一定顺序重复项目名称，便于记忆。在复杂任务的学习中，复述策略一般会先后涉及三个认知过程：即选择、维持和获取，从而将外部信息完整准确地储存在长时记忆。

复述策略的作用在于保持记忆，是学习过程中必不可少的环节。正确运用复述策略有利于知识信息的及时保持，包括以下几方面。

首先，在知识的识记过程中，要注意运用有意记忆和无意记忆。一方面鼓励学生有目的、有意识的去识记重要信息和关键知识点；另一方面要注重培养学生对某门学科或某些知识点的兴趣，通过学生自己探索来加深对知识点的印象。

其次，在识记过程中，要注意排除知识点的相互干扰，尤其要注意预防因学习顺序不同所造成的前后知识点之间的前摄抑制和后摄抑制现象。心理学家将这类现象称为系列位置效应，指人们对一份逻辑连贯材料的开始部分和最后部分的记忆效果要优于中间部分。学生在学习时，可以充分利用此效应，将重难点内容安排在最有利于记忆的位置和时间点上，以保障这部分内容的学习效果。通常来讲，在早起之后以及学习开始时学习重要内容可以克服前摄抑制的影响；在晚上睡觉前或学习即将结束前学习重要内容可以克服后摄抑制的影响。

此外，在进行识记时，教师要让学生善于运用多种感觉器官同时感受信息，有效增强记忆。对于篇幅短小、内在联系严密的学习材料，鼓励学生采用整体识记的方式，反复记忆直到记牢为止。对于篇幅较长、内容较难的学习材料，让学生合理分段，逐步记忆，最后再整合全篇。

情景的相似性对回忆和再认识均有帮助。即在一定情景下，学习者能够联想起相似情景下曾经发生的事情。因此，在教学的过程中，教师应借助情景创设和心境诱导来帮助学生记忆学习材料。

除了在知识的记忆过程中要灵活运用复述策略外,在知识的保持过程中也要注意相应的策略运用。

首先需要做到及时复习。按照艾宾浩斯遗忘曲线所揭示的人类遗忘规律,人所记住的绝大多数机械程度较高的材料的遗忘进程是先快后慢,而且是从学习之后立刻开始遗忘。只有及时复习,才能减缓遗忘进程。

其次要分散复习。分散复习指每隔一段时间针对相同学习内容进行重复学习。对于绝大多数学科来说,分散学习更有利于知识的长期保持。在复习形式上也要突出多样化,以促进学生在不同情景下反复运用所学知识的实践能力,从而加深知识的理解和保持。

(2)精加工策略

精加工策略由美国心理学家威廉·柔尔(William Rohwer)提出,即凡是个体将新学习到的材料和头脑中已有知识建立联系、加深对新知识理解的方法,都属于信息的精加工。经过精加工的信息进入个体现有知识体系后,能被高效地回忆和再认识。学习者对新材料的加工越细致深入,对知识的掌握就越牢固。精加工策略的关键是具体进行精加工的方法。通常包括类比法、比较法、质疑法、扩展引申和先行组织者等。

类比法是基于两个对象之间在某些特征上的相同或相似之处所做的一种类推。可以将抽象的内容具体化、形象化,将较深奥的内容简单明了地揭示出来,有利于迅速把握问题实质,加深对新知识的理解。在使用类比法时,需要考虑可比性,即两类对象必须客观存在相同或相似之处。还需要考虑类比的可接受性,即所选择的类比对象必须是大家熟悉或易懂的。最后,还要注意类比法只是手段而不是目的,最终目的是让学生真正理解和掌握新知识。

比较法是将两个或两个以上容易混淆的相关概念进行对比分析的方法。对这类容易混淆的知识进行比较,不仅能快速明确新概念的关键特征,更有助于掌握新概念的内涵。对立比较是最常用的比较法。将相互对立的概念放在一起呈现,彼此形成强烈的鲜明对比,能够给学生留下深刻印象。差异比较是将相似度较高的概念放在一起进行分析,通过突出各自的特性,着重强化对彼此不同点的理解,进而明确两者的界限。对照比较是将同一类别的若干事物依次罗列,进行对应比较,加深对各个事物的理解。

质疑法是用一种挑剔和批判的眼光看待现有事物,达到对事物的深层次理解的方法。相关研究表明,通过合作学习的方式在学生之间广泛开展相互提问,既有利于促进学生彼此间的模仿和激励,也有助于知识的深层次掌握,是值得提倡推广的有效学习策略。

对新知识进行扩展引申是深化理解新知识的又一重要途径。扩展引申的过程就是深层次思考的过程。通过对知识的扩展引申,可以获得更加丰富的信息,更易与现有知识经验建立联系,把"知其然"变为"知其所以然"。

先行组织者即一种先于学习内容呈现的引导性材料。目的在于将新知识纳入学生已有知识结构。先行组织者可分为陈述性组织者和比较性组织者。前者以一种简化的、纲要性的形式去呈现新知识的相关内容和概念;后者是在新旧知识具有高度交叉重合性时,帮助学习者有效利用旧知识掌握新知识。

(3)组织策略

组织策略是将新知识所包含的信息由繁到简、由无序到有序的呈现。它不仅有利于材料的识记和提取，也有利于加强学生对材料的理解和表达，是优秀学习者必备的学习策略。主要包括归类法和概括法。

归类法也叫归纳法，是指在回忆中按照不同概念的特征或归属组织知识概念的方法，将原本随意排列的知识分为不同类型，再按类进行回忆，从而提高回忆效果。通过归类法，学习者能够将众多知识相互联系，形成一个整体。研究表明，随着学生年龄的增长，学生对不同概念进行归类的倾向越来越强。在学习活动中，教师对学生的归纳能力进行针对性训练，能够极大地提高学生的组织水平，锻炼思维能力。

概括法是对知识点摒弃细枝末节，只提取其关键核心加以记忆理解。在学习过程中，有时候需要省略相对不重要的信息以及旧有知识结构中的重复信息，通过提取关键信息构思出学习材料的主题。

2. 元认知策略

学习活动既包含了认知过程（对所学内容的识别、加工、理解），也包含了元认知过程（对认知过程进行监控、调节）。美国心理学家约翰·弗拉维尔（John Hurley Flavell）首次提出了元认知（metacognition）这一概念。将元认知定义为"任何以认知过程与结果为对象的知识，或者是任何调节认知过程的认知活动"，核心意义在于"对认知的认知"。元认知又叫反省认知，其实质是个体对自身认知过程和认知结构的认知。

学习活动中所涉及的感觉、思维和想象等活动都属于认知活动，而元认知就是对感觉、思维和想象等认知活动的认知。元认知具体包括个体对自身认知活动的自我意识、自我体验和自我调节，既包括对当前正在进行的认知过程的认知，也包括对相对稳定的现有认知能力的认知。元认知能够使学习者有效地反省、评价及直接认识自己的各种活动，监督自己的学习过程。

元认知由三个部分组成，包括元认知知识、元认知体验和元认知监控。

（1）元认知知识

元认知知识指个体具备的关于认知活动的一般性知识。通常是通过经验积累获得的关于认知的陈述性知识和程序性知识，例如，"我的记忆力比较差""我的心算能力很强"以及根据自身认知水平的实际情况进行针对性的补救措施。

元认知知识首先包括对个体认知特点的知识，具体涉及个人兴趣、爱好、能力等。比如，意识到自己更加擅长理科而不太擅长文科，或者逻辑思维能力较强，口头表达能力相对较弱等。此外还涉及个人与其他个体在认知特点上的差异。例如，认识到自身的空间思维能力比其他个体强，但动手能力又较弱。另外，还包括对于人类认知的某些普遍性特点的认识。例如，记忆和遗忘规律，注意力的集中和分散等。

元认知知识还包括对学习任务的认识，具体包括两个方面。一是指学习任务中有关信息特点的知识，这类信息是熟悉的还是陌生的，是复杂的还是简单的。二是对学习任务的具体要求和目的的认识，例如，对于一篇文章，是需要背诵全文还是仅做了解。

此外，元认知知识还包括与认知策略相关的知识，具体指进行认知活动和完成认知任务有哪些策略，这些策略又存在哪些适用范围及特点，以及对不同的学习任务，选择最有效的策略等。

（2）元认知体验

元认知体验主要是伴随认知活动而产生的认知体验和情感体验。具体产生哪种体验,与个体在认知活动中所处的位置以及其取得的学习进展密切相关。元认知体验对认知任务的完成起关键作用。元认知体验与元认知知识有部分重叠。有些元认知体验可以被看做是有意识的元认知知识。例如,在处理某个问题时,个体突然感觉它与过去处理的某个问题很类似。元认知体验中的情感体验受到动机的影响,且体验强度与动机强度成正比。当动机远大且坚定明确时,会产生持续健康的情感体验,在面对学习任务时知难而进。

（3）元认知监控

元认知监控指个体在认知活动中,不断评价学习过程,获得认知活动质量的信息,找到认知偏差,并适当的调整计划,选用合适的方法以保证有效完成任务。此外,个体在认知活动结束后,对认知结果进行评价,估计完成任务的程度也属于元认知监控。元认知监控是元认知的核心。

元认知监控具体包括按照计划实施控制、检查认知结果、采取补救措施等。学习者对学习活动的自我监控水平是决定其学习成果的关键环节。元认知监控本质上是在元认知体验的基础上产生的,只有在认知活动中体验到学习情境的变化,同时体会到产生这种变化的原因,才能有效地调节和控制认知活动,进而减少认知活动的盲目性、冲动性,提高认知活动的效率和成功的可能性。

由此可见,元认知知识是元认知监控的基础,所有的元认知知识通过元认知监控发挥作用。个体通过元认知监控,不断在实践中应用元认知知识,并对其可能存在的偏差进行修正,使元认知知识结构更加丰富和完善。而元认知体验在这一过程中会对元认知监控产生动力性影响。

相关研究表明,对儿童进行元认知训练能够提高儿童的学习能力,并促进其智力的发展。元认知训练的主要内容是教会学生如何根据自身特点、学习材料的特点和学习任务的要求灵活制定相应计划,采取有效策略,在学习活动中积极进行监控、反馈、调节,以便有效达到目标。也即是说,元认知训练是想办法让学生学会如何学习。

3. 资源管理策略

学习是一个漫长的过程,必须要有相关资源的持续投入。教师应该把如何管理这些资源的策略教授给学生,让学生能够充分利用好现有资源环境。一般而言,学习资源管理策略包括三个方面：学习环境管理策略、心理资源管理策略和支持资源管理策略。

（1）学习环境管理策略

学习环境管理策略主要包括时间资源管理策略和空间资源管理策略。

在所有的学习资源中,时间是最重要的资源。学生要做到合理利用时间资源,首先要做到统筹安排学习时间。根据自身的总体学习目标,制定合理的时间表,对时间做出总体的阶段性安排,再逐步将时间表分解到每个月、每周乃至每天。学习者再针对每天的学习活动,列出一张优先活动顺序表,按照事情的重要程度选择先后顺序,分清哪些事情必须完成,哪些事情可做可不做,减少无计划、无意义、无节制的时间,保证足够的时间用在主要的学习内容上面。

其次要高效利用最佳时间。即要在个体生理功能最旺盛、精力最充沛的时候开展最重要、最紧张的学习活动,从而高效利用学习时间。依照个体的生物钟和学习效率的变化情况，合理安排每天、每周，甚至每月的学习活动。另外，随着学习活动的推进，个体的精神状态和注意力也在不断发生变化。个体的学习效率可能先高后低，或先低后高，或中间低两头高。个体要根据自己的实际情况，合理安排学习内容，确保最佳状态学习最重要内容。并且，要学会灵活运用零碎时间，尽可能不浪费学习时间。

除了时间之外，空间也是一项重要的学习资源。应在条件允许的范围内，尽可能地安排一个相对固定的学习场所，营造一个相对安静、整洁的学习环境，保证空气流通，温度适宜，光线明亮与色彩和谐。

（2）心理资源管理策略

要完成繁重的学习任务，个体的意志努力是不可或缺的。心理资源管理策略即个体在自己的意志努力下，持之以恒地完成学习任务。因此，在学习中，教师要注意鼓励学生自我激励，不断强化学习动力。

首先，要能够激发学生学习的内在动机。要注重培养学生的学习兴趣、好奇心和求知欲，让学生敢于克服学习障碍，迎接学习挑战，从学习活动中获得快乐，能够持续投入学习活动。教师要能够运用多样化的教学手段和技巧，包括在教学过程中设置一些新奇的细节，多种手段的合理运用，才能有效激发学生的学习热情。

其次，学生要树立为掌握知识而学习的信念。尽管每个人的学习目的不同，但大致可分两类。一类是为追求好成绩，以及随之而来的其他收获；另一类是更加注重自己是否真正掌握相关知识。以后者为学习目的的个体，更加敢于接受学习的挑战，克服学习上遇到的各种困难，也更能够在学习的深度和广度上不断拓展，真正提高自身能力。

再次，适时调整内心的成败标准。学习时，难免会有成功和失败，学生要能够随着自己学习的深入和能力的变化，不断调整自己对成败的评价标准。标准过高，即便取得进步，可能也无法对自己产生激励作用。标准过低可能会导致盲目乐观，自我感觉过于良好，也不利于学习的进步。

此外，还要做到正确进行归因。在学习失败的时候不能妄自菲薄，不能将失败简单归因于自身能力不够，自己不是学习的料，无论如何都无法取得成功，从而陷入习得性无助的境地。但也不能过于自我保护，将失败原因完全归结于身体不舒服，心情不好，或老师教学有问题，考试题目出得太难等。因此，教师要积极引导学生正确归因，为今后学习活动的开展和学习行为的调整打下心理基础。

最后，还要注重自我奖励。当学生获得了满意的学习效果时，学生要能够对自己进行奖励。通过自我奖励，鼓励和正视自己取得的进步，从而增强学习的自信。

（3）支持资源管理策略

在学习活动中，个体自身拥有的资源总是有限的。因此，学会充分利用身边的其他资源，也是学习策略的重要内容。支持资源主要分为各种工具性资源和人力资源两类。工具性资源主要指进行学习活动必不可少的各种学习工具，包括合理选择适合自己的参考资料、工具书等。学生要学会充分利用图书馆和互联网查询、检索自己需要的信息。人力资源主要指进行学习活动必不可少的人际交流。对于在校学习的学生来讲，主要是老师和同学。学生要积极寻求老师的帮助和指导，从老师那里尽可能多的获得学习知识、解决问题以及学习方法上的启发。另外，同学间的相互合作和讨论也有利于知识的掌握，通常会使双方受益。

三、问题解决与创造力培养

(一) 问题与问题解决

问题通常指一种情境。问题解决是一种高级而复杂的思维活动过程,也是人类适应和改造环境的一种实践活动。学生的思维正是伴随着层出不穷的问题而不断发展的。心理学将问题定义为个体所面临的无法用现有知识、经验和方法加以处理,而不得不重组自己现有知识信息或认知结构才能解决的困难情境。一个问题通常具有三个基本成分:

首先是问题的初始状态,即当前的已知条件,是一组明确的与问题有关的信息,或是问题条件的一系列描述。

其次是问题的目标状态,指构成问题结论的明确描述,即问题需求的结论、答案。

最后是问题的差距,即问题的初始状态和目标状态之间直接的或间接的距离。问题解决者必须通过一定的心理操作来改变初始状态,不断缩小其与目标状态的差距,从而达到目标状态。

对问题进行分类在问题解决过程中相当重要。分清问题类型不仅有利于明确地界定问题,还有利于表征问题、评价问题,从而更好地制定计划、决定和对策。依照不同的分类标准,可以对问题进行不同的分类。

依照问题所要寻求的答案,可将问题分为封闭性问题和开放性问题。封闭性问题是指寻求唯一正确答案的问题。开放性问题则没有统一答案。

依照问题本身呈现的具体情境,可将问题分为现实问题和理论问题。现实问题是指在现实生活环境中遇到的问题。这类问题信息复杂甚至模糊,往往存在多种可能的解答途径,需要进行选择。理论问题是书本上呈现的,往往经过人工选择的问题,在表述上信息充分,目的明确,解答途径唯一。

依照问题所表述的信息是否明确,可以将问题分为确定性问题、不确定性问题和争论问题。确定性问题也称为结构良好问题,是指具有明确的条件目标和解决方法的问题。典型的如数学教科书上所呈现的一些练习题。不确定性问题也称为结构不良问题,是指对条件、目标和解决方法没有明确规定和说明的问题。解决这类问题往往没有可遵循的固定程序,难以找到肯定答案。例如,如何找到一份理想的工作?父母应该如何教育子女?争论问题是指带有浓厚情绪色彩的问题,往往缺乏固定结构,使人容易陷入极端立场,无法找到为所有人接受的统一答案。例如,是否应该废除死刑?同性恋是否属于精神疾病?

依照问题所具备的创造性程度高低,可以分为常规问题和创造性问题。常规性问题是指日常生活中创造性程度较低的问题。这类问题的解决一般都有成熟的解决方法。创造性问题是指那些需要重组已有信息和知识经验,寻找新的策略和办法才能解决的问题。

学习的最终目的就是解决问题。问题解决是理论学习的自然延伸,也是高级的学习活动。问题解决具有情境性、认知性、目标性、操作性和情感性等特征。本质上是一种涉及认知加工的思维活动,包含了概念、推理、判断等过程。一般由认知、态度和操作三种成分构成。其中,认知是问题解决的理性因素,包括个体对问题的理解、表征以及对问题解决的评价、监控等认知活动。态度是问题解决的感性因素,包括个体的需要、动机、情感、意志等具有动力性的心理活动。操作是问题解决的运行策略因素,指个体针对问题的性质、特点所进行的目标性的操作活动。

（二）问题解决的影响与促进因素

问题解决的思维过程受多种因素影响，这些因素主要分为与问题有关的客观因素和与问题解决者有关的主观因素。

1. 问题的特征

问题情境中的信息总是以不同的特征呈现出来，这在很大程度上影响了问题解决者对问题的理解和表征。某些问题的信息呈现方式有助于问题的解决，而有些则包含了多余信息，或者隐藏了部分已知条件。这就需要个体能够抓住问题本质特征，分离出真正有用的信息。

2. 现有知识经验

知识经验既有助于个体提出问题和明确问题，还有助于形成假设和检验假设。知识经验包含两个层面，即数量和质量。数量指个体已掌握的知识经验越丰富，越概括，就越容易应用到具体的问题解决过程中。质量是个体在实践活动中逐渐积累起来的知识经验，即活的知识经验，也叫专家知识。这些知识通常按照不同层次分门别类进行组织，当个体遇到新问题时，能够很快找到问题关键所在，从而迅速解决问题。然而，如果个体对知识经验的理解不够深刻、总结不够全面，或使用不得当，问题解决也会受到知识经验的束缚。

3. 定势和功能固着

定势是由先前活动造成的一种对当前活动的特殊心理准备状态，或活动的倾向性。在环境不变的条件下，定势能够使人应用已掌握的方法迅速解决问题。但是，在问题情境发生变化时，会妨碍新的解决办法产生。

定势的作用明显的表现在"功能固着"上。功能固着指人们总倾向于将某一物体的常见功能看成是该物体的特定功能，从而妨碍了发现该物体的其他功能而影响了问题解决。教师在教学过程中既要利用定势的积极作用帮助学生迅速掌握解决问题的方法，又要注重引导学生具体问题具体分析，防止思维定势。

4. 动机和情绪

在问题解决过程中，问题解决的效率受个体成就动机强度的制约。个体如果没有适当的动机，就无法进行高强度的思维或者有始有终地坚持解决一个有难度的问题。个体对学习活动的态度、责任感、认识、兴趣、求知欲等都可以成为问题解决的强烈动机。根据耶克斯－多德森定律，针对某种具体问题，动机强度太强或太弱，都不利于问题解决，往往中等强度的动机最有利于问题解决。

在问题解决过程中，情绪往往也有明显影响。这种情绪上的影响既可以是积极的，也可以是消极的。积极情绪状态能够提高思维活动的进程，提升问题解决效率；消极情绪状态则会影响思维过程的专注度，降低问题解决效率。

5. 认知结构

认知结构是个体头脑中已有的知识结构，是影响问题解决的最关键因素。认知结构在问题解决过程中有三个方面的作用。

首先是"组织者"作用。"组织者"是先于问题呈现给学生的一种引导性材料，比问题解决任务本身更加抽象、概括和综合，并且能将学生现有认知结构中的观念和要解决的问题联系起来，是学生认知结构和要解决的问题之间的"桥梁"。

其次是"认知结构变量"作用。"认知结构变量"是学生头脑中认知结构在内容和组织上的特征。既包括某一学科内学生拥有的全部知识内容和组织特征,也包括某一相对较小的知识单元下所包含的知识内容和组织特征。认知结构变量中最重要的是起固定作用观念的可利用性、可辨别性和清晰稳定性。如果个体的认知结构中缺乏可直接利用的、可辨别的清晰稳定的观念,就难以建立起新旧知识之间的"桥梁",无法重新组合知识概念和规则,从而影响问题解决。

最后是认知结构的迁移效应。解决新问题的过程可以看作是现有认知结构同化新问题的过程。通过问题解决的过程所获得的新知识经验会影响现有认知结构,而改变了的认知结构又会影响下一次问题解决过程。所以,要使认知结构的"组织者"和"认知结构变量"真正发挥作用,就要注重这种积极的迁移效应。

(三) 创造力培养

问题解决是有目的的认知操作过程,使用现成的方法解决问题属于常规的问题解决,而使用新颖、灵活、独创的方法解决问题属于创造性地解决问题。一个较好的问题解决过程往往是个体创造性充分发挥的过程。

创造力是个体产生新奇、独特的有社会价值的产品的能力,是推动人类社会不断向前发展的根本力量。创造力的核心是创造性思维。创造性思维不同于一般思维活动,它既需要发散思维又需要集中思维,而且往往在关键时刻表现出思维的发散性。在创造性思维活动中,兴趣、灵感和想象起着关键作用。

创造力的培养有利于学生充分实现自我、施展自身才华,从而成长为创新型人才。培养学生创造性思维的关键在于发挥教师的积极引导作用。教师自身素质以及对创造性活动的态度,都会直接影响学生的创造力。教师要让学生知道创造性活动是会得到鼓励和认可的,并且能够精心设计激发学生创造力的方法。具体表现包括三方面。

1. 创设适宜的教学环境

要提供宽松的心理环境。对于标新立异和脱离常规思维的行为,教师要给予足够的容忍和有力的支持,从而减少学生的心理负担,让高创造性的学生感到心理的安全和自由。在可能的条件下,为学生提供可选择的权力和机会,为创造性行为的产生提供空间。教师在考核的形式和内容上,要考虑对创造性问题的测评,公正合理的评估学生创造力的发展水平。

2. 注重学生个性的发展

学生创造力的发展与其人格发展是紧密结合的。要注重培养学生的好奇心,激发其对创造性活动的兴趣。对于学生的各种探索活动,教师要给予及时鼓励和赞赏。教师要注重消除学生对犯错误的恐惧心理,鼓励学生大胆尝试和冒险,学会正视和反思错误,引导学生不断进行新的尝试。教师还要注重学生非逻辑思维能力的发展,在教学活动中鼓励学生大胆猜测,尽情想象,运用多种教学手段和适时的实践活动激发学生的创造力。

3. 教授创造性思维策略

教师可以通过专门课程教授创造性思维策略和方法,培养学生的发散思维和集中思维,鼓励直觉思维和分析思维的结合,从而训练学生的创造力。常用的训练包括发散思维训练、推测与假设训练、联想与想象训练、逆向思维训练、类比思维训练等。

第三节 常见学习心理问题的辅导及干预

一、学习困难学生的辅导

（一）学习困难的概念

通常来讲，学习困难被定义为无明显智力缺损的学生因为心理和素质以及环境方面的原因，导致自身在学习技能的获得与发展上存在障碍，在学校的日常活动中呈现出经常性的成绩不好，并常常因此导致留级。

依照学习困难的个体行为发生的年龄，可以将其分为两类：10岁前的学生通常属于学习技能发育障碍，在基本学习技能获得及掌握方面存在困难；10岁后的学生基本掌握了学习技能，但出现学业失败，通常属于学习动机损害和基本技能的应用障碍，一般由认知缺陷或环境不良等多种原因引起。

依照学习困难的性质可以分为两类：各科学习成绩均落后，多是一般心理功能障碍或学习技能的发展和应用障碍；单科成绩低下，多为特殊技能发育障碍。

依照学习困难所涉及的具体技能类型，可分为拼音、书写、阅读、计算等具体技能障碍。

（二）学习困难的原因

1. 生物因素

有研究表明，学习困难儿童家族中的同病率一般很高。同卵双生子读字困难的同病率接近100%，说明学习困难的遗传因素。甚至有的阅读障碍可以遗传几代人，患儿的父母、爷爷或其他亲属可发现类似情况。

儿童在胎儿期、出生时以及出生后因为某些疾病造成的轻微脑损伤或脑功能障碍，可能影响儿童对学习技能的掌握。有研究认为，围产期伤害如大脑左半球角回损伤或发育不全与阅读障碍有关。学习困难还与轻微脑功能失调（MBD）存在一定关联。

身心发展水平落后于同龄儿童，也会导致学习困难。如乳牙脱得慢，走路、说话迟，个子特别矮小，由神经生理成熟延迟而产生的感觉和运动障碍，出现听觉、记忆和言语表达方面的问题，进而导致学习困难。

2. 心理因素

一些学生因为自身存在某些认知功能缺陷而容易引起阅读障碍以及字句顺序倒读、反读或左右辨别错误，常常错误地感受外界刺激；学习动机受损，产生持续性的心理冲突与紧张，出现学习价值取向偏差，父母与学校的要求相互矛盾，父母对孩子的期望过高，学习偏科，学习方法机械和单调，以上这些因素均可使学生产生紧张、焦虑情绪，从而导致学习者的学习兴趣降低，出现逃避学习的现象，进而发生学习困难。

3. 家庭、学校和社会因素

在教育实践中，家庭、学校和社会因素与学习困难的联系明显存在。调查表明，家庭环境不良（父母长期在外工作或家庭成员关系紧张等使孩子从小就未得到成人的充分爱抚，尤其是缺乏母爱）、早期成长环境刺激过少、营养供应不良等因素均可能导致学生出现学习困难。学生的课业负担过重,彼此之间的竞争激烈,学校的教学计划不合理,考试过多,教师的教学方法单调,教师对学生的体罚或严厉批评等也与学习困难存在密切关系。此外,社会文化与社会风气、就业与升学的压力、影视传播媒介的影响也会导致学习困难。

(三)学习困难的干预和防治

学习困难学生往往存在着明显的学习技能障碍,而并非学生智力有问题。教师应从多个方面入手,加强学习指导,以帮助学生改善学习状况,提高学习效果。具体可以从以下几方面入手。

1. 培养良好的学习态度

良好的学习态度是取得学习效果的重要心理条件。出现学习困难的学生可能缺乏学习热情,学习主动性和积极性差。因此,教师要在思想上帮助学生正确认识学习的意义,进一步明确学习目标,增强学习的责任感和义务感;要注意运用多种教学方法,激发学生的学习兴趣和热情,使学生由厌学、苦学向好学、乐学转变;要给予学生积极的期待和要求,使学生能够及时获得成功的喜悦,充分发挥学习潜力。

2. 指导学习方法

正确的学习方法有助于学生高效能地完成学习任务。教师要根据不同学习任务的特点指导学生选择合适的学习方法,尤其是要加强特殊学习方法的指导。同时,教师既要通过课堂教学、学习方法讲座等多种形式积极推广科学的学习方法,还要针对学习困难学生存在的具体问题进行个别指导。

3. 改善学习环境

学习环境是影响学习效果的重要外部因素,也是造成部分学生出现学习困难的重要原因。这主要表现在三个方面。首先是家庭缺失和睦愉快的气氛,家长对子女的教育和关心不足。其次是学校和班级缺乏健康和谐的心理环境,教师教育态度不当等。三是社区环境复杂等。因此,要尽力消除环境带给学生的负面影响,努力创设良好学习环境和氛围,从而为学生取得良好学习效果提拱保障。

针对有严重学习困难的学生进行教育,心理训练是目前最主要的防治手段。根据前文所述的学习困难分类,通常将学习困难儿童的训练分为三大类。

一是学习作业技能训练。它通常是针对学业性学习缺陷的学生。具体做法有:将学生感到学习困难的技能分解成更简易、更细小的分项技能,然后逐项教给学生,最后再指导学生将各分项技能联结在一起形成复杂的技能。

二是内在心理过程训练。它通常是针对发育性学习缺陷的个体。重点在于矫正与学生内在心理过程缺陷相关的异常行为,包括注意力、知觉动作、记忆、思考等缺陷。

三是过程-作业训练。即结合上述两种训练方法,先了解学生缺乏哪些学习技能,再分析个体的内在心理过程缺陷,然后矫治这些缺陷,最后再对学生的学业性学习技能进行训练。

二、考试心理辅导及干预

绝大多数学生在考试期间都容易出现心理波动,主要表现形式为过度的考试焦虑。这是影响学生心理健康的主要问题之一。因此，针对这一问题开展有效的心理辅导，增强学生考试心理素质和应试能力，具有重要意义。

(一) 考试焦虑的影响因素

考试焦虑是个体针对考试的一种特殊心理反应。通常认为，考试焦虑具有两种成分，忧虑性和情绪性。忧虑性主要是对即将到来的考试的评价预期以及由此产生的担忧不安，包含较多的认知成分。情绪性主要是与之相伴的情绪体验及身体反应，如心慌、紧张和植物性神经活动失调等相关的身体症状。

考试焦虑不是与生俱来的情绪状态，是个体在长期学习活动中逐渐形成的对待考试情境的情绪反应，是在外部环境因素和学生自身因素的共同作用下引起的。影响考试焦虑的自身因素主要是个体的生理因素和心理因素。

遗传素质。由于每个人从父母那里继承的遗传因素不同，神经类型的强弱也会不同。研究表明，约50%的焦虑性神经患者的父母和同胞兄弟姐妹也存在类似症状。说明遗传因素对学生考试焦虑水平有一定影响。

生理成熟水平。随着年龄增长，大脑神经细胞日渐成熟，各方面生理结构逐渐发育完善，个体能够更加成熟、客观的分析问题，考试焦虑水平会明显下降。

考试动机。考试动机直接与学生的个人愿望和需求相联系。根据耶克斯－多德森定律，过强的考试动机会导致过度的考试焦虑情绪，使人的思维在短时间内出现混乱，回忆受到干扰，无法正常提取与考试相关的信息。

负面评价恐惧。即指对他人给自己的评价感到恐惧，为可能存在的负面评价预期感到苦恼。相关研究表明，中小学生的负面评价恐惧与考试焦虑存在明显关联。

个体认知。个体的自我认知包括对自己能力、个性、过往成败经验以及处理问题能力的认知。将考试更多地看作威胁的学生，会更容易产生愤怒、悲伤或无助感。将考试看作机遇的学生会更具有创造性和竞争意识。自我认知较差的学生在面临持续的考试压力时会形成长期泛化的焦虑和无助感，从而将考试的成功和运气等偶然因素相联系，将失败与能力和命运等稳定因素相联系。

影响考试焦虑的外部因素主要是家庭环境和社会因素。其中，家长的负面评价是学生出现考试焦虑的主要原因。来自父母的负面信息和过高期望会逐渐在孩子内心积累，从而产生敌对、内疚、愤恨等难以消化的复杂情绪。社会对考试结果的过分看重和评价，也会导致学生对考试的作用和意义产生误解，产生对考试的过度焦虑和恐惧，加剧考试前后的紧张气氛。

(二) 考试焦虑的干预

对广大学生来讲，要想在考试中发挥自己的正常水平，考出理想成绩，掌握一定的应对考试焦虑的策略，与刻苦、认真学习具有同样重要的意义。

1. 调整自我认知

学生的考试焦虑很大程度来源于对考试产生的种种担忧，而这些担忧来自于学生对考试以及自身的认识和评价。教师要引导学生形成积极的自我概念，让学生学会对自己的担忧进行合理分析，从而正确看待考试以及考试成绩，减轻考试焦虑。

2. 提高心理素质，培养良好人格

不良人格是造成学生考试焦虑的内在根源。形成正确的人生观、价值观，积极的学习态度，良好的情绪状态和开朗的性格，对学生克服考试焦虑有重要作用。中小学生正处于生长发育的快速阶段，人格也具有很强的发展性和塑造性。教师要在日常教学活动中培养非智力因素，增强学生应对复杂环境的能力，加强意志品质锻炼；同时，鼓励学生多参加带有竞争性和心理压力的活动，逐渐克服人格中的某些缺点，增加应对挫折的能力。

3. 增强自信，学会自我暗示

自我暗示是通过自己的认识、言语、思维等心理活动来调节和改变自己身心状态的一种方法。积极的自我暗示能够对学生的生理状态、认知结构产生重大影响，从而使自己正确表达自身情绪，增强自信心。学生要能及时察觉个人消极的自我意识，尤其是有些长期存在的消极自我意识。对于消极自我意识，学生要针对其不合理成分进行自我质疑，明确其错误性和危害性，从而彻底改变这些消极自我意识，逐渐建立积极自我意识。

4. 调整考试动机

教师要逐步引导学生将自己的考试动机调整到最佳状态，并将学生的外部动机尽可能地转化为内部动机，鼓励学生将每一次考试看作是实现自身价值、锻炼意志的机会。学生要学会根据自己实际能力和考试难度适当调节动机强弱水平，避免产生过强或过弱的动机水平。

5. 掌握有效的心理调节方法

常用的应对考试焦虑的心理调节方法如想象训练、注意力转移训练、躯体放松训练和系统脱敏训练等。教师要让学生掌握一些心理调节方法，从而在一定程度上减轻考试焦虑带来的负面影响。

6. 提高学生的应试技巧

应试技巧与考试焦虑存在一定关系。应试技巧差者，考试准备不充分，考试焦虑程度就容易偏高。因此，加强对学生的考前指导，帮助他们提高应试技巧，对缓解考试焦虑有重要作用。例如，教师要教会学生稳定情绪和放松的方法，告诉学生考试时注意审题，做题顺序由易到难，适当分配时间，在保证正确率的基础上追求速度，考完后不急于对答案等。

三、学会科学合理用脑

随着认知神经科学的发展，有关脑的工作机制问题日益受到关注。相关问题的研究成果对于学生行为的塑造和教学理论的丰富、完善有着重要意义。根据大脑生理特征，科学地安排学习活动，防止大脑疲劳，能够显著提高学生的学习效率。

大脑是人学习、工作、生活的控制中心，是一切思想的来源。中小学生的智力水平正处于快速发展阶段，日常活动以学习这样的重脑力活动为主。所以，科学用脑尤为重要。随着相关研究的深入，我们对如何提高大脑的工作效率已经有了一定认识。

大脑是人体各器官中活跃度最高的器官。其重量大约为1500克，神经元个数大约为1000亿个，耗氧量占人体总耗氧量的近25%，消耗的能量大约相当于25瓦。如果

不能持续提供相关能量，大脑活动将会在持续一定时间之后降低，由兴奋状态转入到抑制状态，开始出现注意力不集中，记忆力下降，反应迟钝等疲劳现象。长时间大脑缺氧会对大脑造成不可逆的损害，甚至脑死亡。因此，学习者可以从以下几点来维护大脑健康。

1. 提供合理膳食，保证充足营养

合理膳食可以保证充足的营养和适当的营养比例。丰富的蛋白质、维生素和矿物质是保证大脑神经细胞正常代谢的需要。对于学习负担较重的中小学生，应当多吃一些禽类、肉类、豆制品、海鲜，及时补充新鲜水果和蔬菜，从而保证大脑对蛋白质、维生素和果糖的需求。除此之外，含有丰富的铁、锌等微量元素的食物，例如花生、核桃、杏仁等，能为大脑正常工作提供必不可少的营养元素。

2. 保证充足睡眠

大脑休息主要依靠睡眠。充足的睡眠能使大脑得到休息，尽快恢复脑力，也能帮助大脑进行信息的巩固。因此，孩子的睡眠时间应该得到合理安排，尤其要保证每天有 8 到 9 个小时的睡眠，以保持大脑在白天的活力。

3. 注重劳逸结合，避免长时间过度用脑

有研究数据表明，健康儿童持续用脑 30 分钟，血糖浓度在 120 毫克之上时，大脑反应快，记忆力强；持续用脑 90 分钟，血糖降至 80 毫克，大脑的功能基本保持正常；持续用脑 120 分钟，血糖降至 60 毫克，儿童会出现反应迟钝，思维力较差；持续用脑 210 分钟，血糖就会降至 50 毫克，这时儿童便会感觉头昏、头痛，暂时失去学习能力。因此，儿童不宜长时间持续用脑，要注意大脑的劳逸结合，有效调节流经大脑的血量，改善营养代谢，消除大脑疲劳。劳逸结合的主要方式有：学习与睡眠交替；闭目养神或眺望远景；做深呼吸数十次或到户外散步休息；脑力活动与体力活动结合交替进行；学习与文体活动交替；不断变换学习方式和学习内容等。

4. 把握好用脑时间

根据个人的生物钟节奏变化，每个人的用脑时间往往存在微小变动。一般来讲，大脑在一天当中活跃度较高的时间有三个阶段。第一段是早上的 6 点至 7 点钟。此时大脑已在睡眠中完成了前一天输入信息的整理工作，因此不受"前摄抑制"的影响，记忆印象相对清晰、条理性很强。第二段是上午的 8 时至 10 时。经过早起后一段时间的活动，大脑的兴奋度大大提高，此时的大脑往往思维敏捷，记忆力达到一天中的顶峰。第三段是晚上 8 点至 10 点左右。这时，外界基本不再向大脑输入新信息，因而不存在"倒摄抑制"的影响，在后继的睡眠中大脑会无意识地将当天所获得的信息进行汇总分析，有利于新知识的系统化，所以这段时间大脑的学习效率也很高。

5. 运用多种感觉通道同时参与学习

如果人们学习只能用眼看，看到的信息就只能从视感觉道路传入大脑视皮层引起兴奋中心；如果开口念，那么声音便会由听觉道路传入大脑听皮层引起兴奋中心。如果动手，那么控制手指运动的大脑皮层会兴奋。假如每次学习时都能做到眼到、口到、耳到，则若干皮层间就会渐渐联系，相互作用，形成暂时性的神经道路。多个大脑皮层相互作用，大脑的工作效率大大提高。因此，要提高大脑效率，学习时应做到心到、口到、眼到、手到、耳到。

6. 交叉安排不同科目的学习内容

心理学研究表明，人脑是有严格分工的，各部分皮层都各司其职。如大脑左半球负责抽象思维、数学计算等能力；右半球负责图形、音乐、空间等能力。人在学习一种知识时，往往是一部分脑区在工作，而其余的脑区处于休息状态。由此可见，我们在学习时，要注意文、理、体、音、美等课程穿插安排，形象思维和抽象思维、脑力与体力活动交替进行。这样既防止脑细胞的过度疲劳，又可调动整个大脑的兴奋性，提高其运转效率。

大脑也遵循用进废退的规律。用脑越勤，大脑神经细胞之间的联系越多，脑细胞越有活力。因此，在学习思考的过程中，要多提问题，促使大脑每天都在思考和工作。

附录　有益于大脑的食物

胡萝卜素：油菜、荠菜、苋菜、胡萝卜、南瓜、黄玉米等。
维生素 E：甘薯、莴苣、动物肝脏、黄油等。
维生素 A：鳝鱼、黄油、牛乳、胡萝卜、韭菜、柑橘类水果等。
维生素 C：红枣、柚子、草莓、西瓜等水果。
维生素 B 类：香菇、野菜、坚果等。
钙：牛奶、海带、动物骨头、鱼类、豆制品、虾皮等。
蛋白质：动物瘦肉、鸡蛋、豆制品、鱼类、贝类等。
不饱和脂肪酸：芝麻、核桃仁、坚果等。

【案例专栏】 改变心态，重塑自我——学习心理辅导案例

王涛（化名），男，15岁，初三年级学生。面貌清秀，身体健康，无明显疾病。父亲出过车祸，行动不便，母亲身体健康，父母做小买卖。该生家庭稳定，他和父母的关系正常，父亲对他要求比较严格，父母每天早出晚归，疏于对他的关心和照顾。

刚升初中时对考高中抱有很高的期望。学习动机很强，特别重视学习，但是经常担心学习不好。升入初中后，学习成绩不断下降，并且开始感到头脑越来越不灵活，记忆力越来越差，东西忘得越来越快。上课时常常无法集中注意力，很多时候老师讲的内容听不进去，自己越想集中精力学习，就越难以做到，经常无法认真看书，无法集中思考，周围总有事情在干扰着他的学习。

他认为成绩下降了就对不起父母，他尝试过努力学习，但不见效果，成绩很不理想，在班里倒数几名。天长日久，就产生了厌学情绪，逐渐开始逃学。家长指责他学习不好，老师对他也逐渐不太重视。

一、案例分析与诊断

该生最大的问题是成绩下降，厌倦学习，试图改善这种境况，但没有成效。主要问题是：

1. 心理负担重，对学习过度焦虑。经常担心学习不好，认为成绩下降了就对不起父母。
2. 具有明显的自卑感、失落感。成绩滑坡较大，一时无法改变他在班级中的落后位置，又得不到老师的重视，而且家长又指责，所以觉得自卑、失落。他内心想改善学习不

好的境地，但对提高学习成绩没有把握，也就产生了学业习得性无助。

3. 注意力不集中，记不住，遗忘快。很多时候老师讲的内容听不进去，越是想集中精神学习，就越难做到，经常不能专心看书，不能集中思考，总感觉有其它事情的干扰。所学的知识记不住，记住了也很快就遗忘了。

4. 成绩越来越差，失去信心，开始逃学。

二、辅导策略

1. 老师应当及时引导他认识到，自己的目标缺乏现实基础，应做出相应调整，帮助他减轻过度焦虑和疲劳，逐步增强他的学习信心。制定切实可行的学习计划，打好基础、查缺补漏、逐步提高。

2. 培养和增强学习注意力，科学用脑。

（1）明确目的和任务。辅导该生明确认识学习目的和任务，提高自觉性，增强责任感。

（2）开展情境想象。辅导该生认识到，平时做作业时，要想象自己是在参加重要的大考，强迫自己在规定的时间内做完。这样可以使自己真正紧张起来，更容易集中注意力。

（3）克服内外部各种因素的干扰。尽量避免用脑疲劳，充分保证每天的睡眠时间和治疗，积极参加体育活动。尽量避开影响注意力的各种外界刺激（如与避开与上课无关的东西，在家写作业时关掉电视等），有意锻炼自制力，培养"闹中取静"的能力。

（4）注意适当休息，劳逸结合，张弛有度。当感到大脑疲劳、精力不充沛的时候，要及时暂停，转换学习方式，使大脑尽快得到休息，让精力尽快恢复。如课间到楼道、操场四处走走，放松精神，晚上养成有规律的睡眠习惯，按时就寝、按时起床。

（5）科学利用学习时间。把自己经历最旺盛的时间用来学习。比如早晨起床后，经过一夜的休息，大脑的活力很强，记忆力最好；临睡前，由于知识信息进入大脑后就入睡，有助于知识的条理化。因此，早上起床后和晚上睡前可做一些记忆性较强的工作，背课文或公式。

3. 帮助他调整学习方法，适应初中阶段的学习（从新课的预习、听讲、课后复习到单元复习、阶段复习），增强学习主动性。指导他做到课前预习，寻找教学内容的疑点和难点，带着问题听讲；上课集中精神听讲，听课时专心致志、聚精会神、勤思多问，使其思路与老师的讲授合拍、共鸣。课后及时复习，温故而知新。比如，上午学习的内容，下午或晚上要抽时间复习。

【章末思考与练习】

1. 学习心理辅导的概念是什么？
2. 桑代克联结理论的主要观点及主要的学习规律是什么？
3. 对本章所介绍的几种主要动机理论的观点加以评价。
4. 举例说明复述策略、精加工策略和组织策略。
5. 结合本章内容阐述针对学习困难学生的干预手段。
6. 结合自身经历浅谈科学用脑心得。

【阅读书目推荐】

1. 彼得布朗著,邓峰译. 认知天性让学习轻而易举的心理学. 北京:中信出版集团,2018.
2. 张超. 学习,就是找对方法. 北京:清华大学出版社,2013.

【参考文献】

1. 王小明. 学习心理学［M］. 北京:中国轻工业出版社,2009.
2. 皮连生. 学与教的心理学［M］. 上海:华东师范大学出版社,2009.
3. 刘儒德. 学习心理学［M］. 北京:高等教育出版社,2010.
4. 丁锦红. 认知心理学［M］. 北京:中国人民大学出版社,2010.
5. 张微. 学习心理与辅导［M］. 北京:科学出版社,2015.

第四章　自我意识辅导

【教学/学习目标】

1. 了解自我意识的内涵、理论、特点和功能。
2. 了解中小学生自我意识的发展特点。
3. 理解学生常见的自我意识偏差障碍及其原因
4. 掌握自我意识障碍的辅导方法和塑造健全自我意识的策略。

不知从何时开始,人们有了"我"的感觉,开始思考"我是谁""我为什么会这么做""我在想什么"等这一类关于"我"的问题。或许是在某个炎热夏天的傍晚,坐在院子里的大树底下,凉风习习,前一刻还在想着暑假作业还剩多少,下一刻关于"我"的想法便油然而生。静静地凝视着自己的双手,为什么我会有手指的感觉,我知道炎热,我知道清凉,知道阳光的热烈,知道水滴溅起的花朵。我是我,我为什么不是别人,我有我的喜怒哀乐,我能感到我的情绪,为什么我是我?

关于"我"的思考即自我意识(self-awareness),它是一种多维度、多层次的复杂心理现象,包括自我感觉、自我观察、自爱、自尊等。它由自我认识、自我体验和自我控制三种心理成分构成,在个体心理发展过程中有着十分重要的作用。

首先,自我意识是认识外界客观事物的前提条件。如果一个人不能正确地认识和评价自己,包括自己的生理状况(如身高、体质及体态等)、心理特征(如兴趣、能力、气质及性格等),也无法认识和评价自己与他人、社会的关系(如自己与周围人们相处的关系、自己在集体中的位置与作用等)。

其次,自我意识是拥有自觉性和自控力的前提,推动自我教育的进行。人只有意识到"我是谁","应该做什么"的时候,才会自觉地去行动。

再次,自我意识是改造自身主观因素的途径,它使人不断地自我监督、自我完善,不断进行自我控制和调节。所以,"自我意识不仅是人脑对主体自身的意识与反映",而且是人与周围现实之间关系的意识与反映。

第一节　自我意识概述

一、自我意识的内涵

自我意识(self-awareness)是一种多维度、多层次的复杂心理现象,是自己对自己的心理、行为以及与他人的关系的认识、评价和体验,在个体心理发展中有着十分重要的作用。

　　首先，从意识活动的内容来看，自我意识包括"生理自我""社会自我"和"心理自我"。它是一个人对自身生理状态的认识与评价，主要包括对自己身高、体重、容貌、身材、性别等的评价，也包括对病痛的感受、占有感、支配感和爱护感等体验。如果个体不能接纳自己的"生理自我"，例如嫌弃自己的身高、容貌等，就可能讨厌自己，表现出自卑，缺乏自信等。"社会自我"指个体对自己与社会关系的认识和评价，包括对自己在社会群体中的地位、作用以及自己和他人相互关系的认识、评价和体验。如果一个人认为自己事事不如人，周围的人都不喜欢自己，不接纳自己，找不到知心朋友，那么他在很大程度上就会感到孤独寂寞。"心理自我"指个体对自身心理状态的认识和评价，主要包括对自己的能力、情绪、兴趣、性格、气质等的认识和体验。如果一个人对自己的自我评价低，例如嫌自己能力差、智商较低、情绪不稳、自制力差等，就可能否定和不接纳自己。

　　第二，从意识活动的结构来看，自我意识既是心理活动的主体，又是心理活动的客体。它是一种涉及到认知、情感和意志过程的多层次心理现象，其结构包括自我认识、自我体验和自我调控三方面。自我认识是主观自我对客观自我的认识与评价，是对自我身心特征的认识。自我评价是在自我认识的基础上对自己的心理、行为以及与他人的关系做出的某种判断。自我体验是由主体对自身的认识而引发的内心情感体验，是主观的"我"对客观的"我"所持有的一种态度，例如自信、自卑、自尊、自满、内疚、羞耻等都是自我体验。自我体验反映了主观自我的需要与客观自我的现实之间的关系。客观自我满足了主观自我的需求，就会产生积极肯定的自我体验，即自我满足。反之，则会产生消极否定的自我体验，即自我责备。自我调控是自己对自身行为与思想言语的控制，主要表现为监控人的意志行为。通过它，我们可以监督、调节自己的行为活动，同时，调控对自己和对他人的态度，表现为自主、自立、自强、自制、自律、自卫等，例如"我要振奋自己""我要克制自己"等。

　　第三，从自我观念来看，自我意识主要包括现实自我、投射自我和理想自我。现实自我又叫真实自我，指个体对自己在与环境相互作用中表现出的综合现实状况和实际行为的意识，与理想自我相对。罗杰斯认为，现实自我代表个体实际拥有的自我概念，即现在是什么样的人。其与理想自我的差距是衡量心理是否健康和检测心理治疗效果的指标。投射自我亦称镜中自我，指"我"意识到"我"在他人面前的形象及他人对该形象的评判，并由此产生骄傲感或屈辱感。现实自我与投射自我不一定相同，两者间可能会有距离。当这一距离相当大时，个体会感到不被理解，从而造成个体间的误会、隔阂甚至冲突。理想自我是个体希望自己是一个什么样的人的自我看法。理想自我包括人们渴望拥有的那些品质，它们通常是积极的。例如，个人的生活目标和对将来的期待、抱负和成就，以及自己想成为什么样的人。理想自我是个人追求的目标，不一定与现实自我一致，并且通常高于现实自我的状况，对个人的认识、情绪和行为影响很大。

　　影响个体自我意识的因素包括人的自我态度、成长经历、生活环境等。除此之外，他人对我们的评价，特别是生命中的重要人物，例如，父母、家人、老师、朋友、同学等对待我们的态度，会对我们自我意识的形成和发展起到重要的作用。另外，社会文化背景和道德规范对我们的自我意识也有重要影响。

二、自我意识的理论

(一) 神秘的自我观

根据民俗研究、民间故事和神话故事所提供的研究资料，在远古时代或落后的原始部落中，个体把自我意识称为灵魂，认为灵魂与个体在生理解剖上存在着神秘关系，灵魂可以主宰人的一切心理活动。

进入文明时代后，逻辑推理与权威思辨替代了神秘的想象。人们逐渐用理性来解释灵魂，认为人的灵魂是理性的东西。例如，苏格拉底（Socrates，公元前 469 年～公元前 399 年）认为，"人是有思想的，内部个性是自由的，人的一切行为都由理性来确定"。柏拉图（Plato，公元前 427 年～公元前 347 年）认为，"人的灵魂分为理性部分、意志部分和感情部分"。亚里士多德（Aristotle，公元前 384 年～前 322 年）则认为，"人的灵魂有三种，即表现在营养和繁殖上的植物灵魂、超过各种植物的特性而表现在感觉和愿望上的动物灵魂、超过各种动物的特性而表现在思维和认识上的理性灵魂"。人的感觉、愿望等动物灵魂服从于理性，受理性支配。

对于理解自我意识的问题，这些观点起到了启蒙作用。但是，人们的认识受到当时社会经济发展的限制，无法对"我"与"外界环境"之间的相互关系做出科学的解释。所以，这一时期的自我观具有神秘性。

(二) 经验的自我观

随着近代资本主义的发展，自我的研究进入了新阶段。此时，研究者对自我的解释不再是"逻辑的推理"与"权威的思辨"，而是通过经验进行总结。

1. 詹姆斯的自我论

美国心理学家威廉·詹姆斯（William James，1842—1910）在 1890 年于《心理学原理》中首次提出自我由"主我（I）"与"客我（Me）"两方面构成，即纯粹自我和经验自我。他将自我意识划分为三种形式："物质我（与周围物质客体相伴随的躯体我）、社会我（关于别人对自己的看法的意识）和精神我（监控内在思想与情感的自我），认为一切与自身相关的事物都会在某种程度上成为自我的一部分"。

2. 弗洛伊德的自我论

1920 年，奥地利精神病学家西格蒙德·弗洛伊德（Sigmund Freud，1856.5.6—1939.9.23）在《超越快乐原则》中提出"自我功能"的概念。在 1923 年，他于《自我与本我》中阐述了人格的结构理论。他认为，"人格结构包括本我、自我和超我三部分。自我是自律的适应作用、防卫作用和综合作用的主体，具有认识、判断与执行的能力"。自我的主要任务是："自我控制，当自我与外界发生联系时，自我能根据现实的原则代表外界的要求来调控行为。"自我必须努力调节本我（原始的力量）、超我（将父母的人格和社会道德内化到个体内心深处）和现实环境（个体所面对的外部世界）之间的关系，使之相互协调，而不发生较大的冲突。

弗洛伊德认为，"在现实环境的作用下，一部分社会所接受的本我被改造成自我的一部分；另一部分自我则是在超我的作用下形成的，自我做得好时，超我予以奖励，引起自尊感和自豪感；自我不符合超我的要求时，超我则给予惩罚，引起内疚感和负罪感。"

3. 奥尔波特的自我论

美国人格心理学家奥尔波特（Gordon W.Allport，1897—1967）把自我分为八类："主体的自我、作为被认识到的客体的自我、作为原始的利己心的自我、作为控制冲动的自我、作为精神过程的接受者的自我、作为追求目标者的自我、作为行为体系的自我、作为文化主体的自我"。它们相互作用，构成一个整体，是人格完整的重要体现。

4. 米德的自我论

美国社会心理学家乔治·赫伯特·米德（MeadGeorgeHerbert，1863—1931）从奥尔波特对自我的分类中挑选了第一类和第二类进一步加以展开，描述了自我的两个侧面，即"自我作为意愿和行为主体的我（I）和作为他人的社会评价和社会期待之代表的客我（me）"。自我的这两个侧面是自我意识社会关系的体现。他认为，"人的自我意识是在主我和客我的辩证互动过程中形成、发展和变化的。作为客体的我接受着主体的我的命令与态度，使自身符合社会的要求；而作为主体的我则随时随地根据社会规范而实现对主体的我的调节。"因此，主我是形式，客我是内容。客我可促使主我发生新的变化，而主我反过来也可以改变客我，两者互动形成新的自我。在这个过程中，主我是行动的动力，而客我则指示方向。客我的形成要经过三个阶段：即模仿阶段、游戏阶段和博弈阶段。

（三）哈特曼的自我心理学

自我心理学之父、奥地利心理学家哈特曼（Hartman，1894—1970）提出"自主性自我"的概念。哈特曼认为，"自我在生命的早期是未分化的，是和本我同时存在的，而且二者在内在倾向方面都有各自的根源与独立发展的过程。"哈特曼还论述了"自我防御机制"，认为"自我防御机制并不一定都是病态的或消极的，在个体心理的发展过程中，它也可以是健康的、正常的，是有助于个体对环境的适应和自我整合的。自我的自主性是非常强的，它并不完全受本能支配，而是以感知、记忆、思维等认知过程来自主支配自己，主要是以非防御性的方式来应付现实，适应环境。"

（四）埃里克森的自我同一性理论

美国心理学家埃里克森（Erik H Erikson，1902.06.15—1994.05.12）认为，"自我在为本我需要服务的过程中，发展了自身的各种功能"——自我能够组织个人的生活，保证个体和环境的和谐；自我包含有意识的动作，并对其加以控制；自我引导个体的心理能量向社会要求和规定的方向发展；自我能把人的内心活动和社会任务统一，即自我同一性过程。

埃里克森强调，"人的发展过程就是自我适应社会的过程，是一个自主的、充满冲突的发展过程"。为了发挥个人的最大功能，在满足本能需要的前提下，个体需要对自己的经验加以整合。因此，个体必须追求一种稳定的自我意识，即自我同一性的认识："个体能感到自我的完整和自我经验的延续"。他认为，"自我依照其成熟程度，在与环境的交互作用中，不论顺利与否，必须依次通过人生的八个阶段（表4-1）"。每一阶段都存在"危机"，"危机"的解决则意味着个体向下一个阶段发展。当"危机"顺利地解决，就形成这一阶段积极的自我，从而有利于个体下一阶段的心理发展；反之则形成消极的自我，从而对个体下一阶段的心理发展造成阻碍。各个发展阶段之间是相互依存的，个体在每个阶段会形成自己独特的自我特征。

表 4-1 埃里克森的人格发展八阶段理论

发展阶段	主要冲突与任务	形成的美德
婴儿期（0～1岁）	冲突：基本信任与不信任 重要的联系：照护者 任务：发展出信任的品质	希望
幼儿期（1～3岁）	冲突：自主与羞怯、怀疑 重要的联系：父母 任务：发展出独立自主的品质	意志力
儿童早期（3～6岁）	冲突：主动与内疚 重要的联系：家庭 任务：尝试新事物，克服内疚，建立自信心	目的
儿童中期（6～12岁）	冲突：勤奋与自卑 重要的联系：学校和同伴 任务：学习知识、技能和生存技巧，获得勤奋感	能力
青少年期（12～20岁）	冲突：同一性与角色混乱 重要的联系：朋辈群体、角色模式 任务：发展自我同一性	忠贞
成年早期（20～40岁）	冲突：亲密与孤独 重要的联系：爱人、伴侣或亲密朋友 任务：对他人做出承诺，建立亲密联系	爱
成年中期（40～60岁）	冲突：繁殖与停滞 重要的联系：家庭、同事，社会规范 任务：培养和指导下一代，生产与创造	关怀
老年期（60岁以后）	冲突：自我整合与绝望 重要的联系：所有人 任务：回顾一生，坦然面对死亡	智慧

三、自我意识的特点

（一）自我意识的社会性

自我意识的形成和发展过程是个体角色化、社会化的过程。刚出生的婴儿具有较大的依赖性，必须得到成人的关怀和照顾才能长大成人，产生人的意识。如果婴儿从一开始就被剥夺了人类的社会环境，使其同动物生活在一起，就会因为失去了人类的社会文化环境和物质生活条件而不能形成人的意识。因此，只有个体在社会环境中成长，才能形成正确的自我，产生对自己的认识，即形成自我意识。

（二）自我意识的形象性

自我意识是在期待中、评价中，通过主观体验而逐渐发展而来。当个体成功地觉察到对方态度和言语中所包含的"话外音"时，自我意识也就得到了丰富。因此，自我意识是个体从他人对自己的情感和评价中发展出来的对自我的态度。心理学家柯里将这解释为"自我形象"，即"人与人之间相互可以作为镜子，都能照出它面前的人的形象。"个体正是这样注意到他人对自己的态度，想象他人对自己的评价，并以此勾画一个客观标准而内化的心理图画，才形成"自我形象"的。

(三) 自我意识的能动性

人们对"我是谁"的看法是通过自我意识获得的。正因为人们具有自我意识，人们才能够意识到自己在想什么，做什么和体验什么。人与动物存在着的本质区别在于，个体能够认识到自己的痛苦，有痛苦感；能认识到自己与周围的利害关系，体验到安全感；能意识到自己的行为错误，主动地矫正自己的行为，改变和修正原来的计划等。人的行为相对于动物来说总是具有一定的目的性和意识性，在行动之前就会形成一套行动计划，并预见行动的结果。

(四) 自我意识的同一性

研究表明，"自我意识一般需要经过20多年的发展，直到青年中后期才能比较稳定、成熟。"自我意识可能因个人的成败、他人的评价和环境的不同而发生变化，但到青年成熟期以后，个体会对自己的基本认识保持同一性——使个体表现出前后一致的心理面貌，使自己区别于他人。

四、自我意识的功能

(一) 影响个体对事物的看法

同一件事，不同的人可能会做出不同的解释，这与个人的自我意识有很大关系。面对同样一件事，积极的个体会倾向于做出积极的分析和解释；消极的个体会倾向于做出消极的分析解释。这些解释的结果很大程度上取决于一个人的自我意识。研究表明，"当个人持有消极的自我意识时，每一件事情都会与消极的自我评价联系在一起；而当个人持有积极的自我意识时，每一件事情都可能会被赋予积极的含义"。

(二) 保持个体行为的一致性

个体的现实行为由其所在的情境决定，并且与自我认知和自我意识有密切联系。例如，研究表明，"自我意识积极的学生，其成就动机、学习投入及学习成绩都明显优于那些自我意识消极的学生。当学生有更消极的自我评价时，他们会比有更积极的自我评价的学生更会放松对自己言行的约束"。因此，个体如何解释和评价自己，是保证个体如何行为及以何种方式行为的重要前提。

(三) 影响个体的期望水平

自我意识不仅会影响个体对过去经验的解释，还会影响个体对未来事件的期待。研究发现，"差生的成绩落后并不只是成绩问题，而是他的整个行为动力系统都可能出现了角色偏离"。简单来讲，落后的学习成绩可能就是差生自己"期待"的结果。例如，差生会认为自己成绩差，进而"期待"一个坏成绩，然后自己会去做导致坏成绩的事情（例如，上课不认真听讲，开小差，打游戏等），并去扮演一个"坏成绩学生"的角色，从而达到个体内心系统互相一致的统一。因此，不同个体的自我意识不同，从而导致对自己的期待水平的差异，这会诱导个体做与自己期待相对应的事情，进而获得不同的结果。

第二节 中小学生自我意识的发展

本节主要介绍了自我意识的产生和发展，并详细阐述了中小学生在不同阶段中自我意识的发展特点，主要包括小学阶段、初中阶段和高中阶段自我意识的发展特点。

个体出生 8 个月后，就有了自我意识的萌芽。在个体的发展过程中，童年期是人格初步形成的时期，从青春期开始到成年的大约 10 年时间是个体的自我意识逐渐趋向成熟的时期。自我意识是人格发展的核心要素，在自我认知、自我体验与自我控制三者相互影响、相互作用的过程中，自我意识逐渐成熟。

一、自我意识的产生与发展

（一）生理自我的意识阶段（0~3 岁）

奥尔波特认为，"婴儿出生以后，对自己的手、脚和周围的玩具都视为同样性质的东西。3 个月的婴儿能对人发出自发性的微笑。5~8 个月的婴儿开始关心自己在镜子里的形象，但不能区别自己与他人。9~12 个月的婴儿开始建立初步的主体自我，以自己的动作引起镜像的动作，主动将自身动作与镜像匹配。12~15 个月的婴儿能区分由自己做出的活动与他人所做的活动，主体自我得到明显发展。15~18 个月的婴儿开始把自己作为客体来认识，认识到客体特征来自主体特征（如自己的鼻子上的红点与镜像中的红鼻子的关系），对主体特征有了稳定的认识。18~24 个月的婴儿开始用言语标示出自我，如使用代词'我''你'来区别自己与他人，这是客体自我形成的重要标志"。心理学家大都认为，"儿童要到 3 岁的时候，自我意识中的生理自我才能形成，同时也开始更多地使用人称代词'我'字。但此时，儿童大都是以我为中心的，即处于'自我中心期'"。

总地来说，生理自我的发展和形成的标志是：（1）能区分自己的肢体和动作对象；（2）能区分自己与自己的动作——知道自己是动作的主体、发动者；（3）能使用自己的名字；（4）能使用"我"。

（二）社会自我的意识阶段（3~13 或 14 岁）

社会自我时期大约是从 3 岁到 13 或 14 岁。这段时间是个体接受社会影响的重要时期，也是个体形成社会自我的最关键阶段。这期间，儿童进入学校学习并发展同伴关系。其中，游戏是他们日常生活中的重要活动。这时期的游戏往往是成人社会生活的缩影。

学校中的社会化生活加速了个体社会自我的过程。学校与家庭不同，家庭往往以儿童为中心，而学校则对任何学生都一视同仁。儿童不能像在家里一样为所欲为，否则就要受到来自集体舆论的谴责。在学校，他们还必须承担社会义务和责任的压力，而压力则导致他们努力完成任务。在学校，儿童按照一定的道德规范严格要求自己，逐步使自我实现的愿望与社会的要求相吻合。

(三) 心理自我的意识阶段 (14或15岁~24或25岁)

心理自我阶段主要是从青春期到成年大约10年的时间。这期间，个体无论在生理上还是在心理上，都发生了一系列的变化——骨骼的增长，性器官的成熟，想象力的丰富和逻辑思维能力的日益完善。这些变化都使个体自我意识的发展趋向主观性。个体心理自我的主观性主要表现在以下四个方面：

1. 独立地认识外在环境的阶段

青少年与儿童不同。在客观化时期，儿童以成人的观点为指导；而青少年则不愿意追随别人，将附和看成耻辱，喜欢标新立异的想法，做别具一格的事情。儿童在客观化时期，不断地把他们从社会吸取的知识、观点、理想和愿望等进行综合加工；而到了主观化时期，个体就把这些经过综合加工形成的主观态度和主观意识作为评价客观事物的依据。

2. 个人价值体系的产生阶段

在这个时期，青少年强调自己独有的人格特征，保护和提高自己的社会地位。同时，他们也强调自己的个人价值。例如，一个学习优异的青少年会强调学习文化知识的重要性。青少年大都具有自我欣赏的人格特征，因为自我欣赏会使人感到自豪、自信和自尊。

3. 追求自我理想阶段

个体所追求的目标对他本人来说是最有意义的。想当医生的人，认为医生的职业最高尚。想当企业家的人，认为企业家的工作最有意义。想当社会活动家的人，也就认为社会活动家的工作最光荣等等。一般来说，在这个时期的青少年精力充沛，大都具有自己追求的目标。目标在这个时期往往成为他们自我奋斗的一种象征。

4. 抽象思维的发展阶段

抽象思维的发展是个人智力发展的一个飞跃。抽象思维能力可以使个体的思维超越具体的环境，进入抽象的精神境界——达到心理自我（通过人们的思维和想象实现的）。当自我意识的发展独立出来，强调自我价值和理想的时候，个体的自我意识也就确立了。

二、中小学生自我意识发展的特点

自我意识的发展过程可以说是个体不断社会化的过程，也是个性特征形成的过程。自我意识的成熟往往标志着个性的基本形成。

(一) 小学生自我意识的发展

小学阶段（6、7岁～12、13岁）是心理发展的一个重要阶段。自我意识是在儿童与环境的相互交往过程中形成的。教育与环境的影响对小学生自我意识的发展起着重要作用。研究表明，"小学生的自我意识发展不是直线的、匀速的。它既有上升的时期，又有平衡发展的时期"。

这个阶段的学生开始对身体外表、行为表现、学业成绩、运动能力和社会接纳程度等进行自我评价。他们的自我评价与学业经验、同伴交流、自信心等都有密切关系。父母和教师的社会支持对小学生的自我评价起着非常重要的作用。另外，小学生的自我控制能力也开始发展，并对他们的学习成绩、协调人际等都有重要意义，影响个体心理的发展和成熟。

1. 小学一年级到三年级处于上升期

研究表明,"自我意识的发展在小学一年级到二年级的上升幅度最大;小学二年级到三年级在上升期中属次要地位"。总体来讲,在一年级到三年级的时期,学习生活促进了学生对自己的认识。例如,考试成绩的好坏、教师对自己的评价或对自己的接纳程度等都使学生从不同方面对自己有了更深的认识,学生的自我意识有了很大发展。

2. 小学三年级到五年级处于相对平稳阶段,年级间无明显差异

3. 小学五年级到六年级又处于第二个上升期

研究表明,"小学五年级到六年级,学生的抽象逻辑思维逐渐发展起来,其辩证思维也得到初步发展,学生的自我意识更加深刻"——学生的自我意识上升到一个新阶段。他们摆脱了对外部控制的依赖,逐渐发展出内化的行为准则,并用来监督、调节和控制自己的行为,开始从对自己的表面行为的认识、评价转向对自己内部品质的更深入评价。

小学生自我概念的发展特点主要体现在,从比较具体的外部特征的描述向比较抽象的心理术语的描述发展。个体从比较笼统的评价发展到对自己个别方面或多方面行为的优缺点进行评价,自我评价的稳定性逐渐加强;从顺从别人的评价发展到有一定独立见解的评价,自我评价的独立性随年级升高而逐渐增强。

(二)初中生自我意识的发展

在初中阶段(11、12岁~15、16岁),个体开始进入青春期(困难期或危机期)。此时,个体的身心发展迅速而不平衡,经历复杂发展,充满矛盾。此阶段是个体自我意识发展的第二个飞跃期。该阶段学生的生理、心理和社会性发展方面都出现显著的变化。

青春期的"急风暴雨"式变化让学生产生惶惑的感受,他们不自觉地将自己的思想从外向的客观世界抽回一部分来指向主观世界,使思想意识再次进入自我,从而再次表现出自我中心的特点。这一阶段的发展特点具体表现为以下三方面。

1. **独立性和自主性明显增强**

初中生自我意识发展最显著的特点是自主性和独立性增强。他们强烈地关心自己的身体和容貌特征,关注别人对自己的评价;逐渐脱离与父母之间的心理联结,形成所谓的"心理断乳期"。此时,他们心理上急于趋向独立,但同时心理发展水平还不够成熟,不能凭借自己的认知水平完全自主。这使得中学生陷入一种矛盾状态——遇到困难时,依然期待父母的帮助和支持,但又想摆脱父母的控制。所以,对于这个阶段的学生,我们需要在看到其独立性和自主性需要的同时,也需要给与他们可以依赖的港湾。

2. **自我意识的逻辑性和现实性增强**

初中生对自己的思想和理想的认识也逐步向逻辑性和可实现性发展。他们能够长时间独立思考关于自我的问题,对未来充满了期待,经常会问"我是一个怎样的人""我为什么是这样的人"。他们经常在阅读书刊中寻找自我,将作品中的人物与自己进行对照,如外貌、行为、感情等。

3. **自我意识开始趋向于自己的内心世界**

这个阶段的学生能从概括性的个性品质上来分析自己,并逐渐能从中区分出主要的、本质的、稳定的品质和次要的或偶然的品质——自我意识发展趋于成熟的时期。在学校生

活中，在教师的指导下，随着身体的发育、性机能的成熟和知识经验的增长，学生能够自觉地认识和评价自己的个性品质、内心体验，能够独立地支配和调节自己的活动和行为，并试图对自己做出比较全面的评价。

(三) 高中生自我意识的进一步发展

高中阶段（15~16岁到18~19岁），个体对自我的概念更加深刻，对自身的连续性和同一性的认知更加强烈。个体的自我意识开始经历分化、矛盾和统一三个阶段。

1. 分化

自我意识分化是自我意识开始走向成熟的标志。进入青少年期，个体开始关注自己的内心世界和内心体验。于是，个体的自我分裂为两个部分：主体自我和客体自我。经过分化，个体开始认识和改造自己的主观世界，进入心理自我的发展时期，也即进入了自我意识发展的"主观化"时期。此时，个体自我意识的发展进入了一个崭新的阶段。高中阶段，他们开始不断地用"理想我"去控制"现实我"，果断地追求自己的目标，思考问题也更具有理论性。

心理学家把青少年的"自我分化"划分为四个方面。一是"现实的我"，即青少年对当前自身状态和特点的意识，如"我是谁""我需要什么"等。二是"记忆的我"，即青少年对过去自身状态的意识，如"我曾经做过什么""我以前是怎样的""我是如何长大的"等。三是"理想的我"，即青少年对未来自身个性发展的构想，如"我要成为什么样的人""我能为社会做什么贡献"等。四是"反射的我"，即青少年对他人心目中的自己的意识，如"我长得好看吗""我是否聪明能干""别人是否认为我是个好学生"等。

2. 矛盾

自我意识的分化引起了自我意识内部的矛盾，使青少年开始感受到儿童期从未体会到的种种内心冲突和思想斗争，更加渴望同辈群体的认同。他们迫切需要友谊、渴望理解，寻求归属和爱。同时，他们也迫切希望摆脱约束，追求自立，但却不可能真正脱离家长、老师的支持和帮助。

自我意识的矛盾最突出地表现为理想自我与现实自我的矛盾。理想自我往往与主体自我相联系，反映了个体希望成为什么样的人，体现了一定社会要求和道德准则的内化情况。现实自我则往往与客体自我相联系，反映了个体实际上是怎样的人，体现了个体各个方面的实际发展情况。自我意识的矛盾就是当"主体自我"去考察、认识和评价"客体自我"时，常常会发现"现实自我"状况不符合"理想自我"标准。于是出现了心理不平衡，即自我的分裂。为此，他们常常感到内心困惑、苦闷和烦恼，甚至迷茫不解。能否解决好这个问题，对青少年期的心理发展会产生重大影响。

3. 统一

经过一段时间的矛盾与冲突，自我便在新的水平上实现了协调——自我统一。意识分化、矛盾所带来的痛苦促使青少年学生不断地寻求方法，以达到自我意识的统一。这表现在三方面：（1）努力改善"现实自我"，使之逐渐接近"理想自我"；（2）修正"理想自我"中某些不切实际的过高标准，使之与"现实自我"趋近；（3）放弃"理想自我"而迁就"现实自我"。

第三节 自我意识的辅导策略

大多数不自信或有心理困惑的学生,其心理问题的根源都可能由不正确的自我认识引起。很多学生把对自我某方面的不足概括为整个人的不自信。他们没有意识到自我还包括其他方面,有其相应的优势。当他们不能正确地认识自我,那就很难悦纳和发展自我,潜能也就无法充分发挥出来。

因此,在学生的心理辅导中,进行自我意识方面的辅导是非常必要的。本节介绍了常见的自我意识偏差案例和辅导建议,总结了自我意识障碍的原因,提出了自我意识障碍的教育和辅导对策,提出了健全自我意识的辅导策略。

一、常见的自我意识偏差

(一)自我否定

即过度自卑——不喜欢自己,不能容忍自己的缺点和不足,过度否定、指责、抱怨、苛求自己。这种心理体验常常伴随较多的自卑感、自信心丧失和情绪消沉等外部表现,尤其是当面对新的环境、挫折和重大负性生活事件时,个体更容易出现这类情况。

[案例1]

老师在课上提出一个非常的简单问题,让一个平时成绩很差的学生回答,他站起来面红耳赤,反问道:"我(能)?",战战兢兢地不知道要怎么办。其实这个问题只要他稍微动动脑筋即可回答出来。只是成绩长期落后,使他对自己失去了信心。无论面对什么问题,他都持有"反正我都不可能会"的信念。因此,平时在生活中,每当需要表现自己的时候,他的口头禅就是"我不行,我不会",在行动上总是畏畏缩缩,把自己置于整个学习生活之外。

[辅导建议]

对于过度自卑学生的心理辅导,教师首先要了解导致他们自卑的原因。这类学生往往因为饱尝失败,对自己没有信心,低估自己的能力,看不到自己的优势,自我否定,有强烈的自卑感。有自卑感的学生,其外在表现往往有很大的差别:外在的怯弱、故意捣乱、自我封闭,用另一种形式补偿等。上述案例就是典型的怯弱和自我封闭。其次,教师应该明确,学生的这种强烈自我否定往往存在家庭原因,缺乏正确的家庭教育,加之他们在学校孤立无助,自尊心受到伤害,从而变得麻木、厌学、没有上进心。

所以,对这一类学生的辅导目标是逐步帮助他们重新认识自己,找到生活中能让其感到开心、觉得有希望的事情,逐步减少自卑心理。让学生意识到自己还行,并不是一无是处,从而对生活充满期望。辅导过程可以从以下几个方面入手。

首先,教师要尊重学生的人格,承认他是不同于其他人的独立个体,承认他与教师、与其他人在人格上都具有平等的地位。

另外,教师还应站在学生的角度去考虑他的所作所为,理解学生内心的痛苦与不安,充分考虑他的感受,从而建立教师与学生之间的信任。

其次，教师要以学生为主体，尽量避免采用命令、灌输等方式进行辅导，更多采用鼓励式、商量式的语气与学生沟通，鼓励学生大胆迈出第一步。

第四，建立融洽的班集体氛围，让班干部带动这类学生一起学习，包容同学之间的差异性。

最后，教师还需要与家长取得联系，建立学校-家庭的共同体，一起促进学生自卑心理的改变。

（二）自负心理

即过分的自我接纳——不切实际地高估自己的能力和长处，不能看到自己的缺点和不足，却把别人看得一无是处。自负心理最大的特点是：不能够容忍别人指出自己的缺点与不足，自以为是。这种类型的学生往往盲目乐观、以我为中心、自以为是，不易被周围环境和他人所接受与认可，容易引起周围同学的反感和不满。

[案例2]

"我要上麻省理工学院的物理系。"这是某一平时成绩一般的学生给自己制定的目标。"这孩子聪明。"家长经常自豪的说。"我学习效率很高，不需要用很多的时间。""我不需要记笔记，只要听一遍就可以记住了。"但是，他平时作业马虎，学习上经常犯低级错误，上课时不注意听讲，认为老师的水平都很低，不接受任何人的批评和指责，但自己思考问题时常常钻牛角尖，犯了错误还总要固执己见，自以为是。

[辅导建议]

对于具有自负心理学生的辅导，教师首先要意识到，自负心理的形成往往受自身、家庭和教师的影响。这类学生往往从小成绩较好，能力强，备受老师和家长的宠爱，在心理上觉得自己比其他同龄人高一筹，容易骄傲，渐渐养成了自负心理，经常指责、抱怨别人，不能与同学和睦相处。另外，在家庭中，家人往往最大程度地满足这类学生的各种愿望，十分重视孩子的学习成绩，只要成绩好，其他的都不重要，忽略了孩子的情绪、情感发展。因此，这类学生往往自我意识膨胀，过高估计自己的情况，甚至认为自己是最厉害的，常做白日梦，把幻想当现实，而一旦遭遇到挫折，极易滑到自我萎缩的境地。

所以，对于这类学生的辅导，教师不能直接指出学生的不良行为，而是首先鼓励他们发自内心地感激与赞美别人。教师要通过适当的心理暗示让学生明白，青蛙坐在井底时，会觉得自己好大，天很小；但当它跳出井口时，就会发现天好大，自己很小。教师要让学生明白，每个人都有优点和长处，承认他人并且赞美他人，就会改变自己的人际关系；同时，自己也会得到更多的感激和赞美。

其次，教师要积极培养学生的集体观念。让学生意识到，在一个班集体中，每个人都是班集体的一分子，都能够在班集体中发光发亮。在班集体建设过程中，也可以采用角色扮演的方式让学生更全面的认识自己，评价自己。对于具有自负心理的学生，勇于承认自己的缺点，赞美别人的优点与长处，对他们来说很难做到。但能够战胜心理障碍就是不小的飞跃。因此，在辅导过程中需要循序渐进，一步步取得成功。

(三) 自纵心理

即自我放纵,包括两个方面。第一个方面是思想上的自我放纵,即伴随着堕落和颓废的感觉,对任何事都没有具体的规划,也不愿意接受别人的管束,无视纪律制度,没有坚定的信念,情绪变化迅速且不受控制,思想认识比较片面,容易根据自己的想法盲目行动。第二个方面是身体上的放纵,即控制不住自己的行为,如无休止的熬夜、不规律的饮食、控制不住的打游戏、破坏规章制度等。

[案例3]

该生从进入高一的第一天就违犯校规校纪。高中三年间,几乎每一个学期都因违纪而受处分,学习成绩差,不思进取。几乎每一位任课老师都曾向家长告状。问之,则曰:"我主观上并不想犯错误,我也知道自己所做的某些事情与校纪班规以及中学生日常行为规范格格不入。但就是在某些关键时刻常缺少理智,跟着感觉走,把一切纪律制度全都忘在了脑后,一不小心犯了错误。"

[辅导建议]

这类放纵自己、频频违纪、成绩落后的学生是学生中比较常见的类型。他们没有坚定的理想信念,也缺乏对知识的强烈渴求,在行动上自我放纵,情绪变化快,思想认识片面。这些都极易导致他们行为举止盲目,容易误入歧途,甚至走上犯罪的道路。

因此,对于这类学生的辅导,教师需要对学生仔细观察,寻找突破口。学生对自己所经历的一切都采取漠视和放纵的态度,其背后必然存在原因,找准原因才能有效处理问题。因此,辅导教师首先要尊重学生,与其平等对话,建立一种和谐的师生关系,渐渐地接触学生的心灵,缩短和学生的心理距离。

其次,家长的配合必然是不可缺少的。辅导教师要与家长取得联系,为家长提供一些与孩子沟通的技巧。例如,让家长肯定自己的孩子,并建议家长尽可能与孩子沟通交流。交流过程中,家长可以和孩子谈些生活琐事,或孩子比较关心的话题等。此外,建议家长要控制自己的情绪,切莫乱发脾气、动武力,多分析孩子犯错的原因,并深刻反思自己的教育方式。

另外,教师要帮助学生树立一个合适的理想和目标,培养学生的自信心。这可以从三方面入手。第一,教师要帮助学生客观评估自己,找准自己的定位,要确信天生我材必有用。第二,教师要帮助学生建立目标意识,并鼓励学生为了达到这个目标而努力。第三,教师要强化责任意识和勇于克服一切困难的精神。

(四) 自我安慰心理

即过度地进行自我安慰——是一种心理暗示或心理慰藉的现象。面对问题,这类人不是先思考自己能否解决问题,而是对比更差的人和情况,进而减轻自己的心理负担,不愿承担自己应有的责任,存在逃避和自我保护的倾向;久而久之容易产生自我欺骗的行为,没有勇气去参加社会竞争,失去进取心,最终甘于平庸、甘于沉沦。

[案例4]

该生学习上和行为上的表现都处于落后状态。当家长和老师指出其不足时,他总是振振有词:"还有人不如我呢!"。在写作文时,他的错别字特别多。当老师向他指出问题时,他总是说"我从小就是这样,没办法改变。"他做数学作业经常犯低级错误。当老师指出时,他会说:"其实这道题我会做,只不过当时慌张了"。当其他同学在某个方面取得了成绩时,他会说:"不是我比他差,其实是我不愿去做,不屑去做。"

[辅导建议]

这类学生善于自我安慰,但是已经从自我安慰发展到了自欺欺人的状态。面对激烈的竞争,他们没有参与的勇气,也没有取胜的信心。继续发展下去,他就会失去进取心,甘于平庸甚至会沉沦堕落。

因此,对于这类学生的辅导,教师要向学生强调应承担的责任,并培养他们的独立思考能力。在辅导过程中,教师要努力挖掘其"闪光点",促进转化,并对其做成功的事情进行表扬,让学生认识到自己其实是有能力把事情做好的,而且成功的体验是愉悦的。

其次,培养学生的成就动机。让学生不仅仅与自己不足的同学进行比较(自我保护),也与比自己强的同学比较,增强自身的竞争意识和成就动机。

另外,教师要提高对这类学生的要求,并激励学生对自己也提高要求。

(五)虚荣心理

即过度的自尊——追求虚表荣誉,以期获得尊重的心理。这类虚荣者往往通过吹牛、撒谎、作假、投机等非正常手段去沽名钓誉。个体过强的自尊心会导致自尊的需要经常得不到满足,从而产生心理失望,并逐渐丧失自信。

[案例5]

梁某和李某是同桌,梁某在学习上经常帮助李某,为他讲解难题,还将自己的学习诀窍告诉李某。李某为感谢梁某对他的帮助,有时也帮他值日,有时给他带各种零食,两人成了很要好的朋友。有一次,李某过生日,梁某就送她一份生日礼物,却无意中发现同学高某给李某准备的礼物更贵。于是梁某便要求父母给自己打钱给李某买更贵的礼物,以显得自己更有"面子"。之后,梁某经常会因为同学有其他更"奢侈"的东西,便向家里索要。如果不买,就与家里人大吵大闹,还用离家出走或者不买就自杀的说法威胁父母。父母为此表示非常苦恼。

[辅导建议]

人人都有虚荣心,只是或多或少的区别。虚荣心主要表现为盲目攀比,即过分追求"面子",自我表现欲太强,有强烈的嫉妒心等,是一种扭曲的自尊心表现。过度的虚荣心显然是有害无益的,要及时加以克服或矫治。

在辅导虚荣心强的学生时,教师要向他进行品德教育和行为影响,以身作则,帮助学生分清自尊心和虚荣心的界限,在学生体验到尊重所获得的幸福的同时,顺其自然地激发学生积极向上的潜在心理。通过言传身教，逐步克服虚荣心理。教师要帮助学生克服过分的虚荣心，最重要的是要满足并善于利用学生的虚荣心。大部分虚荣心强的学生都爱面子。所以，如果给他们一次面子，一次机会，结果就可能截然不同。教师也要慢慢引导学生反思自己的虚荣心，发现自己的不足。其次，教师要敏锐捕捉，早觉察、早了解、早诊断、早引导。第三，教师要充分赏识信任、宽容体谅、以爱关怀、春风化雨。最后，教师要适当降低对学生的期望值，循序渐进，从而指向教育的成功。

（六）逆反心理

即与认知信息对立的并与一般常态教育要求相反的对立情绪和行为意向——主要表现为：行为上的违拗，态度上的抵触和情感上的冷漠三个方面。个体会表现出过分的独立意向，例如，喜欢独来独往，不愿听从他人的意见，专门喜欢与他人、社会惯常的要求和行为方式作对等。

[案例6]

在一节公开课上，执教老师讲到精彩之处，抛出了一个很有想象空间、几乎每个学生都有话可说的题目。的确，几乎每个人都举手了。老师微笑着叫起了一个平时在每个老师看来都比较调皮的学生，希望这个孩子能在这时候获得成就感。可是，该生站起来回答道："你让我站起来干什么？我又不会回答问题"。执教老师很震惊。但是，他依然微笑着问"那么，你现在可以尝试着想一想吗？老师相信你一定能回答的"。可是，这个学生仍然不买账。继续说"我很笨，我想不出来，能有什么办法？"精彩的一堂课就因为这样的一个插曲而变得有些遗憾。

[辅导建议]

对于这类学生的辅导，教师首先要认识到学生产生逆反心理的原因。例如，学生的认知和情感发生矛盾，学校和家庭环境不良，平时受到批评、责骂和不公平的待遇较多，合理的需求被拒绝、自尊心受损等。

因此，教师在辅导这类学生时，需要注意到避免刻板的评价学生，以免造成偏差；要全面评价该生，努力挖掘"闪光点"。人的天性就是希望得到别人的理解和支持，尤其是对待后进生，教师更应该去主动发现他们身上的"闪光点"，在全面充分肯定他们优点的同时，恳切地提出希望，使他们看到自己的潜力和前程，促进他们进步。

此外，教师应坚持疏导教育，保护这类学生的自尊心，避免直接批评，不要与他们发生正面冲突，采取以柔克刚的教育模式。这种逆反心理的辅导不是一两次说服教育就可消除的，需要多次辅导。因此，更加需要教师在辅导过程中的耐心教育，注意观察这类学生的情绪变化，经常与其沟通交流，深入了解其内心世界，帮助解决其烦恼，耐心帮助其分清是非，使他们意识到自己的问题，逐渐缓解他们对于周围事物的敌意。

最后，教师也需要与家长取得联系，让家长在家创造良好、民主的环境，和孩子多沟通，多鼓励、表扬，少批评、责骂，不挫伤学生的自尊心，经常鼓励学生为自己的目标而努力，使学生在学习上有明确的目标，同时又让他感受到亲人的关心，慢慢地消除他的对立情绪。

（七）从众心理

指个体在群体的影响和压力下，放弃自己的意见而采取与大多数人一致的自我保护行动，是与过分的独立意向相反的一种现象。个体不管做什么都要先去观望别人是怎么说、怎么做的，生怕自己有所不同，落了单儿。虽然有时候，他们对别人的主意也不是很赞同，但是看到有很多人赞同，自己也就接受了。

[案例 7]

一个寝室的几个女孩去逛街。在一家商店里，A 试了一件风衣，虽然样式和面料还不错，但是 A 发现自己身材太胖，不太适合这种修身的款式。正准备脱下来的时候，其他同学都说好看，非常合适。可是，A 自己感觉并不好看。然而，A 认为，衣服是穿给别人看的呀，别人觉得好看，那肯定好。所以，A 犹豫了一下还是买下了。但是，这件衣服 A 从来都没有穿出去过，一直都放在衣柜里。

[辅导建议]

对于从众心理的辅导，教师首先要了解中学生从众心理的原因。一般来讲，对于信息的依赖是学生从众行为的原因之一。学生生活在学校这个小社会中，总是以他人为参照系，并依赖于他人及团体提供的信息。这样容易形成依赖他人提供信息办事的习惯，但他们又没有能力对他人提供信息的虚假性进行辨别，只好依赖他人提供的信息。

另外，对社会规范的遵从也是学生从众现象产生的重要原因。例如，在"少数服从多数"的规范下，学生往往倾向于从众而避免"枪打出头鸟"。此外，群体的状况、当时情景以及个人特质都会在一定程度上影响学生的从众心理。不想犯错误和希望得到群体里其他成员的满意和赞许，进而遵照群体成员的期望去行事是学生从众行为的主要目的。

因此，对于这类学生的辅导，教师首先要从根本上转变学生的观念，改变学生的认识。大家都认为对的，未必是正确的，要敢于标新立异，不用"别人会如何想""别人会如何做"来衡量自己的思想和行为。其次，教师要让学生在思想上做好充分准备，不从众就意味着敢于接受他人的白眼，穿别人给的小鞋，表达自己所不能表达的特点，这会存在群体不理解你的可能性。再次，教师要培养学生独立思考的能力，培养有主见的意志品质，重视实事求是的精神，选择符合自己实际情况的方案，综合考虑各方面因素，量力而行。最后，教师要培养学生敢为人先，勇于开拓的品质，"走自己的路，让别人去说吧"。

在这过程中，教师也需要理解，学生从众行为的好坏并没有绝对的标准。对良好社会规范的服从是一件好事，但过分盲目从众又往往会抹杀学生的个性和创造性。因此，在处理学生从众心理问题时，教师需要客观地衡量各方面影响。

（八）自我中心心理

指学生思考问题和做事情的时候，一切从"我"的利益出发——追求自我设计、自我完善、自我实现，过多地从自我角度或标准去评价、认识事物与行为，很少站在别人的角度思考问题，不能设身处地地为别人着想。这样的做法很难赢得他人的好感与信任，容易造成人际关系紧张。若不加以积极正确地引导，很可能会危害到他人和社会。

[案例8]

小花的母亲逢人便夸女儿聪明多才多艺，取得过多少市里的奖项。然而，美中不足的是，小花与同学总是相处不好，关系紧张。她时常瞧不起班上其他同学。在学习上，如果有同学向她请教问题，她会随口说："这个问题太简单了，这都不会做呀，你太笨了吧"。当看到别人穿着一般时，她会说"这衣服太不好了，买件贵点的穿吧。"给人感觉仿佛她就是"小公主"，所有人都要围着她转。

[辅导建议]

对于这类学生的辅导，教师首先要了解到，这类学生一方面过于关注自我，在交往中以我为主，为所欲为，不能理解和体谅他人，缺乏察颜观色的基本人际技巧，因而也无法建立起和谐的人际关系。另一方面，他们缺乏客观认识自己和评价自己的能力，对自己的估计往往偏高，只认识到自己的优点，而忽视了自己的缺点。

与其他问题不同的是，这类学生的自我中心问题并不是一种心理或行为的偏离问题，而是心理能力发展的滞后和障碍问题。大多数学生在成长过程中，基本会慢慢克服自我中心的思维方式，能够比较客观地认识自己和理解他人。而这类学生则不能做到这一点，自我中心会阻碍他们的正常交往。这种现象产生的主要原因可能是缺乏良好的家庭教育。在家庭中形成的这种自我中心的个性使他们在人际交往中也以自我为中心，希望别人服从自己，并以自己的眼光去评判周围的事物，不能客观评价自己和别人。

因此，对于自我中心心理的辅导，教师首先要严格要求这一类学生，不给与任何的特权。有时候，孩子教育孩子比教师亲自出马更有效，让其他表现好的学生去接近、走进这类学生，这类学生的坏习惯也会慢慢改变。第二，逐步培养这类学生的集体意识，认识集体规则，培养集体荣誉感，学会在集体中与同伴和睦相处。第三，寻求家长合作，使学生摆脱自我中心形成的环境，最终帮助学生认清自己的不足，树立改变自我的信心和决心。

二、自我意识障碍探因

（一）从中学生的特点看

中学生自我意识处于迅速发展的"黄金时代"。但在这一时期中，学生会出现三对突出的心理矛盾。即独立性与依赖性的矛盾，使他们竭力摆脱管教又不能完全摆脱。心理闭锁与强烈要求理解的矛盾，使他们渴望得到别人的理解，但又将很多心事埋藏心底。自主性与被动性的矛盾，使他们有了成人的自主感，但很多时候又处于被动地位。另外，中学生无论从认识上、情感上和行为上都力图按照一定的目的自觉地、主动地去思考、去体验、去行动。但他们又表现出一定的盲目性，会陷于被动、被人嘲笑甚至自我怀疑的情境中。这些矛盾的成功解决能使他们顺利渡过青春期这一充满危机的时期。反之，则可能会造成自我意识障碍。

（二）从学校教育环境看

长期以来，受应试教育的影响，学校、教师对学生的评价标准往往是"唯分数至上"，这直接导致学校忽视学生心理和人格的健康发育。如教师不能客观、公正、科学的评价尖子生、中等生和差生，出现"捧杀""棒杀"或"封杀"等现象。再加上学校或班级内的人际关系不和谐，致使某些自我意识不健全的学生在与别人交往时，可能会出现退缩、畏惧、自卑孤独、妄自尊大或目中无人等心理。

学校类型、教师素质、师生关系、同伴关系与学生的学习成绩等对学生自我意识的形成和发展都是不容忽视的。研究表明，"在国家级重点学校中，学生的总体自我意识中反而有更多的消极自我评价。这可能是因为，高级学校中的学生有更多压力"。另外，研究表明，"与成年人相比，学生的自我意识更易于受同伴影响。例如，与同龄人的关系不良、受到同龄人的欺负等，都可能会导致学生消极的自我评价，从而造成自我意识水平偏低。"

（三）从家庭教育上看

不良的家庭教育容易导致学生自我意识障碍。溺爱型、放纵型、粗暴型、过高期待型、抛弃抚养责任型等家庭教养方式，往往都会对学生健康心理的形成造成不利影响。父母在教育孩子的过程中，应该注意方式方法，多作正面引导，少呵斥打骂，给予孩子更多情感关怀，营造良好的成长环境，从而减少孩子心理问题的发生。研究表明，"父母对子女过于严格、期望过高、运用强制性的命令和批评指责的方式教育子女，都有可能造成学生的逆反心理或自卑心理"。

父母文化程度、教养方式、家庭结构和家庭成员关系、社会经济地位等是中学生自我意识发展至关重要的影响因素。首先，父母的受教育程度影响父母的教育行为，从而影响子女的自我意识发展完善。一般来说，"文化层次高的父母，社会地位也相应较高。文化程度高的家长对教育动态敏感，易接受新的教育观念，教育方式倾于理性。"总体来说，"父母文化程度越高，其子女自我意识也越高。父母文化程度较低的中学生则较易出现行为、学习和躯体认同方面的问题。"

其次，父母教养方式影响孩子自我意识的发展完善。研究表明，"父母的理解、温暖以及民主的教养方式都对中学生自我意识中的多个因子产生正向影响，发挥促进作用；而严厉、惩罚、拒绝及否定等因素会对中学生的行为产生消极作用，并对中学生自我意识发展的总体水平产生负面影响"。

有研究证实，"父母对孩子的接纳及情感投入与孩子的自我意识水平相关。父母对孩子较多地采用鼓励和赏识的积极态度，可以提高孩子的自信心，使其趋向于自我肯定"。另外，"个性外向的父母能更好地与孩子沟通，帮助孩子形成正确的自我评价。父母外向的学生，其自我意识水平明显高于父母为内向型学生的自己意识水平。"

再次，家庭结构和家庭成员关系对孩子的自我意识也有重要影响。"与家人关系融洽的学生能更好地学会处理人际关系，自我意识水平也越高。单亲家庭或父母在外打工的家庭会对学生人自我意识的发育产生不良影响。"

父母社会经济地位对孩子的自我意识也有影响。Marccoby曾将父母社会经济地位对子女教养方式的影响进行概括："（1）社会经济地位低的父母强调服从、尊重权威，而经济地位高的父母重视独立、创造和抱负；（2）社会经济地位低的父母倾向于采取严厉和专制的教养方式，经济地位高的父母多是采取允许和权威的教养方式；（3）经济地位高的父母与子女交谈时，多采取讲道理的方式；（4）经济地位高的父母向孩子表达更多的情感和温暖。"

(四)社会客观因素

社会对心理问题认识的偏差具体表现在三方面。

（1）人们的心理知识普遍匮乏，将心理问题与精神疾病相混淆。提起学生心理健康问题，人们往往会联想到抑郁症、精神分裂症、自杀、犯罪等。其实，心理问题是普遍存在的，不仅发生在那些品行不良、学习成绩不佳的学生身上，也会发生在学习用功，做事认真的学生身上。

（2）人们普遍对心理问题的危害性估计过低，对心理咨询的认识不够。实际上，心理问题就像生理疾病一样，虽然不会短时间之内表现出来，但是会对个体产生深远的影响。不仅只有心理疾病的人或精神疾病患者才需要心理咨询，正常人偶尔出现心理困惑，也需要心理咨询与调适。

（3）社会舆论导向的影响。社会上很多人认为，心理咨询是不光彩的事情。实际上，心理咨询是一件正常得不能再正常的事情了，就如同你胃痛会去医院看病检查一样。你会认为你胃痛是一件不光彩的事情吗？

三、自我意识障碍的辅导和教育对策

(一)运用共生效应，创设和谐的人际氛围

当一株植物单独生长时，显得矮小；而与众多同类植物一起生长时，则能根深叶茂，生机盎然。人们把这种现象称为"共生效应"，该效应在学习和生活中也存在。

研究表明，"在学校里，同伴环境对学生影响最大。与学生和教师的相互作用相比，学生和学生之间的相互作用更经常、更亲切、更丰富多彩。在与同龄人的交往过程中，学生可以相互学习、相互促进。为了在同龄人当中获得应有的地位，得到同伴的认可，学生会自觉地改变自己个性中不受他人欢迎的特征。同时，学生还经常将同伴作为自己的参照，从而对自己的个性进行修正，促进学生自我意识的发展。"

因此，教育者应鼓励学生积极参与同龄人的活动，不要限制他们的交往。当然，学生的交往能力与交往经验是有限的，可能存在各种问题，这需要教育者的指导，如交往过程中应遵守的原则、交往的艺术和技巧、应注意的问题等都需要教育者及时的指导。

(二)运用瓦拉赫效应，充分发现每一个人的智慧潜能

瓦拉赫是诺贝尔化学奖获得者。中学时代，他选择文学、选择美术都被老师判定为没有发展前途的人。后来他选择了化学，终于获得了巨大的成功。人们称这种现象为瓦拉赫效应。即学生的智能发展是不平衡的，如果学生发现了自己的最佳智能，那么他就有可能获得成功。因此，教师要寻找学生智能发展的最佳点，尽可能使每位学生都成为成功者。

瓦拉赫效应给我们心理辅导工作的启示主要有两方面：（1）辅导教师要把学生由学习的被动者推向主动者的地位，引导他们自主学习和自主探究，在自主探究中发现自己智能的强点。（2）辅导教师还要设计多种形式的活动，为学生发现自己的智慧潜能搭建舞台，

为学生展示特长和个性提供场所，让每一个学生在这里都能找到自己的位置。

(三) 运用皮格马利翁效应，对学生倾注爱心

皮格马利翁在雕刻女神像时，由于倾注了自己的满腔热情，最终感动了神，使雕塑有了生命，此即皮格马利翁效应。该现象告诉我们，"不信东风唤不回""精诚所至，金石为开"。充满爱心的教育是最有力量的教育，情感教育是最有效的教育方法，充满爱心的批评是"多刺的，但却是散发着圣洁师爱的芳香的玫瑰花。"

在学生成长过程中，理想开始初步形成。其中，父母和教师的期望在这个过程中起着十分重要的作用。如果教育者对学生提出适当的期望，这种期望对他们的一生都会产生积极的影响，成为他们人生的动力。但是，常有一些父母和教师对学生提出的要求过高，如在学习上要求高分数，要考上重点学校，在其他方面也要出类拔萃，要有一技之长。一旦学生没有达到父母和教师所期望的目标和要求，他们便会气恼、失望，甚至恶语训斥、拳脚相加。在父母和教师的重压之下，有些学生情绪焦虑，对他们产生厌烦、敌对的情绪，失去对学习和生活的信心和动力。另有一些父母和教师对学生的期望值过低，尤其是对学习成绩低下或品行有问题的学生更是抱有偏见，认为无可救药，放弃对他们耐心的教育和引导，致使这部分学生看不到自身的希望，从而放弃对理想的追求。这些不切实际的教育方式和手段是学生心理问题产生的重要原因。因此，教育者要真正了解学生的兴趣、爱好和能力特点，对他们提出适当的期望和要求。

四、健全自我意识的辅导策略

(一) 设立健全自我意识的标准

(1) 学会自知之明；
(2) 自我认识、自我体验和自我控制协调一致；
(3) 积极自我肯定、独立并与外界保持一致；
(4) 理想我与现实我统一。

(二) 自我意识的辅导途径

1. 帮助学生客观公正地分析自己

(1) 分析我与人的关系

他人是反映自我的镜子，通过与别人比较来认识自己。

(2) 分析我与事的关系

从做事的经验中了解自己，在活动中学习。通过自己取得的成果、成就及社会效果来分析和了解自己。

(3) 分析我与己的关系

关注自身的想法、行为，能够帮助自己更加深刻的理解自我。

2. 积极地悦纳自我

(1) 在接纳自己的优点的同时，接纳自己是有缺点的。能改变的，积极改进；不能改变的，欣然接纳。

（2）对生活充满期待，对未来充满信心，相信自己存在的意义。
（3）进行积极心理暗示，积极展示自己，在小事中积累成功的体验。
（4）冷静而理智地对待得失，积极地认定自己的长处与短处，愉快地接受和发扬自己的长处，憧憬未来。

3.有效地控制自我

（1）确立适宜的目标

把远大目标建立在一个个小目标的基础之上。先把远大目标分解为小目标，再通过逐渐实现一个个小而具体的目标，来逐步实现人生的崇高目标与理想。

（2）充满恒心和信心

以坚强的毅力作保证，以克服困难的信心和决心为后盾，增强自我控制的自觉性和主动性，并准备为实现目标做长期不懈的努力。

（3）完善自我和超越自我

不断加强自我修养，进行自我塑造，逐步达到完善自我、超越自我的境界。

训练营一——我是谁？（写出至少20条我是谁的句子）

1. 我是_____
2. 我是_____
3. 我是_____
4. 我是_____
5. 我是_____
……

训练营二——他人眼中的我？

1. 父母眼中的我：_____
2. 亲戚、长辈眼中的我：_____
3. 老师眼中的我：_____
4. 同学、朋友眼中的我：_____
5. 理想中的我：_____
6. 现实的我：_____
7. 未来的我：_____

训练营三——优点轰炸

1. 我最欣赏自己的一个品质是：_____
2. 我最欣赏自己对朋友的态度是：_____
3. 我最欣赏自己对家人的态度是：_____
4. 我最欣赏自己的性格是：_____
5. 我最欣赏自己的一次成功是：_____
6. 我最欣赏自己的学习态度是：_____
7. 我最欣赏自己做事的态度是：_____

训练营四——成功日记

准备一个小笔记本，写上每天自己做成功或者值得自己骄傲的事情（每天至少写五条）。坚持每天都写，一段时间之后，再来看看自己的变化。

【章末思考与练习】

1. 自我意识的概念和性质是什么？
2. 请简述自我意识发展的年龄特征。
3. 请举例说明自我意识障碍的常见形式。
4. 请简述自我意识辅导的途径。

【阅读书目推荐】

1. 李百珍. 完善自我——积极自我意识的培养. 北京：科学普及出版社，2006
2. 维之. 人类的自我意识. 北京：现代出版社，2009
3. 于浩晨. 中学生自我意识训练. 长春：吉林人民出版社，2012

参考文献

1. 李丽华. 青春期心理健康教育［M］. 北京：人民卫生出版社，2012.
2. 郭瞻予. 少年自我意识发展及其引导［J］. 沈阳：沈阳师范大学学报，2003.
3. 聂衍刚. 青少年的自我意识及其社会适应行为的关系［J］. 心理发展与教育，2009.
4. 向延梅. 中学生自我意识的特点及其调适［J］. 当代教育论坛，2009.
5. 吴怀能，陈卫平，王红妹，等. 浙江省学龄儿童自我意识和行为问题现状调查［J］. 中国学校卫生，2007.
6. 王我. 未成年人的自我意识研究进展［J］. 重庆：重庆医学，2011.
7. 侯玉波. 自我意识的养成［M］. 北京：北京大学出版社，2016.
8. 辛自强，张梅.1992年以来中学生心理健康的变迁：一项横断历史研究［J］. 心理学报，2006.
9. 彭以松，聂衍刚，蒋佩中学生自我意识发展特点及与心理健康关系的研究［J］. 内蒙古师范大学学报，2007.
10. 周红. 浅析中学生自我意识的发展［J］. 教育探索，2007.

第五章　情绪辅导

【教学/学习目标】

1. 了解青少年学生的情绪特点。
2. 了解青少年学生常见的情绪困扰。
3. 掌握针对青少年学生的情绪辅导策略。
4. 掌握青少年学生情绪困扰的团体心理辅导方法。

【案例导入】

小晓，女，14岁，八年级，性格活泼开朗，家里经济条件良好，父亲是事业单位的中层领导，母亲是全职主妇，在家负责女儿的生活、学习。小晓刚上七年级时，很愿意回家与家人分享学校发生的事情，遇到问题也会向父母求助，一家三口的氛围也总是其乐融融。

但自从小晓上八年级后，每天放学回家的状态都像换了个人一样。回到家向母亲简单打个招呼，有时索性连招呼都不打，就把自己锁在屋里不出来，父母怎么问都不愿意开口讲话，还嫌弃父母太唠叨、管太多，根本不懂自己。早上吃饭时，上一秒还笑着跟母亲讲今天晚上想吃什么，下一秒脸就突然变沉了，弄得母亲也莫名其妙。有时候，小晓又像是回到了七年级的样子，跟家里人有说有笑。母亲感到很疑惑，这孩子为什么突然就变得如此阴晴不定呢。其实，小晓心里也很纳闷，总是感觉自己有一股想要毁坏世界或大声吼叫的冲动，莫名想要跟父母发脾气。她在学校对同学和朋友也没有耐心，听课听着就莫名感到烦躁，有时心情一下就很失落。

小晓现在所经历的这种状态，是绝大部分初中生都会经历的。由于青春期的到来，不管是男生还是女生，身体内荷尔蒙都会发生明显变化，这些内在的生理变化会影响到他们的情绪。我们最能直接观察到的就是像小晓这样的表现，情绪丰富、多变，体验也很强烈，对父母有时不理不睬，有时热情四溢。这些多变而强烈的情绪常会影响他们生活和学习的方方面面，使他们不能专心致志地听课、学习；使他们很容易与同学、朋友发生人际冲突；使他们与父母争吵不断。

青春期是个体由儿童发展到成年人的过渡期，是个体心理发展的第二个关键期，也是情绪发展和培养的重要时期。此阶段的情绪发展状况对今后的心理健康有重要影响。情绪是一种心理现象，是我们主观世界对客观刺激的态度反应，它与我们的生活息息相关。积极愉快的情绪可以促进我们的学习和工作效率，而消极悲伤的情绪可能导致糟糕甚至不幸的事情发生。

因此，了解青少年学生的情绪发展特点，并掌握青少年学生情绪问题的辅导策略，不仅有利于心理辅导教师有针对性地帮助他们顺利度过这一情绪不稳定期，更重要的是可以培养他们受用一生的良好情绪品质。本章主要介绍情绪相关的理论知识、青少年学生的情绪特点、青少年学生常见的情绪困扰及其辅导策略。

第一节　情绪概述

一、情绪的概念

情绪是一种常见的心理现象，既是个体心理活动动力的重要组成部分，也是个性形成的重要方面，它时刻影响着我们的生活。也正因为情绪的存在，我们才能感受到生活的七彩阳光，领略到生活的五味杂陈，如喜悦、愤怒、悲哀、恐惧、苦恼、烦闷、赞叹等。每时每刻，我们都会有某种情绪体验，诸如"我感到舒服""我觉得很烦躁""我感觉有些抑郁"，这些情绪状态影响着我们的工作、学习和生活。在古诗词中也常有描述情绪的例子。如"春风得意马蹄疾""漫卷诗书喜欲狂"。情绪，这是一个我们既熟悉又陌生的概念，我们在生活中经常使用，但又很难准确解释。那么情绪究竟是什么呢？

对情绪这一概念，哲学家和心理学家已经争论了上百年，但仍然没有形成统一的定义。这主要是因为每位研究情绪的学者关注的情绪成分不同，使用的研究方法也不一样，对情绪的理解也不一样。例如，一些研究者强调情绪发生时个体的主观体验，并把这种主观体验看成是情绪的核心成分。另一些研究者则认为，情绪发生时的生理反应是情绪的核心成分。还有一些研究者认为，情绪由人们对外界客观事物的主观想法引起（彭聃龄，2011）。

尽管不同研究者对情绪的定义不一，但为了研究的方便，研究者们仍然对情绪有一个比较一致而普遍的认识，即认为情绪是个体对客观事物是否满足个体自身需求和愿望的主观体验，其核心成分是个体的主观体验（彭聃龄，2011）。当客观事物符合个体的主观需求或愿望时，产生积极的、肯定的情绪。当客观事物违背或不符合个体的主观需求或愿望时，产生消极的、否定的情绪（彭聃龄，2011）。

情绪区别于情感。情感是指人们对客观事物形成的长期而稳定的态度。一般情况下，人们的情感不会随着客观事物的改变而变化；而情绪则随着外界刺激的改变而改变，属于状态性的。另外，情感常用来描述个体的社会高级情感，具有更广泛的意义（孟昭兰，2005），如对国家的自豪感。

情绪与情感也是相互联系的。情感是基于情绪而形成的，并通过情绪来表达；同时，情绪的表达又蕴含着情感，反映着情感的类型和深度（吴良庆等，2019）。

二、情绪理论

（一）James-Lange 情绪理论

该理论由美国心理学家 James 最早（1884）提出，是基于达尔文的生物进化论所提出的情绪生理学理论。因为 1885 年丹麦生理学家 Lange 也提出过类似的理论，因此被合称为 James-Lange 情绪理论，也被称为情绪的外周理论。

该理论认为，情绪来源于人体的生理反应，是由植物性神经系统活动的增强或减弱、血管的扩张或收缩产生的情绪体验（James，1884），即情绪的产生是植物神经系统活动的产物。在 James 和 Lange 看来，我们之所以体验到某种情绪，是因为我们的身体首先觉察到了与之相关的生理反应。例如，我们感到悲伤并不是因为直接产生了难过的情绪，而是因为流泪哭泣才会感到悲伤。虽然该理论受到质疑，但该理论率先强调情绪和身体反应的联系，这对后续情绪研究有非常重要的影响。

（二）Schachtar 的情绪两因素理论

Schachtar 的情绪理论认为，情绪体验具有两个不可或缺的因素，即交感神经系统的生理唤醒和对这种生理唤醒的认知解释（Schachtar，1962）。Schachtar 用肾上腺素进行实验验证了该理论。他将参与实验的志愿者分成两组，分别注射肾上腺素和生理盐水，并告诉其中被注射了肾上腺素的一部分志愿者唤醒水平会增强，另一部分则不作任何解释。然后，他将志愿者分别置于令人发笑或令人发怒的场景中，最后让志愿者对自己当前的情绪进行评估。研究者发现，只有那些被注射了肾上腺素且没有得到任何解释的志愿者的情绪评估与所处场景是一致的。该实验充分表明，情绪并不是简单地由生理唤醒引起，而是由生理唤醒以及对此的评价共同决定（图 5-1）。

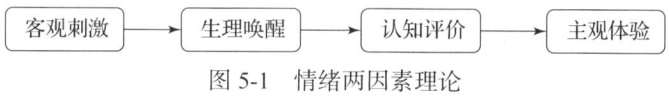

图 5-1　情绪两因素理论

（三）Arnold 的情绪评定 – 兴奋理论

Arnold 提出情绪的评定 – 兴奋理论。该理论认为，客观刺激并不能直接决定情绪的性质，而是决定个体对客观刺激的评估和判断（傅小兰，2016）。不同个体对相同场景的评估和判断不同，因此而形成的情绪反应也不一样。个体对客观刺激的评价受到过去经验和价值观的影响。如果个体将客观刺激评价为有利或有好处的，就会引起积极的情绪体验，个体也会随之出现趋近行为。如果个体将客观刺激评价为有害或不利的，就会引起消极的情绪体验，个体也会随之出现回避行为。Arnold 的情绪理论包含情绪的发生、体验和调节三个环节，是比较完整的情绪理论。

三、情绪的分类

从进化论的角度，可以将情绪分为基本情绪和复合情绪。关于基本情绪的种类，不同的研究者有不同的划分。快乐、悲伤、愤怒、恐惧、惊讶和厌恶为常见的六种基本情绪（Ekman，1971）。由两种及以上的基本情绪组成或由基本情绪和认知评价组成而产生的情绪则是复合情绪，如爱。

根据情绪的效价，可将情绪分为积极情绪和消极情绪。对个体具有积极作用的情绪被统称为积极情绪，对个体产生负面作用的情绪被统称为消极情绪。如愉快、兴趣、期望等属于积极情绪；沮丧、悲伤、绝望等属于消极情绪。

根据拓展 – 塑造理论，积极情绪有助于个体提高认知范围和认知灵活性，能抵消一部分由消极情绪带来的负面影响（王艳梅等，2006）。消极情绪也并非一定对个体产生负面影响，如一定的焦虑、紧张反而有助于我们在考试中取得更好的成绩。但长期的消极情绪对个体是有害的，如损害身体健康、人际关系等。

四、情绪的结构

Izard认为情绪由生理唤醒、主观体验和外部表现三个成分构成(Izard,1991)。

生理唤醒主要表现在体表温度、呼吸速度、心跳速度等。我们都有这样的体验,当感到愤怒或害羞的时候,脸上会有发热的感觉;当感到紧张的时候,心跳会加快,手心出汗,甚至会伴随手脚不自主的抖动。不同的情绪也可能会有相同的生理反应,如在紧张和惊吓时,人们都会感到心跳加快。

主观体验主要是指个体对不同情绪的主观感受,是情绪的核心成分。个体在描述情绪时,通常描述的是这一部分,如难过、兴奋、沮丧等情绪体验。通常,人类情绪的主观体验具有一致性。例如,同一种族的不同个体对同一种情绪的主观体验是一致的,不同种族的个体对同一情绪的主观体验同样也是趋于一致的。

当然,主观上的体验也会引起情绪的外部表现,其表现形式主要有三个方面,即语音语调、肢体语言、面部表情。语音语调通过语速、声调等来表达。例如,高兴的时候,个体会表现得说话比较快,且声调升高。沮丧的时候,个体说话缓慢,声调降低。肢体语言主要通过手势和身体姿势来表现,如手舞足蹈表达高兴这一情绪,缩头耸肩表达的是无奈这一情绪。面部表情是我们判断和识别情绪的最主要信息,它通过眼部、唇部和脸部的肌肉共同运动来实现,如微笑的时候嘴角上扬,惊讶的时候瞳孔放大。

五、情绪的功能

情绪是人类在进化过程中对环境的适应。无论是积极情绪,还是消极情绪,在人类进化过程中都得以保留,这充分说明情绪对人类生存和发展有重要作用。情绪是人类重要的心理活动,在生活中具有不可替代的作用。情绪对人类生存具有四大功能:适应功能、动机功能、组织功能和信号功能。

(一)适应功能

情绪是重要的生存手段。对于刚出生的婴儿,情绪的适应功能显得特别重要。在婴儿没有语言能力和生存能力时,只能通过微笑和哭泣来表达对周围环境的喜好,也只能通过哭泣来表达饥饿和身体不适(图5-2)。

(a) 难过　　　　　　　　(b) 开心

图 5-2　婴儿的情绪

图片来自网络。

情绪能帮助个体做出与环境相适应的行为，以便于个体的生存和发展，即个体在实现目标的过程中，会对当前的状况进行有意识或无意识的评判。当目标受到阻碍或需要调整时，情绪就会产生（傅小兰，2016），这种情绪又会引导个体调整自身行为，或继续朝着目标前进，或修正目标。例如，当个体接收到的刺激超过自己的承受能力，则会表现出焦虑等情绪。这些情绪看起来是消极的，实际上是在提醒个体需要调整目标或通过其他的方式来完成目标。因此，情绪在一定程度上是有利于个体的生存和发展的。

情绪对人类在社会关系中的人际互动过程也有非常重要的意义。情绪的表达可以依赖于面部表情和肢体语言这样一些便于观察的信息。人们可以根据这些信息进行交流和判断，也能进行自我保护。

（二）动机功能

情绪是动机系统的一个基本成分，能够激发、维持个体的行为，并对行为的效率有影响。适度或适当的情绪兴奋度可以保证个体处于认知等心理活动的最佳状态，提升学习和工作的效果。例如，一定程度的紧张和焦虑可以帮助个体更好地思考和解决问题；但过度的紧张和焦虑可能会导致舞蹈表演的失败；同样的，兴趣和好奇心等情绪能激励个体的学习行为，获得最佳的学业成就（彭聃龄，2011）。

（三）组织功能

情绪对诸如注意、记忆、决策、思维等认知过程和个体的行为都会产生重要影响（孟昭兰，2005）。一般地，积极情绪对心理过程起协调、组织的作用，有助于提高认知范围和认知灵活性；而过度的消极情绪会对心理过程产生破坏、阻碍的作用（Welford，1974）。情绪也会影响记忆的准确性。例如，消极情绪能在一定程度上提高记忆的准确性，这也是抑郁症当事人对事件的记忆更客观准确的原因。情绪也会影响记忆的内容。例如，人们在积极情绪状态下更容易记住正性信息，在消极状态下更容易记住负性信息；抑郁症当事人更容易记住负性场景中的信息。

（四）信号功能

情绪在人际互动中具有传递信息、促进沟通的功能。通过情绪的外部表现，我们可以判断他人的行为动机或行为背后的意义，也可以帮助我们决定在不同的情境下如何与人互动或回应。例如，从个体的发展来讲，婴儿和养护者之间建立的最初的社会关系就是通过情绪的外部表现这一信号来建立的。又如，学生根据老师的面部表情可以得到关于自己行为的反馈。另外，情绪的适应功能也正是通过信号交流实现的。

第二节　青少年学生的情绪特点

一、小学生的情绪特点

小学生的情绪同样反映的是对其身边的人和事等生活环境中的刺激所持有的态度和主观体验。相对于幼儿时期的无拘无束，小学生会受到更多规则的束缚，学习内容也更多样。与此同时，相对于幼儿时期，小学生的认知能力和情绪能力也有显著提升。

（一）情绪稳定性逐渐加强

不同于幼儿时期的情绪，小学生的情绪稳定性更强，并表现出明显的年级差异。从低年级到高年级，小学生的情绪稳定性逐渐增强。小学低年级学生的情绪仍然很容易受到外界环境的影响，变化较大，且情绪发生时的表现和体验都较强烈，情绪的消除也比较快。小学高年级学生的情绪变化没有那么迅速。

（二）情绪认知能力显著提升

在儿童的心理发展过程中，首先产生的是个体的情绪体验，然后逐渐发展出个体的情绪识别能力。儿童通过对他人表情的识别来了解或推论他人的情绪状态。情绪识别水平的高低也反映了个体的情绪认知和理解水平的发展状况。小学低年级学生的情绪识别准确性较低，但小学高年级学生对面部表情的识别基本和成人的识别水平相当，情绪识别准确性大大提升。

黄煜峰等（1986）对小学生辨别基本情绪的面部表情的研究发现，小学生对不同性质的面部表情的识别速度是不同的。最早能识别的是高兴和愤怒，其次是轻蔑、惊讶、恐惧和厌恶。这反映了小学生的情绪识别由简单到复杂的发展。

小学生通过声音识别情绪的能力也逐渐增强。例如，研究者让主试以高兴、惊讶、恐惧、愤怒和轻蔑五种感情诵读"你这小家伙真淘气"这句话，然后让小学生通过声音来识别这五种情绪。结果发现，小学四年级及以上的学生能够通过声音来准确识别诵读者的情绪，与成人的识别水平无显著差异。这说明小学高年级学生通过声音识别情绪的能力基本成熟。

（三）情绪调节能力初步发展

情绪调节指的是个体为了适应环境和满足人际互动的需求，采用一定的方式和策略对情绪进行调节与控制。青少年学生的情绪调节能力能有效预测其社会适应能力。小学生采取的情绪调节策略相对单一，但随着认知能力的发展，小学高年级和中学阶段的青少年能学会多种调节情绪的方法，且应用也变得越来越灵活（陆芳等，2003）。有研究表明，10岁左右的学生大部分都能学会两种及以上的情绪调控策略。

二、中学生的情绪特点

（一）情绪内容更丰富，体验更深刻

随着生理和心理的成熟，以及社交能力、超我的发展，中学生的情绪变得更加丰富多样，且出现的情绪多为复杂的高级情绪，如道德感、美感等。由于认知能力的提升，中学生对情绪的体验更为深刻，更能觉察到情绪的发生。

（二）情绪发生迅猛

中学时期是青少年学生自我意识发展的第二个高峰期。他们强烈想要向周围世界证明自己的价值，想要与世界划分明确的界限，迫切想要成为一个独立的大人。与此同时，他们的心理与行为自控能力还较弱。如果有刺激性事件发生，他们的情绪很可能会超越理性，表现出强烈的情绪变化，甚至会有冲动行为、破坏行为。

（三）情绪波动大，掩饰能力增强

由于第二性征的发展，中学生的体内激素变化明显。因此，情绪表现很不稳定，很容易被当下的事情影响，情绪很容易由一种状态突然变到另一种状态。同时，随着认知能力的增长、个人经验的积累，中学生的情绪掩饰能力逐渐增强。他们能考虑到不合适的情绪带来的社会影响和可能的后果，能采取一定的心理策略掩饰和压抑自己的情绪。

第三节　青少年学生常见的情绪困扰

一、识别情绪困扰的方法

（一）观察法

观察法是确定学生心理与行为问题的初步方法。观察法即教师在学生不知情的情况下，观察或留意学生课上课下的行为表现，从而推断学生可能存在的心理问题。一般地，小学生的注意力维持时间约为10~15分钟，中学生的注意力维持时间约为15~30分钟。通过长期的观察，教师可以发现，那些在课堂上总表现得坐不住、注意力不集中的学生，可能存在注意力方面的问题；那些在课下活动中表现得不愿意参加集体活动，或在集体活动中表现异常，如与同学没有交流互动，只是机械地完成活动任务，以及在人际交往中表现得敏感、回避的学生，可能具有情绪方面的问题。对于这些学生，教师可以对其进一步诊断。

（二）访谈法

访谈法即教师通过与学生面对面的交谈来深入了解学生的心理与行为问题的方法。当教师观察到学生出现某些心理或行为异常现象但不能更深入了解学生时，可通过与学生或家长交流互动来识别学生的异常情绪或其他问题。因此，通过访谈法收集的资料比通过观察法收集的资料更详细、更深入、更有效、更直接。

对学生实施访谈法时，教师应该注意，情绪异常的学生谈话内容通常比较消极，甚至有不符合现实逻辑的部分，同时语音语调也会变得过度高亢或低沉。他们谈话过程中的面部表情也较特殊，如无精打采、面无表情或表情呆滞等。识别这些关键信息对于诊断学生的心理与行为问题有较大的帮助。对家长实施访谈即了解学生在家的行为表现，从而为综合了解学生的情况提供依据。

（三）诊断法

此方法适用于教师觉得异常，但又说不清楚具体问题的学生。教师可以先建议家长带学生去医院的专科门诊检查诊断，早日排除器质病变方面的问题。然后，教师可以联合采用观察法、访谈法、心理测验法（第十章将具体介绍）等方法，确定学生的情绪问题，从而对学生实施有针对性的专业干预和治疗,帮助学生尽早恢复心理健康。

二、常见的情绪困扰

青少年时期是身心快速发展的时期。由于学业负担、父母的期望、同伴交往、自身心理不成熟等多种因素的影响,他们会面临焦虑、抑郁、孤独、自卑、嫉妒等不良情绪的困扰。老师和家长要及时帮助学生缓解这些情绪困扰,促进学生的情绪健康发展。若任由不良情绪发展,可能会导致严重的情绪障碍。

(一)抑郁

青少年期的抑郁发生率较高。调查结果显示,我国儿童青少年抑郁症状总体检出率高达 14.81% 左右(王熙等,2013)。还有研究显示,青少年在青春中后期的抑郁症检出率已接近成年期(大约 4%~5%)(Costello etc. 2011)。一项关于山东省日照市的中学生抑郁情况的调查结果显示,一半的被调查学生有抑郁症状(徐海婷等,2019);女生检出率显著高于男生(封丹等,2013)。

因为生活或学习中的负性事件产生抑郁情绪是很正常的事情,但长期持续处于抑郁情绪状态可能会导致抑郁神经症。如因为丧亲导致情绪悲伤、精神不振是正常的表现,但如果超过半年仍没有恢复正常情绪水平(通常,个体经历丧亲半年后可恢复常态),可能是情绪异常的信号。在严重的抑郁情绪下,学生可能会有自杀这一高风险行为。

青少年学生的抑郁情绪表现在如下四个方面:(1)情绪持续低落,闷闷不乐,不觉得生活中有让自己感到高兴的事情,抑郁情绪严重时会不自主地流泪。(2)行动变得缓慢,学习和生活没有动力,抑郁情绪严重的会导致注意、记忆等认知能力下降。(3)思维导向消极,任何不如意的事情都会想得非常糟糕。(4)失眠多梦、入睡困难、易醒,休息后仍感觉不到精力的恢复,容易感到疲劳。

抑郁的发生受多方面因素的影响。抑郁的发生与学生受到照料情况有关。单亲照料或隔代抚养的青少年更容易产生抑郁。学生与父母关系紧张或父母关系持续冲突会有引发抑郁的可能。学生在校人际关系冲突,或不能较好地融入环境,也会有导致抑郁情绪发生的风险。另外,网络成瘾也可能会诱发抑郁症状(孙力菁等,2019)。

(二)焦虑

焦虑是青少年学生常见的一种情绪问题,常表现为不安、烦躁,好像是有不可预知的危险即将发生。若长期处于焦虑的情绪状态,可能会导致神经紧张,形成焦虑神经症。

青少年学生的焦虑表现在如下四个方面:(1)对外在的刺激比较敏感,会因为环境中的一些小刺激变得烦躁,极易发脾气。(2)与同伴的交往变得沉默寡言,很少主动交流互动。(3)课堂上也会变得比较听话,发言少,并伴随注意力和记忆力的下降,学习效率受到严重的负面影响。(4)若焦虑比较严重,睡眠质量也会下降。例如,出现入睡困难、多梦等情况。食欲也有所降低,如果持续时间较久,体重会减轻。

焦虑的形成与先天的遗传因素和后天的成长环境都有关系,但后者是导致焦虑更重要的原因。青少年学生的焦虑成因主要有四个来源。

一是,父母或教师等身边的重要人物自身带有较明显的焦虑情绪。在这样的环境下耳濡目染，学生不自觉就学会了焦虑的表现与行为方式。

二是，父母或教师对学生的要求过高，超出学生本身的能力范围；或一旦学生犯一些小错，就会遭到严厉的惩罚，使得学生做任何事情都会担心会不会犯错，会不会挨批评，由此引发学生的焦虑反应。

三是，家庭氛围不和谐。父母关系持续紧张，经常吵架，导致学生对生活环境感到不安全，时刻都会担心被父母抛弃，长期处于担惊受怕中。

四是，同伴比较也可能会引发学生严重的焦虑情绪。班级排名以及父母总是用别人家的孩子来与自家孩子进行比较，会让学生认为自己没有价值感，对未来感到莫名的担心和害怕。

(三) 孤独

孤独不仅仅是成年人或老年人经常感到的情绪困扰，也是青少年学生常见的情绪困扰。谢华等（2013）对川渝地区近三百名初中生的调研结果发现，青少年学生的孤独感水平较高，且在重要关系未满足程度因子上，中学女生的孤独感水平显著高于男生。

青少年学生的孤独感受到自身因素和家庭、学校环境等多方面因素的影响。一是，学生本身的人格特点和交际能力不足可能会导致孤独感。有研究发现，"大五"人格中神经质表现得比较明显的学生更多体验到孤独感；人际水平越低的学生体验到的孤独感越强（杨勇，吕邈，2017）。父母和班主任老师的支持不够也可能是引发学生孤独感的风险因素。李若璇等（2019）对青少年幸福感、孤独感的研究结果显示，父母和班主任的自主支持越高，学生的生活满意度和积极情感越高，孤独感就越低。二是，父母教养方式对青少年学生的孤独感起着直接的作用。在安全型教养方式下长大的学生，其孤独感水平更低。

(四) 自卑

自卑是自我意识中带有自我否定倾向的情绪体验。自卑本身是一种每个人身上都或多或少存在的正常心理现象。适度的自卑能促进个体成长，有利于潜能的发挥。但过度自卑会给当事人的成长造成严重阻碍（马丽格，2019）。

过度自卑表现为四个方面：（1）总是低估自己的能力，总是觉得自己各方面不如别人。（2）对现实自我的认识和评价过分低估，缺乏勇气，常常轻视自己，认定努力后也仍然无法达到自己的目标。（3）常伴有害羞、不安、内疚、忧郁、失望等特殊的复杂情绪体验。（4）部分有自卑感的学生会有较强的嫉妒心理。对于表现出过度自卑的学生，教师应多给予积极的肯定和赞赏（沈家俊，2018）。

青少年学生自卑的形成多与家长的教养方式和学业表现有关。对孩子要求严格，总是将自己的孩子与其他孩子比较，对孩子一味批评指责，而没有积极的肯定等教养方式，都更容易导致青少年学生自卑。另外，如果在学校的学业成绩较差，得不到教师的重视和肯定，甚至长期间被批评和漠视，学生就会认为自己学习能力差，即使努力也不会提高成绩，从而产生学业自卑感，甚至否定自己的其他优点，认为自己是没有价值的人。

(五) 嫉妒

嫉妒是指他人在才能、名誉、经济、地位等方面胜过自己，由此而产生的一种由羞耻、怨恨、敌意等组成的复杂消极情绪。简言之，嫉妒即见不得别人比自己好，一旦别人比自己好就会心生怨恨。

由于认知能力未发育完善，对事物认识也不够客观，中小学生容易出现嫉妒的情绪。例如，有的学生看到别的同学琴棋书画样样精通，而自己什么也不会，从而产生嫉妒心，敌视或诋毁别人。再如，当看到班里有同学经常受到老师表扬，而自己成绩一塌糊涂，有的同学就会产生嫉妒心理。

嫉妒受后天教育的影响较大，主要来源于攀比之心。如果学生家长本身喜欢和他人在经济、工作等方面进行比较，或喜欢将孩子与其他孩子在学习方面等进行比较，就容易让学生形成嫉妒的消极情绪。

三、情绪困扰的危害

（一）认知能力下降

不良情绪给学生带来的最突出负面影响就是认知能力下降，认知能力下降直接影响学生的学习成绩。姜媛等（2009）以中小学生为研究对象，进行了一项实验研究，考察了情绪对学习材料记忆的影响。研究结果发现，在快乐情绪下，学生对识记材料的再认正确率高于悲伤情绪下的正确率，也就是说积极情绪更有利于记忆。因此，教师要帮助学生及时调整消极情绪，预防消极情绪给学习带来的负面影响。

（二）人际关系恶化

众所周知，积极乐观的情绪在人际关系中更容易产生正性的影响，能吸引更多的人与自己交往。由于焦虑、自卑、抑郁等情绪困扰的出现，学生会不自觉地回避人群，以降低自己的不良情绪体验。这样一来，身边的同学也能感受到他本人不愿与人交往的行为，从而会主动回避与他的交往。长此以往，该生就可能变得没有朋友了。与此同时，学生会感到没有人关心自己，觉得自己不受欢迎，从而产生更严重的社交回避，更加不愿意与身边同学交往。

（三）情绪障碍

情绪障碍通常指以焦虑、抑郁、躁狂等负性情绪为主要表现的心理疾病，持续时间长，对当事人的生活影响大。情绪障碍更多发生在青少年时期，特别是中学时期。相关研究表明，青少年学生抑郁症的发病率高于儿童和成人。抑郁症、焦虑症、双向情感障碍等神经症或情感障碍发生的原因可能是，学生自身无法调节焦虑、抑郁等负面情绪，同时也得不到及时的专业干预，所以长期处于消极情绪状态，进而形成精神障碍。

第四节　青少年学生的情绪辅导策略

一、情绪困扰的预防措施

（一）树立正确的情绪观

情绪与我们的日常生活息息相关，且有积极和消极之分，任何一个个体都不可能摆脱情绪的影响。积极的情绪通常让我们体验良好，而消极的情绪往往让我们痛苦不堪，甚至影响身体健康。

教师应该帮助学生树立正确的情绪观，帮助学生认识到情绪对人类的生存有调节和适应作用。适度的情绪水平对我们并没有坏处，过度的情绪才会给我们带来消极影响。消极情绪对我们的影响不总是有害的，其中的"度"很重要。例如，一定程度的焦虑水平可以帮助我们提高考试成绩，而过度的焦虑会阻碍考试水平的发挥。相反，积极情绪对人类的健康也不总是有利的，过度了反而有害。例如，过度狂喜反而会导致身心应激，诱发精神症状，如"范进中举"或少数人"中头彩"后高兴得精神失常等。

(二) 建立良好的人际关系

良好的人际关系和社会支持能帮助学生抵御不良情绪的负面影响。一方面，良好的人际关系能为学生提供一个安全的情绪宣泄环境，让学生能够在遇到消极情绪的情境下及时宣泄，避免过度压抑或出现过激行为。另一方面，良好的人际关系可以帮助学生转移注意力，通过与好朋友的共同活动，可以将注意力从消极事件转移开来。特别地，良好的人际关系能够为学生提供陪伴和社会支持，哪怕好朋友并不能为学生本人做任何事情，仅仅是陪伴，也会帮助学生缓解消极情绪。因此，教师可以传授一些人际交往的技巧，以帮助学生建立良好人际关系，或者在学生遇到消极情绪时，及时为其营造良好的人际关系和社会支持系统。

(三) 学会自我调节

中学生的情绪体验虽然深刻，但情绪稳定性不够，变化较大。学校的心理辅导教师并不能帮助每位遇到消极情绪的学生缓解不良情绪，而长期的消极情绪必然对学生的学习和生活造成严重的负面影响。因此，学会自我调节情绪对学生非常重要。教师可以通过心理健康教育课、心理健康宣传栏、健康讲座等方式为学生提供一些情绪自我调适的策略。

例如，教师可向学生传授一些简单的自我放松方法。如通过调整自己的呼吸节律来进行放松、通过听一些舒缓的音乐来放松等。或者鼓励学生用合理的方式宣泄消极情绪，如哭泣、向信赖的人倾诉、到山顶喊叫、剧烈运动、写出烦恼等。

再如，教师可鼓励学生进行自我安慰和自我暗示。自我安慰指的是当个体无法达到预期或遭遇挫折时，为减少内心的痛苦和不安，找一些自认为合理且自己能接受的理由来安慰自己。例如，酸葡萄心理、甜柠檬心理、阿Q精神等。教师可鼓励学生对自己说一些积极的自我言语暗示，如"我是最棒的""我是优秀的""我非常有活力和热情""我能实现自己的理想"等。

另外，积极的情绪、愉快的心情也可以来自于饮食。生活中我们可以观察到，有的人在心情不好的时候，就喜欢吃东西，吃完了心情就好了很多。的确，研究表明，吃东西的过程能导致大脑释放出多巴胺，从而使人获得奖赏、满足的感觉。所以，吃东西可以缓解压力、紧张和焦虑等不良情绪。当然，过量饮食会导致另一类问题，肥胖。所以，吃东西也要适量。

二、青少年情绪困扰的团体心理辅导

(一) 情绪困扰团体心理辅导的概念

团体心理辅导是指在团体情境中，通过团体内的人际互动，促使每位学生在交往中观察、学习和体验，从而认识自我、探索自我、调整和改善与他人的关系，学习新的态度与行为方式，以促进良好的适应与发展的一种心理辅导形式。通过团体互动，学生会发现自己和别人有相似的心理问题或困惑，从而减少心理压力，增加群体归属感和认同感。

情绪困扰团体心理辅导是将具有相似或同类情绪困扰的青少年学生集中在一起进行心理干预或辅导，在团队指导者的带领下，借助团体力量和青少年自身的力量解决情绪困扰。其好处在于可以同时帮助多名具有同类心理困扰的学生习得新技能，并解决当前面临的情绪问题，相对个体心理咨询有更高的帮助效率。不足之处在于不能有针对性地深入解决学生的问题，不适合长期辅导。

(二) 青少年情绪困扰团体心理辅导的实施

1. 确立辅导目标

团体目标要有针对性、可操作性。情绪困扰团体辅导的目标，即在辅导教师的带领下，通过学生的互动和分享，通过小组讨论、游戏和协作等方式，觉察、认识和体验自我的情绪，学习情绪调节的方法，发展出更具有适应意义的情绪，使学生能健康生活。

一般地，参与情绪困扰团体辅导的学生需要达成如下四个目标：①提高对自我和他人情绪的觉察能力；②提高自己的情绪表达能力；③提高自己对不良情绪的接纳能力；④提高自己的情绪调节能力。

2. 建立团体互助小组

一般地，每个团体都包含1~2名的辅导老师，学生数目为8~12人。辅导教师根据个体的能力、性格、情绪困扰的类型及程度等把有一定共性和互补性的个体组织到一起，形成一个团体互助小组。

3. 辅导的时间

辅导的时间为每周1次，每次不少于1小时，连续辅导6次以上。

4. 遵循的原则

在团体辅导中，学生应该遵循保密、平等、自愿、互信和激励的原则。

5. 团体辅导的过程

第一次团体辅导时，辅导教师应将重点放在团队建设上。通过自我介绍、滚雪球等活动方式让团队学生快速熟悉起来，同时辅导教师要引导团队为自己起队名、制定口号，引导组内学生商讨，制定团队公约。在后续的团体辅导活动设计上，需要循序渐进，每次团辅围绕一个重要目标开展活动。

(1) 热身活动：通过热身游戏引出情绪困扰团体辅导的主题，建立良好的辅导氛围。

(2) 科普知识：辅导教师讲解情绪相关的科学知识，帮助团队学生认识情绪，理解积极、消极情绪的影响，了解情绪管理的基本方法。

(3) 学生互动：用讲故事、心理剧、角色扮演等形式进行小组互动，了解情绪的发生、发展过程，不良情绪带来的影响，相互学习情绪管理的方法。

(4) 心得分享：团队学生畅谈本次活动的感受与收获。

(5) 辅导教师总结：小结归纳，加深学生对此次辅导的印象，布置后续训练任务。

6. 辅导的内容

团体辅导的内容包括：认识情绪的表现形式、情绪的分类及其影响、对情绪困扰的接纳、放松训练、情绪调节的方法。

三、青少年情绪困扰的个体心理辅导

情绪困扰的个体心理辅导主要指心理辅导教师或心理咨询师运用心理学相关理论和技术，帮助学生客观认识并接纳自己的情绪，掌握调节情绪的方法，并逐步改善他们的不良情绪状态。

（一）青少年情绪困扰的个体心理辅导的实施

1. 收集资料，了解基本情况

当有情绪困扰的学生来到咨询室，如果学生的情绪没有处于应激状态，那么心理咨询教师首先应该做的是了解学生的基本情况，如近期的学习、人际、睡眠等情况，是否有重大事件发生，并收集与学生情绪问题相关的资料，对学生当前的情绪状态进行评估。如果学生因为突发事件等原因导致情绪处于应激状态，那么辅导教师应该首先缓解学生的应激状态，保证他能保持一定的理智和清醒，能与咨询教师正常交流，然后再进行资料收集和情绪评估。

面对情绪困扰的学生，第一次心理咨询非常重要，无论学生所表达出来的情绪是何种类型，咨询教师一定要对学生的情绪表示接纳和理解。例如，他们对于高级情绪——爱，感到既兴奋又害羞。如果这些说不清楚或难以开口的情绪得不到咨询教师的接纳和理解，那么学生就不会再进一步表达内心的困扰，也不会相信咨询教师能帮助自己解决情绪问题。

此外，咨询教师在第一次咨询时也要和学生讲明保密原则，这一点非常重要。随着自我意识的发展，青少年学生的主体意识感越来越强，内心逐渐有了不愿意向别人提及的想法或秘密，也有很多不想让家长或老师知道的想法和秘密。因此，向学生讲明咨询中的保密原则非常重要。即使咨询教师认为学生的有些问题必须要向其班主任或家长汇报，也需要与学生商量，尽量征得学生的同意。当然，咨询中的保密原则也有例外的时候，即当咨询的内容涉及到学生自杀或伤害他人时，咨询教师可以不经过学生同意便告知其班主任或家长。

2. 设置咨询目标

根据对学生基本情况和情绪困扰的评估情况，明确学生想要解决的问题，设置切实可行的咨询目标。青少年学生对自我问题的觉察水平较低，不一定能准确的描述自己想要解决的问题。因此，咨询教师需要根据已经掌握的资料反复与学生确认需要解决的问题。如果学生需要解决的问题有多个，可以让学生对需要解决的问题按照轻重急缓进行排序。

咨询教师与学生商定的咨询目标应该至少具有三个特点。

第一，咨询目标属于心理学范畴。心理咨询教师的任务是帮助来访者解决心理问题，任何非心理方面的问题都不属于心理咨询教师的工作范畴。例如，学生经历父母离异的事情，情绪抑郁低落，学习效率降低，人际关系变得糟糕，咨询教师可以帮助学生缓解情绪抑郁，调整学生对父母离异的认知和看法，但咨询教师不能去帮助学生阻止父母离异。

第二，咨询目标是积极的。青少年学生偶尔出现抑郁、浮躁、焦虑等情绪属于正常现象，帮助学生积极面对不良情绪，并学习不良情绪的调节方法，这是积极的心理咨询

目标。

第三，咨询目标是具体的、可量化的。如果咨询目标不具体，不能够量化，那么咨询效果难以评估。例如，学生的焦虑情绪严重影响了睡眠、学习，那么咨询教师与学生一起商讨的目标应该是帮助学生降低焦虑程度。如果接受心理辅导之前，学生的焦虑自评得分为8分，那么经过咨询教师的辅导后，其焦虑自评得分为4分。我们可以推断，焦虑情绪辅导的咨询效果较好。

3. 确定咨询时间

一般情况下，情绪困扰辅导的时间为一周一次。若学生情绪困扰问题很严重，可根据具体情况适当增加每周的咨询次数。

（二）常用的情绪困扰个体辅导方法

1. 合理宣泄法

合理宣泄法指的是在合适的地方运用对自己和他人无害的方式，把情绪痛快地表达出来。此法通常针对情绪长期压抑或突然遭受重大意外刺激事件的学生。根据弗洛伊德的驱力理论，长期压抑的愤怒、悲伤等消极情绪会通过其他方式表现出来，如患上情绪障碍或躯体障碍。通过合理的方式宣泄消极情绪，可以有效缓解消极情绪对学生的伤害。例如，当学生长期被家长和老师批评时，积压了较多愤怒、抑郁等情绪。当学生遭遇重大家庭变故或经历严重灾害，会产生难以表达悲痛的情绪。这些情况都可以将学生引导至学校心理宣泄室，让其通过拳击、呼叫、大哭等方式将内心的消极情绪表达出来。如果学生不愿意使用这样的方式表达情绪，也可以建议学生通过写日记、绘画和跑步等方式进行宣泄。

2. 放松训练

放松训练是一种通过训练有意识地控制自身的肌肉运动或呼吸活动来调节情绪的方法。此法通常针对紧张、焦虑等情绪困扰的学生。之所以可以通过肌肉训练来达到改善情绪的目的，是因为情绪表现方式之一是生理反应。这些生理反应包含肌肉运动、皮肤温度变化、呼吸、心跳等。实际上，这些生理反应的一部分可以通过个体的意念进行调控。因此，如果改变生理反应，那么主观体验也会随之改变。

在进行放松训练时，咨询教师需要向学生进行示范并讲解要点。在进行放松训练的过程中，咨询教师一定要反复提醒学生主要体验身体感受，可尝试添加一些提示语，如"请注意这一刻与前一刻肌肉紧张感的差异"、"注意感受肩膀（或身体的其他部位）的感觉"等。下面将详细介绍呼吸放松和肌肉放松这两种调节情绪的方法。

（1）呼吸放松法

即通过控制自身呼吸节奏来达到放松的目的。

训练指导语：现在我们要开始进行呼吸放松训练，这可以帮助你放松身心。首先，请你调整坐姿，以最舒服的方式坐好。然后，请闭上双眼。将你的注意力转移到呼吸上来，观察一下空气是如何进入你的鼻腔、肺部，感受一下空气与鼻腔的摩擦，吸入身体的空气去向身体的何方。请将你的注意力转移至腹部，将双手放置腹部，感受腹部随着呼吸一起一伏。跟着腹部起伏的节奏数呼吸，每三次呼吸为一组，1-2-3-4-5-6，2-2-3-4-5-6，3-2-3-4-5-6。

现在请你用鼻子深深地吸气，让空气填满你的腹部和胸腔，用嘴深深地呼气，将腹部和胸腔的气体全部吐出。随着这些气体吐出来的，还有全身的紧张。好，你做得非常好。接下来，请用鼻子深深地吸气时，默数 1-2；停顿下来（憋气），默数 1；用嘴深深地呼气时，默数 1-2。每一次呼气，你都比上一次更轻松。好，很好。请继续在深深地吸气时，默数 1-2-3；停顿下来（憋气），默数 1-2；深深地呼气时，默数 1-2-3。好，很好。请继续在深深地吸气时，默数 1-2-3；停顿下来（憋气），默数 1-2；深深地呼气时，默数 1-2-3。请继续保持。所有的紧张都被你吐了出去，你感到无比轻松。

现在请按照你安静时的呼吸节奏进行呼吸，将你的注意力转移到周围的环境。如果你已经准备好了，我数 1-2-3，你便睁开双眼，1-2-3。

（2）肌肉放松法

即通过控制自身肌肉运动来达到放松的目的。

训练指导语：现在我们要开始做肌肉放松训练，这可以帮助你完全地放松身体。首先，请把你认为会妨碍你训练的眼镜等物品摘下，放在一边。请以你认为最舒服的姿势坐好，双脚放在地面上，将注意力转移至你的呼吸上，静静地呼气，吸气。这时你很放松，慢慢闭上眼睛。接下来进行三次深呼吸，深深吸气，深深呼气，吸气——呼气——吸气——呼气。

请保证现在的姿势是你最舒服的姿势。现在请左手握紧拳头。用力握紧，仿佛一手可以捏碎一个苹果，请感受一下五个手指、手心、手背是什么样的感受。好，你做得很好。然后，慢慢松开你的五个手指，仔细感受完全放松，毫无压力的感觉。很好！请再次握紧你的左手拳头，仿佛一手可以捏碎一个苹果，请感受一下五个手指、手心、手背是什么样的感觉。好，你做得很好。然后，慢慢松开你的五个手指，想象当你五指松开时，所有紧张和焦虑都消失得无影无踪。很好！现在，请右手握紧拳头，仿佛可以再捏碎一个苹果，请感受一下五个手指、手心、手背、右手臂是什么样的感觉。然后，慢慢松开你的五个手指，想象当你五指松开时，所有紧张和焦虑都消失得无影无踪。好的，很好！请再次握紧右手拳头，然后慢慢放松你的五指。

现在请你双手握紧拳头，弯曲双臂，仔细感受双臂肌肉紧绷的状态，仔细感受五指紧扣掌心的感觉。保持这样的姿势，继续仔细地体会。然后慢慢放松五指和双臂，你感觉压力一下就没有了，所有紧张瞬间烟消云散，一种放松的感觉流遍全身。好，你做得很好！

现在请紧闭双眼，将眉毛往眉心处挤压。感受双眼和眉头的紧张，然后慢慢地，慢慢地舒展眉头，你的眼睛、额头处变得轻松起来。好，很好！

接下来，请紧闭双唇，感受双唇的紧张，然后慢慢地松开，你的双唇变得轻松起来。

现在请尽可能将你的双肩向上抬起，感受双肩的紧张，保持这样的姿势，1-2-3。然后慢慢降落双肩，一种轻松的感觉再次流遍全身。好，很好！

现在请伸直你的双腿，脚尖回勾，你能感觉到小腿肌肉的紧张感，保持这样的姿势，1-2-3，然后慢慢放松。好，你做得很好！

现在请你双手握紧拳头，眉头、双眼、双唇紧闭，脚尖回钩，让全身的肌肉都紧张起来，保持这样的姿势，1-2-3，仔细感受全身上下的紧张感，1-2-3。然后慢慢放松，慢慢放松，一种轻松的感觉从头顶一直流到脚底，你的身体变成了一朵云漂浮在天空。好，你做得很好！

现在，请将你的注意力转移到呼吸上，吸气——呼气——吸气——呼气。请留意你周围的环境。如果你已经准备好了，我数 1-2-3，你便睁开双眼，1-2-3。

3. 合理情绪疗法

合理情绪疗法（Rational-Emotive Therapy，简称 RET），也称"理性情绪疗法"，是认知疗法的一种，主要通过识别、改善学生的不合理信念来达到改善情绪的目的。该方法由美国心理学家阿尔伯特·艾利斯（A.Ellis）创立。他认为，个体的情绪并不是由事件本身引起，而是由个体对所发生的事件的理解、想法和观念引起。这些引起不良情绪的想法或观念被统称为不合理信念。如果改变对事件的不合理信念，那么个体的情绪就能得到改善。

在咨询过程中，找到个体对事件的理解、想法和观念，并不是一件容易的事情。有些想法或观念浅显，是导致不良情绪的直接原因；而有些想法或观念则埋藏得更深，是导致不良情绪的根本原因，需进行深入挖掘。

艾利斯经过长期的临床经验积累，总结出 11 类不合理信念，并将其分为三大类，即糟糕至极、过度概括和绝对化。这 11 类不合理信念如下（Ellis，2015）：

（1）每个人都要获得周围环境尤其是生活中每一位重要人物的喜爱和赞许。
（2）一个人是否有价值，完全在于他是否全能。
（3）世界上厌恶、可憎的人应该对他们做严厉的谴责和惩罚。
（4）如果事情非己所愿，那将是一件可怕的事情。
（5）不愉快的事总是由外在因素所致，不是自己能控制的，因此人无法改变自身的痛苦。
（6）面对现实中的困难和自我所承担的责任是件不容易的事情，倒不如逃避它们。
（7）人们要随时警惕危险和可怕的事，应该非常关心不好的事情发生的可能性。
（8）人必须依赖别人，特别是某些比自己强大的人。
（9）一个人的经历影响着他现在的行为，而且这种影响难以改变。
（10）一个人应该关心他人的问题，并为他人的问题而悲伤、难过。
（11）对人生中的每个问题，都应有惟一正确的答案。

（三）情绪困扰个体辅导效果的评估

情绪困扰个体辅导效果的评估可分为三种方式。第一，学生自己对咨询效果的评估。虽然这一评估方式的主观性较强，但确实是评估效果最直接、有效的方式之一。学生感到自己有情绪困扰，通过咨询教师的辅导是否有缓解，学生是整个过程的亲历者，能深刻地感受到自己的焦虑是否有所降低，抑郁是否有所缓解，对自己的满意程度是否提升。第二，班主任、家长和同伴的观察。当学生的情绪困扰逐步解决时，其人际交往能力、学习效率也会逐渐恢复，这些改变是可以通过身边的重要他人观察的。第三，咨询教师的观察与评定。咨询教师可以通过观察学生由情绪引发的一系列症状的改善程度，以及心理量表测量的结果来评估学生的情绪困扰辅导效果。

【案例专栏1】 抑郁情绪的个体心理咨询

一、基本情况

王华，女，14岁。发育正常，身体健康，无慢性病史，初三某重点班学生。

二、问题概述

该生初一年级升入初二时，以优异成绩分到重点班，班里学习压力大，老师注重学生的学习成绩。进入重点班后不到一个月，出现心情压抑，上课注意力不集中，记忆力下降，上课过程中莫名其妙感到心慌、胸闷。早上出门上学时，曾多次明确向父亲提出"不想上学"，但都被父亲拒绝了。父亲严厉告诉该生，"只有好成绩才能改变家庭的命运，父母的好子日都要靠她"。随着期中考试的临近，该生上课时，双腿不自主发抖，莫名哭泣流泪。期中考试失利后用小刀划自己的手背，坚决不去学校，对父母大喊大叫，喜怒无常，不知什么时候就发脾气。对任何事物都无兴趣，情绪非常低落，郁郁寡欢，不管父母如何逗乐都无法让她开心起来，并时常跟父母谈到死亡。不到一个月的时间里，体重下降10斤。她还出现入睡困难，晚上做噩梦，醒后难以再入睡的症状。

三、背景材料

父亲是某国有企业分公司部门副主任，在部门并不受大领导重视。母亲是一建筑公司的会计，单位效益较差。

该生性格内向，不善言谈，不引人注意，不喜欢与人交往。两三岁时，母亲因生活负担重，心情不好，常把气发在孩子身上，该生曾多次因母亲发脾气被推出门外。上学后，家长除了对孩子的学业要求较高外（特别是孩子进入重点班后），其余一切由家长包办。该生有个表姐，去年考上了清华大学，曾为了学习放弃了一切娱乐时间。成功的姐姐对她的触动极大。她认为"只有像姐姐那样，不浪费任何时间地学习，才能考出好成绩，才能考上大学。"

四、分析与诊断

1. 症状分析

该生存在典型的抑郁症状，一是表现在生理反应方面，如上课莫名心慌、胸闷不到一个月体重突然明显减少；入睡困难；双腿不自主抖动。二是持续的情绪低落，郁郁寡欢。三是认知能力下降，注意力和记忆力明显变差。四是意志力下降，认为任何事情都没有意义，并有伴有自杀想法和自残行为。

2. 鉴别诊断

该生身体健康，说明上述症状并非由生理方面的疾病引起。该生意识清醒，主客观世界清晰，未出现幻觉，说明该生的问题并非是精神障碍。根据上述症状的整理，可初步判断为抑郁情绪障碍。

3. 原因分析

（1）家庭原因。父母对该生的期望过高，导致该生压力过大；父母对除学业外的事情都包办了，剥夺了该生学习和成长的机会，导致经验缺乏；父母在该生想要休假缓解情绪时未能及时给予支持。（2）社会原因。学校对学生的评定标准单一，看重成绩，重点班的设立无形中给予该生很大压力。（3）创伤经历。两三岁时，母亲因生活负担重，心情不好，常把气发在孩子身上，该生曾多次因母亲发脾气被推出门外。（4）人格原因。该生自身性格内向，不愿与人交往，敏感自卑，属抑郁症易感人群人格特质。

4. 个体心理辅导过程

首先到学校心理咨询中心寻求心理咨询教师的建议，在与父母、该生商量的前提下，将该生转介到合适的医院，让医生先对该生进行诊断和治疗，尽早控制该生的生理和躯体上的反应。由于之前父亲对该生表现出漠视的态度，该生非常不愿意听咨询教师的建议，拒绝到医院就医。学校咨询教师通过多次咨询，了解该生的真实想法——父母只是想让自己成绩好了，为自己争面子，但并不是真的爱自己，与其这样，倒不如死了更好。咨询师将该生的真实想法告诉了父母，并建议父亲以写信的形式向女儿道歉，并保证以后再也不出现类似的行为，该生最终同意去医院。该生通过药物治疗及时控制了生理和躯体上的反应。该生在家休整一个月后到学校继续上学，并同时在学校心理咨询中心做咨询。咨询方案如下：

（1）找出核心信念。通过对该生不合理信念的归纳概括，该生的核心信念为"我是不可爱的"。该生认为自己不值得爱，所以要求自己在成绩上一定要获得父母、老师和同学的认可，这样自己才能得到爱。该生坚信，如果自己成绩不好的话，这个世界上就没有人会喜欢自己，没有人会关心自己了。

（2）解释澄清。通过多次反复向该生的各个不合理信念进行辩驳和讨论，让该生认识到，很多事情可能并不是自己认为的那样。别人是否喜欢自己，并不完全都取决于自己的成绩好坏，而是有多方面的原因。一次考试失败并不代表将来就会失败，永远都不会再考好了。

（3）替代强化。用一些更有理性的信念替代不合理的信念，并及时给予赞美和肯定，让该生能逐渐形成合理的信念，帮助她提高抵御未来挫折的能力，能够用更开阔的眼光看待问题。

（4）情绪宣泄和表达。利用学校的心理宣泄室，帮助该生宣泄消极情绪，避免压抑；同时帮助该生学会一些向父母表达情绪、日常沟通的方法。

（5）班主任多关注和关心，让其同桌和身边的同学主动与该生沟通交流，带该生一起参加集体活动。

（6）和家长沟通与协调。向家长讲清楚该生问题形成的原因，并给予父母一些有助于该生恢复的建议。

5. 个体辅导效果评估

经过两个月多的咨询，并配合药物治疗，该生身体和生理反应基本消失，饭量较之前稍微有增多，莫名哭泣流泪的次数减少，上课注意力有改善。在班级上也不会表现得对同学非常排斥。根据父母的反映，晚上睡觉噩梦的次数减少，有时候会主动开口与父母讲话，主动告知在学校发生的事情。

【团辅方案示例】

本团辅方案适用于初、高中生，部分团体活动适用于小学生，可节选做参考。

一、团辅主题

我的情绪，心做主。

二、团体性质

封闭式，发展性。

三、团体目标

1. 帮助学生正确认识情绪的发生发展，以及情绪对个体社会生活和身心健康的意义。

2. 帮助学生觉察自己的情绪，着重了解自己的主导情绪。

3. 帮助学生掌握调节情绪的方法和技巧，学会管理情绪，让情绪更有利于生活。

四、参加对象

面向全校学生，报名筛选。

五、团体规模

8~12人。

六、学生招募方式

海报，班主任宣传。

七、团体活动次数和时间

总时间为7.5小时，分为5次，每次1.5小时。

八、活动地点

学校心理咨询中心团体辅导室。

九、理论依据

情绪管理理论：情绪的管理不是压抑情绪，而是在觉察情绪后，看清情绪的来源，调整情绪的表达方式，合理宣泄情绪，使学生学会调控自己的情绪。

十、评估方式

指导者自我总结、学生反馈。

第一单元　欢聚一堂

目标：

1. 完成团队建设。

2. 增进团队学生间的相互了解。

3. 让学生了解团体辅导的主题、性质、方式及目标。

一、热身活动

大风吹（10分钟）

小组围成一圈，每个人站定或坐定一个位子，由指导者开始说"大风吹"，所有学生回应"吹什么"，指导者说一部分小组学生身上有的物品或特征，比如可以说"吹戴眼镜的人。指导者说完后所有被吹到的学生（即带有该特征的学生）需要离开原来的位置，没有被吹到的学生在原位置不动。这时指导者会抢占一个带有该特征的学生的位置，所以最后会有一个带有该特征的学生没有位置。没有占到位置的学生要进行才艺展示，并担当下一轮的主持人。

二、主题活动

（一）"串糖葫芦"

1. 时间：约25分钟

2. 准备：无

3. 过程：

（1）指导者先让学生在房间里自由散步，见到其他学生，微笑着握握手。给一定的时间让学生自然相遇，鼓励学生尽可能多地与其他人握手。当指导者说"停"，面对或正握手的两个人就成了朋友。两人一组，各自做自我介绍。介绍格式为：我是来自XX班级的XX，喜欢XX。

（2）相邻的三个小组合并组成新的小组，即形成两个6人组，每位学生将自己刚才认识的朋友向另外四位新朋友介绍。

（3）两组分别围成两个圆圈，一组圈内，一组圈外，面对面站立，微笑握手并进行自我介绍。介绍格式与过程（1）相同。

（4）由外圈的学生逆时针转动，每次转动一个人，继续进行自我介绍，直至回到最初的那个人面前。

4.分享：

（1）在活动中最深刻的感受是什么？

（2）你能记住哪些学生呢？

（3）活动过程中，你是否采用什么策略来记住别人？

（二）团队契约

1.时间：约30分钟。

2.准备：海报纸1张、笔若干、团体契约（保密、分享、尊重、不评判）。

3.过程：

（1）每位学生轮流分享参加本次团体活动的目标以及对团体辅导的期待。

（2）学生一起讨论，为本团队制定一个有代表性的组名。

（3）学生一起商量小组口号。

（4）学生各抒己见，一起讨论并确立团体规范。每次团体辅导开始前，全体学生朗读团体规范。

（5）学生一起为小组制作一张代表本组形象的海报，包含规范的内容。（指导者需在此提醒，规范应包含：保密，即小组学生讲的任何个人事情都不得到团体辅导室外摆谈；不随意评论小组学生讲述的内容）

（6）每位学生都要在海报上签名，最后将海报贴在团体辅导室显眼的地方。

（7）学生共同宣誓。

团体誓言

我愿意以真挚、坦诚的心遵守下列要求：

1.我一定准时参加所有的活动，不影响小组的团体辅导效果。

2.对小组学生在活动中的所言所行，我绝对保密，不做任何有损小组学生利益的事。

3.活动时，我对其他学生持信任态度，乐于分享反馈。

4.活动时，我绝不会对他人进行人身攻击，并避免只与自己喜欢的人交流。

5.我积极投入小组活动，不打电话、不玩手机。

6.我期望通过团体经验更加了解自己和他人，增进人际关系。

7.我一定认真完成课后作业。

8以上承诺我愿意接受团体中每位学生的监督。

宣誓人：XXX

三、总结与分享

时间：10分钟

每位学生用一句话分享今天的感受。

第二单元　认识情绪

目标：

1. 促进团队学生间的相互了解。

2. 认识情绪的表现方式：面部表情、肢体语言、言语。

3. 了解自身的主导情绪。

4. 形成良好的情绪观念：好坏情绪都会体验，重点在于对待情绪的方式。

一、**热身活动**

相见欢（15分钟）

小组学生1、2报数分组，单数学生围成内圈，双数学生则站在外圈，圈内外学生面对面站立，面带微笑，互相注视，根据指导者的口令做动作。

指导者说"1"：学生以右手握住对方右手，并说"你好！"。

指导者说"2"：学生两手与对方两手互握，并说："你的气色很好！"

指导者说"3"：学生互相伸出大拇指，并说"朋友，加油！"

指导者说"4"：学生互相拥抱，或轻拍背，并说"让我们一起愉快地学习！"

然后，圈外学生逆时针转动，每次转动一个人，重复上述步骤，直到回到原来所面对的圈内学生。

二、**主题活动**

（一）小组分享

1. 时间：15分钟

2. 准备：无

3. 过程：

小组学生选择下面题目中的3个依次分享。

（1）最近见到或做过的一件有趣的事

（2）小学、中学时一个温馨或有趣的回忆

（3）你看过的有感触的电影

（4）你读过的对你最有影响的书

（5）如果你能变成一种动物，你会选择哪种动物？为什么？

（6）如果上帝可以实现你三个愿望，你的三个愿望是什么？

（7）你如何度过生命中的难关？你从中学到了什么？

（8）回想一件使你伤心或后悔的事。如果可以重头再来，你会怎么做？

（二）情绪猜猜猜

1. 时间：20分钟

2. 准备：9张分别写有高兴、悲伤、愤怒、生气、恐惧、厌恶、惊讶、自豪、幸福的情绪卡片。

3. 过程：

（1）请团队中的一位学生随机抽取3张情绪卡片，然后让3位学生来扮演，其他学生来猜测学生们所表演的情绪。表演过程中，只能用表情和肢体，不能说话。

（2）再抽取3张情绪卡片，让3位团队学生来表演，其他学生来猜测学生们所表演的情绪。表演过程中,只能用语言,但不能有任何肢体语言和面部表情。

（4）余下3张情绪卡片,让3位团队学生来表演,其他学生来猜测学生们所表演的情绪。表演过程不作任何要求。

4. 分享

（1）在刚才的表演与猜测过程中,你观察到了什么?

（2）本次活动中,你感受最深刻的是什么?

（3）你由本次活动想到了什么?

（三）镜中人

1. 时间：15分钟

2. 准备：无

3. 过程：

团体中的学生两两一组,一方做出各种表情,另一方作为镜子进行模仿,然后两人互换角色。

4. 分享：

（1）看到镜子的表情,你有什么感受?

（2）在努力模仿各种表情时,你感觉怎么样,你的情绪有变化吗?

（3）情绪可感染吗?

（四）情绪温度计

1. 时间：10分钟

2. 准备：情绪记录表（如下表）、PANA问卷（辅导者准备）

	这一天	最近一周	最近一个月
情绪内容			
经历最多的情绪是			

3. 过程：

请团队学生填写情绪记录表,并圈出自己经历最多的情绪；请团队学生完成PANA问卷。通过上述方式帮助团队学生了解自己的主导情绪。

4. 分享

对自己的主导情绪或情绪特点有什么样的认识?

三、分享总结

时间：10分钟

每位学生用一句话分享今天的感受和收获。

第三单元　表达愤怒

目标：

1. 促进团队学生的了解和熟悉。

2. 体验生气、愤怒这两种消极情绪,理解其发生的过程。

3. 表达消极情绪的三个层次：（1）脏话、恶语相向,动手；（2）冷暴力；（3）言语表达需求。

4.合理表达消极情绪的方法：第一步，冷静1~3秒；第二步，回想刚才发生了什么；第三步，不追究是谁的责任，而是想现在这种状况如何解决；第四步，说出自己的感受，表达自己的需求。"从我的角度，我看到了，这让我觉得，我希望。"

一、热身活动

1.打招呼（5分钟）

所有团队学生自由走动，相互击掌并说：嘿，你好！我是XX。接着在指导者的口令"开始握手"下，邻近的团队学生两两握手，同时说出今天的心情和感觉；最后，相互拥抱并用一句话赞美对方。

2.卖西瓜（10分钟）

所有团队学生围成一圈，男生代表5毛钱，女生代表1块钱。指导者担任主持人说"卖西瓜、卖西瓜"，团队学生齐声问"你家西瓜多少钱"，指导者任意说出一个价钱（5毛钱的倍数），团队男女学生则组合在一起，凑成指导者所说的价格。没能凑数的团队学生要进行节目表演。

二、主题活动

（一）小组讨论（10分钟）

小组学生一起讨论大家最讨厌的消极情绪有哪些，并分享曾经遇到的让自己特别生气、愤怒或充满恨意的事情，并为下一阶段的活动做准备。

（二）情景剧

1.时间：40分钟

2.准备：一份备用剧本

3.过程：

请两名团队学生来表演和朋友/舍友吵架的情景（如果吵不起来，则换一组。通过两组吵架过程的对比，让团队学生看到生气/愤怒发生的过程。若仍然表现不出效果，则按如下剧本表演）

（A和B是室友，A文静内敛，生活规律；B活泼大方，性格直爽）

A：我觉得我们宿舍怪怪的。

B：我也觉得。

A：我们寝室总是很乱，让我感觉头皮发麻，都不想待下去了。

B：我们寝室总是这么安静，都不能像别的寝室那样热闹点。话说，你晚上能不能让我多说两句再关灯睡觉啊，憋死我了。

A：那你能不能把你桌子收拾一下，别那么懒，让寝室干净整洁一点。

B：谁懒了，每天洗衣服还懒。那你还假正经、抑郁症，整天一声不吭。

A：你说谁抑郁症，有你这么说话的吗，渣女。

B：越说越来劲儿了，是不（上去就给A一巴掌）。

4.分享

（1）剧中是从哪个地方开始进入吵架的状态，即两个人的交流如何恶化的？

（2）如果要缓解两人的吵架的状态，应该如何做？

（3）我们遇到这种情况应该如何做？

合理表达消极情绪的方法：第一步，冷静1~3秒；第二步，回想刚才发生了什么；

第三步，不追究是谁的责任，而是想现在这种状况如何解决；第四步，说出自己的感受，表达自己的需求。"从我的角度，我看到了，这让我觉得，我希望。"

备注：（1）此处要让学生觉察对话，进入吵架状态是从恶语相向开始（否定对方整个人是不合理的，而合理的方式是指出对方具体的现象：不讲卫生、太吵闹），继而导致动手。（2）引导学生思考为什么A难以忍受别人桌上混乱，甚至会觉得B整个人都不好；为什么B会觉得喜欢安静的A有抑郁症，从而引导学生思考避免此次争吵的办法。

A："在我生活的经历中，我都被要求把东西放得整齐有序。当看到你的桌子有些混乱，这让我觉得我心里有些不舒服。但我知道这只是我的个人感受，每个人的成长经历是不一样的，我肯定不会因为你桌子凌乱就觉得你不好。如果你能收拾一下当然是最好的，如果不能我觉得也没有大的关系。"

B："我的生活习惯了热闹。看到你喜欢早睡，要求不能大声讲话，这让我感觉憋得慌，我很难受。但我知道，这是我们俩的生活习惯和性格不一致造成的，没有谁的错，只是我还需要学会尊重和调整。我希望在我学会尊重和调整前，原谅我会打扰到你。"

（三）情绪充电宝

1. 时间：5分钟。
2. 准备：12张便签纸、12支笔。
3. 过程：

每位学生写下遇到情绪糟糕的时候，你一般都会采取哪些处理方法，用便签纸写下来。

三、总结分享

时间：20分钟。

每位学生分享本次活动中收获或感受最深的地方，以及下次遇到生气或愤怒的情绪时计划如何做。

第四单元 我的情绪不压抑

目标：

1. 增进团队学生的熟悉、信任与协作。
2. 学习呼吸放松法。
3. 掌握不压抑消极情绪的技巧。

一、热身活动

信任之旅（15分钟）

两人一组，一人戴眼罩扮演盲人，另一人扮演引路者，在不说话的情况下两人完成规定路线的行走。

二、主题活动

（一）情绪加油站

1. 时间：25分钟。
2. 准备：12张便签纸，12支笔。
3. 过程：

给每位学生一张便签纸，在上面写下姓名、情绪最糟糕的事情和当时的感受。指导者将便签纸收集在一起,让学生随机抽签;抽到谁,谁就来给大家讲自己的心情故事。然后,大家一起想办法帮助这名学生缓解糟糕的情绪。

(二)释放情绪气球

1. 时间:25分钟。
2. 准备:30只气球。
3. 过程:

(1)指导者拿出气球,说明气球代表我们的身体。指导者请学生将气球吹起,去感受气体充满气球的过程。同时询问,如果这些不良的情绪一直在气球里会怎样?

(2)指导者请学生不要停止吹气球,并询问学生当不良的感觉一直堆积,会有怎样的后果?

(3)等学生中有人将气球吹爆时,指导者询问吹爆气球的学生的感受;然后解释如果气球代表一个人,气球的爆破就像是不良情绪(如:愤怒)去伤害别人或其它事物或自己。

(5)指导者请学生再吹起一个气球,不要吹爆也不要绑起来,请学生拿着气球,然后让学生慢慢放开手中的气球。

4. 分享:

(1)感受最深刻的地方是什么?
(2)活动中你联想到了什么?

(三)呼吸放松

1. 时间:10分钟。
2. 准备:轻音乐、呼吸放松指导语(详见情绪困扰个体辅导相关内容)。
3. 每位学生根据指导者的呼吸放松指导语进行活动。

三、分享总结

时间:15分钟

每位学生用一句话表达今天的收获或感受。

第五单元　好好告别

目标:

1. 体验肌肉放松。
2. 总结前几次团体辅导的收获。
4. 告别。

一、热身活动

松鼠与大树(20分钟)

将团队学生分为三人一组,其中两人面对面、伸出双手围成一个圆,扮演大树,剩下一人扮演松鼠,站在圆圈中间。指导者或其他没成对的学员担任临时人员。指导者喊"松鼠"时,大树不动,扮演松鼠的人就必须离开原来的大树,重新选择其他大树,指导者或落单的学生可以进入大树,落单的学生要表演节目。当指导者喊"大树"时,松鼠不动,扮演大树的人就必须离开原来的同伴,重新组合成大树,并圈住松鼠,落单的学生要表演节目。当指导者喊"地震"时,所有的团队学生都要离开原来的位置,形成新的组合。

团队学生分享感受。

二、主题活动

(一) 肌肉放松

1. 时间：10分钟。

2. 准备：肌肉放松训练指导语。

3. 过程：

团队学生根据指导者的指导语进行活动。具体指导语可参照情绪困扰个体辅导中的指导语。

(二) 自由畅谈

1. 时间：25分钟。

2. 准备：无。

3. 过程：

大家自由分享如下内容：(1) 本次团体辅导感受最深刻的地方；(2) 最受启发的地方；(3) 帮助自己解决了什么问题；(4) 存在的疑惑；(5) 未来的计划。

(三) 你夸我赞

1. 时间：30分钟。

2. 准备：无。

3. 过程：

全体团队学生围成圆圈，每位学生轮流站到圆心，其他学生依次对站在圆心的学生说出三句赞美的话。句式为：XX，你有三个优点……（列举三个具体的优点），你真棒！

三、拥抱告别

1. 时间：10分钟。

2. 准备：132张便利贴。

3. 过程：

给每一位学生11张便签纸，对其他每位学生写上一句祝福的话，并将便签纸送出去，同时拥抱告别。

【章末思考与练习】

1. 请简述本章提到的主要情绪理论。
2. 请举例说明青少年学生的常见情绪困扰。
3. 请简述情绪困扰的预防措施。
4. 简述常见的青少年情绪困扰的个体心理辅导方法。

【阅读书目推荐】

1. 樊富珉，费俊峰. 青少年心理健康十五讲. 北京：北京师范大学出版社，2006（2017年6月第五次印刷）.

2. [美]温迪 L. 莫斯著，萧愚译. 青少年情绪管理手册（我要做自己＋我要了解自己）. 北京：化学工业出版社，2013.

参考文献

1. 封丹，安畅，刘盈. 中学生抑郁状态和应付方式［J］. 中国健康心理学杂志，2013，21（03）：429-431.
2. 傅小兰，情绪心理学［M］. 上海：华东师范大学出版社，2016.
3. 黄煜峰，傅安球，林崇德，沈德立. 儿童与青少年情绪发展的实验研究［J］. 心理发展与教育，1986（01）：1-14.
4. 姜媛，沈德立，白学军. 情绪、情绪调节策略与情绪材料记忆的关系［J］. 心理发展与教育，2009，25（04）：75-80.
5. 李若璇，刘红瑞，姚梅林. 父母和班主任自主支持对青少年幸福感和孤独感的影响：个体为中心的视角［J］. 心理科学，2019，42（04）：827-833.
6. 陆芳，陈国鹏. 儿童情绪调节的发展研究［J］. 心理科学，2003（05）：928-929.
7. 马丽铭. 我感觉自己无地自容——中学生自卑心理辅导案例［J］. 中小学心理健康教育，2019（04）：52-55.
8. 沈俊佳. 中学生自卑心理分析与辅导［J］. 江苏教育，2018（16）：30-32.
9. 孙力菁，罗春燕，周月芳，张喆，乐贵珍. 上海市中学生抑郁症状和网络成瘾行为的相关性［J］. 中国学校卫生，2019，40（03）：445-447.
10. 王熙，孙莹，安静，等. 中国儿童青少年抑郁症状性别差异的流行病学调查［J］. 中华流行病学杂志，2013，34（9）：893-896.
11. 王艳梅，汪海龙，刘颖红. 积极情绪的性质和功能［J］. 首都师范大学学报（社会科学版），2006（01）：119-122.
12. 吴良庆，刘启元，张栋，王建成，李寿山，周国栋. 基于情感信息辅助的多模态情绪识别［J/OL］. 北京大学学报（自然科学版），2019：1-9.
13. 谢华，彭明芳，赵雪. 初中学生孤独感现状的调查分析与研究［J］. 皖西学院学报，2013，29（05）：144-146.
14. 徐海婷，李洁，李红娟，等. 中学生抑郁情绪及其影响因素研究［J］. 四川精神卫生，2019，32（02）：155-159.
15. 杨勇，吕邈. 人格与青少年孤独感：人际能力的平行中介作用［J］. 心理技术与应用，2017，5（04）：223-230.
16. 孟昭兰. 情绪心理学［M］. 北京：北京大学出版社，2005.
17. 孟昭兰. 人类情绪［M］. 上海：上海人民出版社，1989.
18. 彭聃龄. 普通心理学［M］. 北京：北京师范大学出版社，2011。
19. 钱铭怡. 变态心理学［M］. 北京：北京大学出版社，2006.
20. Albert Ellis, Debbie Joffe Ellis. 理性情绪行为疗法［M］. 郭健，叶建国，郭本禹（译）. 重庆：重庆大学出版社，2015.
21. Costello. E. J, Copeland. W, Angold. A.Trends in psychopathology across the adolescent years:what changes when children become adolescents, and when adolescents become adults?［J］. Child Psychol Psychiatry,

2011, 52 (10):1015-1025.
22. Ekman. P, Friesen. W. V. Constants across cultures in the face and emotion［J］. Journal of personality and social psychology, 1971, 17(2): 124.
23. Ergonomics society (Australia e Nuova Zelanda), Welford. A. T. Man Under Stress: Proceedings of the Annual Conference of the Ergonomics Society of Australia and New Zealand, Held in the University of Adelaide, 24-25 August 1972［M］. Taylor & Francis, 1974.
24. Izard. C. E. The psychology of emotions［M］. Springer Science & Business Media, 1991.
25. Green. C. D. What is an Emotion? William James 1884［J］. Classics in the History of Psychology, 2008.
26. Seligman. M. E, Csikszentmihalyi. M. Positive Psychology: anIntroduction［J］. American Psychologist, 2000, 55(1): 5-14.
27. Schachter. S, Singer. J. Cognitive, social, and physiological determinants of emotional state［J］. Psychological review, 1962, 69(5): 379.

第六章　青春期的心理辅导

【教学/学习目标】
1. 了解青春期的定义。
2. 理解男、女青春期的生理和心理变化。
3. 掌握青少年在面对青春期生理发展成熟时的主要心理困惑及辅导方法。
4. 熟悉青春期的恋爱特点及辅导方法。

第一节　青春期的身心特征

一、初见青春期

青春期，一个美好而奇妙的时期！每一个人都会经历这一时期。在此阶段，我们或许成长、或许恋爱、或许探寻世界。这一阶段是个体整个生命历程中身心发育的重要时期，对个体今后成长的影响尤为深远，所以，一直以来，很多研究者都在积极探索处于青春期的个体的身心特点。那么，什么是青春期呢？简单来说，青春期就是个体从懵懂的儿童逐渐发育成长为心智健全、身体健康的成年人的过程，年龄范围通常是指10～20岁这一阶段。

对处于青春期的个体而言，这是一个既神秘又特殊的阶段。这个时期的个体开始逐渐深入地探索外界、发现自我，与外界不断地碰撞、碰撞，最终变成了"成人"。之所以说青春期很神秘，是因为在这一时期，男女生的身体都已经开始发育，对于性的好奇也逐渐明显。而说它特殊则是因为，在这一阶段，个体的身心发展出现前所未有的剧变，个体在与外界交流，产生思想上的剧烈碰撞时，会引发许多心理矛盾。而如果这些矛盾得不到正确合理的解决，就会影响个体后续的身心健康发展。

二、青春期的生理特征

青春期是个体生长发育的全盛时期，在这个时期，个体的身体外表和生理机能都会产生迅速而巨大的变化。在这一阶段里，女生和男生的性器官都会逐渐发育成熟。众多研究表明，在身心两方面，多数女生都会比男生早熟。一般地，女生大约在10~18岁的时候经历青春期，通常，第一次月经来临就是女生进入青春期的明显标志。男生的青春期一般在12~20岁，他们的青春期最显著的标志是第一次遗精。身体上经历了这些变化的男生和女生，得到了一个统一的称号，即"青少年"。

(一) 女性青春期的生理特征

对于女生来讲,青春期是指从初次月经来潮到生殖器官逐渐发育成熟的整个时期。在这个时期,女生的身体发育速度很快,尤其是生殖器各部位都有了明显的变化。外生殖器从幼稚型变为成人型。这一时期,女生的大阴唇变厚,小阴唇出现色素沉积,内阴粘膜变厚,出现褶皱导致长度与宽度增大;子宫体明显增大;输卵管变粗,弯曲减少;卵巢增大。第二性征形成并逐渐成熟。在此阶段的另一些明显变化是,女生的身高突然增长,音调升高,胸、肩部的皮下脂肪增多,乳头开始有色素沉着,胸部隆起变大,乳房逐渐丰满;在胸部发育后两年内,通常出现初次月经;出现腋毛及阴毛,骨盆的横径快速增大。这些变化显现了女性特有的体态。由于卵巢功能还未发育完全,青春期女生在初次月经后,其月经周期不太规律,通常须经过两年左右时间才转为正常的月经周期。

(二) 男性青春期的生理特征

男生们的青春期通常是指从第一次遗精到生殖器官逐渐发育完全的整个时期。青春期男生的身高、体重迅速增长,肌肉占体重的比例增加,身体的内脏功能也逐渐趋向成熟。同时,男生的睾丸和阴囊会逐渐发育,阴囊外表面变红,皮肤质地改变。12、13岁时,男生阴茎长度增加,睾丸和阴囊继续生长,出现阴毛,前列腺也开始活动。14、15岁,阴囊和阴茎继续增大,阴茎头发育充分,阴囊颜色加深,睾丸发育成熟,出现梦遗(属于遗精范畴)。第二性征表现为身材高大,肩宽、肌肉发达,体毛浓密,长胡须,出现喉结,嗓音低沉等。

三、青春期的心理特征

由于青春期的特殊性,处于这一时期的青少年会出现特定的心理特征,同时面对许许多多的心理矛盾。而这些矛盾大多与身体和心理发育的不均衡相关。概括来说,青春期的心理特征主要有三个特点、四个矛盾和四种表现形式。

(一) 青春期的心理特点

男、女孩进入青春期之后,由于身体发育到达了一个快速阶段,心理发展相对落后于身体的发育,所以他们会在和外界探索以及自我探寻时遇到很多内心矛盾,而由此也会导致明显的心理变化,尤其是情绪变化。青春期个体的情绪会出现三大明显的特点,即波动性和两级分化性、躁动性、反抗性。

1. 波动性和两级分化性

青少年的情绪表现出极不稳定和两级分化的特点。对于成年人司空见惯的事情,青少年在遇到时,情绪可能却会极度暴躁,甚至粗暴。例如,家长整理他们的房间时,动了他们的东西,他们可能会大发脾气,甚至和家长大吵大闹。他们有时活力四射,但有时情绪极度消极低落。例如,得到他人奖励或夸赞时,他们可能喜出望外;但一点小事不顺心,就可能悲观消极。这些反复的情绪会时不时的在一个青少年身上交替出现,相对波动,并且出现歧化的特点。长此以往,如果青少年不能对这些情绪进行有效调节,或他们的情绪困惑问题得不到家长或教师的帮助,情绪焦虑就会影响青少年的日常生活。而这样,又会加重青少年的情绪波动,形成一种恶性循环。

2. 躁动性

当青少年的性器官和第二性征出现时,意味着他们的身体发育就已经逐渐成熟了。随着进一步的发育成熟,青少年对于性的好奇和恋爱的需求就会萌发。然而,因为社会文化背景和道德的要求,这种需要被他们自己压抑着,他们也因此变得焦躁不安。对于这种欲望的困扰和自我竭力的压抑和掩饰,青少年可能会感到很焦虑。这种矛盾的产生经常会引起烦恼,甚至烦躁;如果再被父母经常教育,就会时常发生争吵,甚至会导致他们产生离家出走的念头。因而,教育工作者要帮助青少年正确认识自己的青春期躁动不安,让青少年接受自己恰逢其时的性骚动,合理排解烦躁,在不被父母理解的时候向朋友甚至是信任的长辈倾诉。父母和教师在这时应理解和体谅青少年的这种躁动性,并向青少年讲解一些正确的两性知识,教会青少年如何正确与异性相处和交往。

3. 反抗性

在个体的整个身心发展过程中,可能会出现两个反抗期,其对应的年龄阶段分别是 3 岁左右和青春期。大约 3、4 岁时出现的第一反抗期,主要表现为幼儿在与父母互动关系当中取得身体方面的独立自主。在这个阶段,幼儿的反抗会比较简单、幼稚。

青春期是个体发育过程中的第二次反抗期,这次反抗是从心理到生理,自内而外的反抗,是青少年为了成为一个独立个体的抗争。这一阶段,青少年的情绪矛盾变得戏剧化,并且波动性强。从心理方面来看,个体出现第二反抗期是因为人格逐渐发展,知识和内部经验比以前有了很大的提高。这一时期的个体从心理方面要求人格独立、自由,但其思想的成熟相对落后于处理问题的能力,因此,常常难以应付危机。当遇到问题时,他们就会倾向于用自己的方式来解决。但是在成人看来,他们的这种解决方式是幼稚的、对抗的。从社会因素来看,社会要求他们拥有高度的道德发展,也激励他们步入成人世界;同时,他们渴望成为独立的个体,被社会所接纳。一旦青少年的自主权无法得到保障,就会产生反抗情绪。

因此,青少年要正确面对这些情绪特征,因为这是几乎每个正常人都会经历的困境,不必感觉到内疚与不安。如果青少年认为自己在一段时间内的情绪较为不稳定或异常,已经影响到了自己的正常生活,那么比较好的方式是学会一些情绪的自我调节方法。例如,青少年可以寻找一些与冥想相关的音乐,跟着音乐的节奏进行冥想,有助于获得一个相对平和的心境。同时,父母和教师应给予青少年正确的引导,让青少年明白,这些情绪表现都是青春期的正常心理特点。父母可以带领青少年去做他们喜欢的事情来排解波动过后的不适,并引导其释放不适与烦躁。另外,父母和教师应与青少年进行平等的交流与沟通,尊重青少年的观点和决定,不应采用强硬的方式和态度否定青少年,以减少其反抗情绪的发生。

(二)青春期的心理矛盾

产生青春期心理矛盾的原因,与青春期的特点有关。在这一期间,青少年会出现四大明显的心理矛盾:成熟与幼稚的矛盾、独立与依赖的矛盾、闭锁与开放的矛盾、成就与挫败的矛盾。这四大矛盾都是相对童年期和成人的矛盾来说的。

1. 成熟与幼稚

相对于青少年的童年期,在这时的青少年身体的快速发育让他们在内部世界中感受到了成人感，开始倾向于认为自己是一个成年人，应该得到尊重和他人的公平对待。但是客观来说，青少年的心理发展还是处于成人阶段的萌发期，社会认知能力发展与成年人还有一段差距。不过，这一特殊的阶段是人生必然经历的阶段，是不可回避的。

2. 独立与依赖

成人感的建立使青少年越来越独立。他们要求父母松开束缚他们的枷锁，甚至想要成为自己真正意义上的主人。然而不得不说，面对情形不可预知的社会环境和自我内外世界的矛盾，青少年并没有能力独自解决这些问题。在内心深处，他们还是希望得到权威、长辈的精神支持，以及父母的庇护。所以，青少年会出现独立与依赖的心理矛盾，既渴望独立自主，又依赖成人。

3. 闭锁与开放

进入青春期的青少年，由于社会经验逐渐增多，情绪体验逐渐丰富，他们开始把注意力集中在自己的内心世界上。他们的心理活动开始具有含蓄、内隐的特点。他们会开始有自己的"秘密"。他们的真实的想法和心理感受大多数时候都会被掩埋在心底，不再向外界袒露，尤其是不向成年人透露。如果和成人沟通不当，当成年人与他们出现共情鸿沟的时候，信任就会开始瓦解。在这种情况下，可能会随之产生一系列问题，例如更加严密的闭锁、孤独感、同伴关系紧张等，这些问题通常会令青少年手足无措。

实际上，青少年的社会性行为的成熟，让他们也有想要和外界交流的需要，所以这又表现出青少年心理的开放性。但这时的青少年不太会将自己的心事与成人交流和沟通，而是会转向同龄人。他们会向同伴打开自己的心扉，喜欢与同龄知心者交流自己的思想和感受，更多的闲暇时间是与同龄朋友度过而不愿呆在家中。所以，青少年更多的时候是面向同伴开放，面向成人闭锁。

4. 成就与挫败

当青少年的内部世界开始出现成人感时，他们会在外部世界中表现出成人化的行为，他们的社会性行为，如社交活动、个人成就等方面，倾向于向成人看齐。当在这些方面取得成就时，他们会感到满足，更强的社交动机就会被激发。然而，若是失利或者是失败，强烈的挫败感也会滋生。成功与失败也会让他们产生强烈的波动情绪。成功时欢天喜地，失败的时候就自暴自弃。因此，教育工作者应当引导青少年认识到，在实际生活中，一切事情不可能顺风顺水，应该帮助他们在面对挫败的时候正确认识自己的不足，不断修正错误，在失败中总结经验教训，在经验中成长，成为真正成熟的成人。

青少年和成人都要辩证地从多个角度来看待以上这四种矛盾。不能一味否定这些矛盾，认为这些矛盾都是负面的、消极的。我们要明白，这些矛盾是所有个体都会经历的。正是因为这些矛盾的出现，青少年才能从处理矛盾中获得真正的成长与成熟。父母和教师都要帮助青少年正确看待这些矛盾，对青少年有更多的包容性，耐心地引导他们通过正确的方式解决矛盾，以获得成熟的意识，让他们不要总是纠结于这些矛盾的消极面，要看到解决矛盾对他们今后生活的积极影响。

（三）青春期心理的表现形式

处于青春期的个体，其在自我世界的探索中有特定的行为表现形式。这主要表现在以下四个方面。

1. 自我认知建立

人类从很小的时候，就会对自我形体产生认知。这种认知又受到环境和社会文化的影响。在青少年时期，这种自我认知的行为表现达到了一个较高的高度。他们最先关注的是自己的外部形体，更加地在意自己的外在形象。他们通常会通过照镜子来观察自我。同样地，他们也非常在意他人对自身所施加的评价，特别是重要他人（如教师、父母、同学、朋友等）对自己的评价。另外，他们也更倾向于追赶"时尚""潮流"。

其次，他们会将注意力放在自己的学习成就方面。因为学业成就影响着自己在所处的主要社会环境中的他人对自己能力的评价，而这最终影响着他们对自我的评价。然而，处于青春期的个体有严重的以自我为中心的倾向。他们会过度关注自己的人格和精神特征，认为自己是独一无二的。他们在这个时候的自我中心化程度会有很大的增强，认为自己是个体认知中最特殊的，周围的一切事情都与自己有关联，从而过分夸大了自己的体验。

鉴于青少年的上述特点，家长和教师要正确引导青少年适度关注自我。家长和教师可以通过多参加集体活动，培养青少年的集体意识、同情心和换位思考以及与他人合作的能力，从而避免过度自我中心化。

2. 同伴关系改变

在小学低年级的时候，小孩子的同伴关系都是很简单的，通常是成群结队一起玩耍。然而，在步入了青春期这一特殊的时期后，个体的同伴就发生了明显改变。青春期的个体更倾向于找到能够保守自己秘密的伙伴。这时候，团伙就不符合条件了。

这一时期，青少年的开始倾向于"少而精"的关系模式。在这一模式中，更为常见的是同性别模式，并且他们更会倾向于选择与自己在某些方面"相似"的同伴。另外，他们对待异性交往的方式也发生了变化。青春期以前，男女生在一起玩耍的时间比较多，通常与异性没有太大距离。但到了青春期，他们在与异性交往时通常采取"先疏远、后接近"的行为模式。在与异性的交往中，他们最初对异性的兴趣表现为"喜欢你才欺负你"。但在关系的逐渐发展下，男女交往关系最终会变得融洽。

3. 乐于评价

青少年内部世界成人感的萌芽，使得他们与长辈和权威的社会交往模式也发生了改变。他们在这一阶段会拥有更多的自我个性的展现，而不仅仅是简单的盲目崇拜，也不再随意接受一位长辈。他们这时在此方面的认知更加的整体化、客观化。他们更喜爱幽默风趣的长辈。另外，青少年在性方面的发育使其开始关注异性，他们会热衷于与同性同伴一起讨论和评价自己感兴趣的异性。

4. 情绪控制困难

处于青春期阶段的青少年会面对种种的身心矛盾。他们会出现情绪爆发的现象，有的时候甚至于会伴随着情绪的爆发而出现扔东西的行为。他们的情绪爆发现象如狂风暴雨。但时间不会长久，一旦过去就会风平浪静，平静后还会感到后悔。所以，家长和教师应该帮助青少年学会调节自己的情绪状态，引导他们去合理发泄情绪和转移注意力，并鼓励他们在自己无法控制情绪的时候，大胆地向长辈、同学和兄弟姐妹求助。

总之，青春期是一个很重要的阶段，在这一阶段的青少年会面对许许多多身心方面的问题。这些问题有的来自于同伴交往上的矛盾和与长辈相处的矛盾，有的来自于身心成长速度的不均衡。并且,这些问题是每个人在探索世界、探寻自我的过程中必然要遇到和解决的。所以,家长和教师要多鼓励青少年,多和他们平等沟通,让青少年有信心解决这些冲突和矛盾,最终成为一个成熟的、理想中的自己。

第二节 青春期的性心理发展及辅导

由于受思想或观念的限制,人们容易谈"性"色变,一些人会觉得谈及到"性"就是低俗的、污秽的。因此,自古以来有关性的话题都容易让人们羞于启齿,以至于部分人在对"性"的认识上存在着很大错误,常常把"性"与"性交"划等号。于是,"性"在狭义上就很容易和低级、下流等词汇联系起来。

其实,"性"真正被解释为:有关生物的生殖或性欲的,如性器官、性生活和性行为。随着社会的发展,"性"在生理、心理和社会文化方面的本质也被揭露出来(高中生青春期性教育问题研究,2016)。在生理方面的性,主要说的是两性之间由于身体构造差异表现出的特性;而心理学的性则是两性个体个性发展的差异,如先天气质、后天性格等;社会学的性则是指,在外界和社会文化约束下表现出的不同的性行为和角色。因而,处于青春期的个体为了更好地处理生理、心理和社会方面所面临的性问题与矛盾,必须要在心理上正确认识性,要正确合理地看待性。

一般情况下,刚刚进入青春期的初中学生对生理现象还处于"抓瞎"的阶段,而且由于闭锁心理的存在和社会文化背景的影响,在学习性知识的时候自然会羞怯、退缩,甚至刻意在课堂上边缘自我。当发生这些问题的时候,教师就要引导孩子们学会自然地去面对。让他们认识到,"谈性色变"是不必要的,性是生物繁衍不可避免的一层。学习有关知识,是有用并且健康的。教育者应该明白,向青少年传授正确的性知识是必要的,并且应该努力消除孩子们对于这方面知识的羞怯甚至抵触情绪,让他们能够自然而然地学习性知识,正确面对性。在本节中,我们将探讨青少年在面临青春期生理发展成熟时出现的主要心理困惑及其辅导方法示例。

一、第二性征出现时的困惑及辅导策略

青春期是男女生殖器官发育成熟的时期,第二性征开始出现。然而,生理上的巨变使得青少年对自己的身体变得非常陌生。许多青少年对遗精、月经和第二性征发育等知识一无所知,他们不知道这是青春期性发育逐渐走向成熟的标志,也不知道如何对待与处理生理上的变化。因此,青少年们感到迷惑、困扰、害羞甚至紧张与害怕。许多同学都会有这样的困扰:别的同学都长了胡子,为什么我没有?我脸上有好多痘痘啊,怎么办呢?我的皮肤怎么这么黑?我的脸形不好看。我的胸部突然变大了,好害怕别人对我指指点点……

姚佩宽在《青春期的教育》里指出,如果在青少年初潮之前就告诉青少年身体将会出现的变化,给他们打好心理预防针,那么在他们真正面临到身体出现的变化时,他们反而会坦然地接受这个事实。但若是没心理准备,面对突然剧变的身体,他们的内心就会充满不安和烦恼。也即是说,要提前让即将经历生理剧变的青少年做好心理准备工作,让他们认识到生理变化的自然性,以防由于他们心理发展的不成熟,与外部世界产生矛盾,而产

生的各种社会问题。

因此，引导青少年及时地了解和学习青春期性相关知识，可以帮助青少年正确对待和自然接受自己身体上的变化，解除不必要的顾虑和烦恼；还可以使他们掌握一些青春期生理保健知识及具体问题的处理方法，保持性卫生，促进身体的健康发育；同时，可以促进青少年对异性的生理发育现象的了解，消除他们对性的神秘感和好奇心，从而有利于青少年今后与异性的交往。教师和家长要及时、科学地对青少年进行青春期性教育。在具体工作的开展过程中，可以从以下几方面入手。

第一，利用同伴交往的优势。可以鼓励学生尝试多与同性、同龄的同伴进行交流，相互探讨自己在青春期的变化与困惑，以相对平和的心态去直面青春期的变化。同时，可与比自己年长的同性交流，寻求一些正确处理青春期生理变化的方式与方法。青少年的内心对同伴是开放的，利用同伴之间的交流可以有效消除青春期生理变化带来的心理困惑。

第二，合理进行异性交往。青少年可以适当交一些异性朋友，通过两性间的友好相处来消除由身体变化产生的羞耻感。值得注意的是，禁止青春期异性交往是不可取的，这可能会让青少年对异性更加好奇。

第三，尊重同伴。家长和教师需要给青少年特别强调的一点是，你身边的同龄个体，无论男女都可能和你一样，在青春期都有同样的敏感和不安。所以，对同伴与同学，大家一定要宽容和理解，不去随意评论和嘲笑他人的外貌和身体变化。也许只是你简单的一句话，就有可能对他人造成很深的伤害。

第四，家长和教师要尊重青少年，要与青少年平等交流和沟通。建议父母要引导孩子勇敢面对自己身体的变化，更多地培养孩子的自信心和乐观的人生态度。要尽量避免当众批评自己的孩子，有什么问题都要和孩子以平等的方式去交流沟通。家长还可以现身说法，将自己的青春期经历和孩子分享，教给孩子一些青春期生理卫生和护理知识，让孩子认识到青春期是人生必经的时期。教师也要避免当众批评青少年，尤其是不能使用一些侮辱性的或有歧义的话语去批评学生，这样只会引发学生的逆反心理，甚至导致学生逃课或其他不良行为，进而引发安全问题。教师也要给学生树立正确的审美意识，教会青少年学生学会反思，能够正确地对自己和他人的生理和心理特征进行评价。

二、性冲动与性行为及辅导策略

(一) 性冲动

有这样一个案例。一个男孩有一个与他很要好的女性同桌，她看起来不但美丽大方，而且还很聪明。他晚上躺在床上的时候总是会想起她。有一次上微机课，男孩坐在她旁边，正在共同做题。突然，他闻到她身上的芳香气味，大脑一片空白，下意识就触到了她的乳房。他突然反应过来，浑身都像触电一样哆哆嗦嗦的。女孩气得跟男孩绝交，男孩也觉得羞愧和内疚，就此留下心理阴影，不敢和异性接近。

在这个案例中，我们不能直接说男孩是个"流氓""下流胚"。但是他委实犯下了错误，他没有正确认识到自己的性冲动，也没有理智的克制它。同时，女孩也没有正确认识到男孩的这一行为并没有恶意，仅仅是由于男孩青春期正常的生理冲动导致的下意识行为。两人青春期性知识的缺乏破坏了他们的友谊，也给双方心理造成了伤害。

事实上，无论是在动物群体还是人类社会中，性冲动都是很正常的事情。异性交往时，谁也不可能完全从性本能当中解脱出来。个体进入青春期之后，性器官逐渐发育成熟，第二性征也开始出现，对于性方面的萌动也开始出现。在这一时期，他们对于异性的关注，是他们在发展过程中从未遇到过的，因此矛盾又一次会出现。

我们需要明白，随着青少年性功能的发育，产生性的欲望是不可避免的，这是动物的一种本能，自然且正常。然而，面对这种正常的现象，青少年需合理对待，不能一味地放纵自己的性欲望和性冲动，要以合理的方式宣泄。例如，把更多的经历放在学习上，同时多参加集体活动等。如果青少年的性冲动得不到合理宣泄，可能给他人造成困扰或伤害。国内外媒体都有关于青少年在性方面的犯罪报告。在有些报告中，一些误入歧途的青少年由于无知的选择，走上了性犯罪的道路，这不仅对他人造成了巨大的伤害，而且自己的前程也毁于一旦。因此，青少年要认识到，生而为人，我们与动物的差异是我们懂得思考，能够被社会所教化，有思想、有情感。所以，我们要懂得约束自己的欲望和行为。青少年要懂得"爱美之心人皆有之""发乎情，止乎礼"。因此，青少年在面对性欲望和性冲动时，一定要学会自我控制和约束。

（二）性行为

根据北上广青少年性健康的最新调查结果，现阶段青少年对于性行为的观念更为开放。例如，青少年对于婚前性行为、未婚先孕等事件变得更加接受和包容。调查显示，对比1999年和2004年，男生对女生婚前不进行性行为的认同度分别下降了5.7%和0.4%，女生的认同度则分别下降了10.3%和9.3%。同时，青少年对相爱就可以发生性行为的认同急剧上升，且从大体上来看，男生的接受度更高。这表明，随着信息传播的加速，社会观念日益开放，青少年对待性行为持更加包容的态度。根据《上海社会发展报告（2019）》给出的数据，初中生有过接吻体验的比例大约为8.7%，高中生的比例为24.9%左右，大学生的比例为40.6%左右。有过性交体验的高中生比例大约为8.3%，大学生的比例大约为13.7%。总体来看，青少年性行为低龄化现象已经呈现明显的趋势。

虽然青少年对于性行为的态度逐渐宽容，但是我们仍需看到，青少年不当性行为可能引发的危险，如意外怀孕。许多青少年在进行了没有避孕措施的性行为后，一般都会存在侥幸心理，认为自己不会怀孕，以致大多数意外怀孕的女性都不知道自己已经怀孕。更甚者，很多女生即使知道自己怀孕，也不敢告诉父母，私自到医疗设施和技术不合格的小诊所进行人工流产，以致产生很多不良后果。此外，女性尤其是生殖器官并没有完全发育成熟的少女，如果进行人工流产，很有可能出现许多并发症：如大出血、子宫穿孔、感染等。多次进行人工流产，还有可能引起女性生育困难，甚至无法生育。加之有的青少年自控能力差，也没有形成完全成熟的道德观，责任感也十分淡薄，这些都容易导致随便的性关系，性生活紊乱，甚至引起性病的传播等。

另外，许多男生在进行性行为时，往往心理比较紧张、恐惧、焦虑并且伴有羞耻感，这样极容易引起性交流和性反应抑制，从而引起心理性阳痿、早泄等性障碍。

更重要的一点是，还在念书期间的青少年大多没有独立的经济能力，如果发生性行为并导致意外怀孕，青少年并没有能力抚养由于意外怀孕而出生的婴儿。所以，绝大部分青少年及其父母都会选择让受孕的女生进行流产。然而，正在孕育的小生命又何其无辜，还未来到人世就夭折了，这在一定程度上也是一种罪恶，希望每一个青少年都不要有这样的经历。

因此，无论如何，面对有可能发生的性行为，青少年还是应该慎之又慎。在这里我们要给青少年几点与性行为相关的建议。

第一，我们需要重点强调的是，对于青少年来说，性行为仍然是能避免则尽量避免的。由于青少年的生理方面发育仍然不完全，过早进行性行为很有可能会影响性器官的发育，甚至是身体的发育。尤其是对于女生，过早性行为可能会导致一些妇科病症的产生。有资料显示，20岁以前发生性行为的女性，宫颈癌的发病率大约为1.58%，21岁以后发生性行为的女性，宫颈癌的发病率下降到0.37%左右，二者相差4倍。

此外，由于18岁以下青少年不管是从法律规定还是从心理成熟度的方面来讲，都不具有承担责任的能力，也欠缺独立的经济能力，如果发生不恰当性行为，导致意外事件发生，如意外怀孕，青少年在无法解决的时候很容易会做出错误的决定，甚至给自己留下一生的阴影。在难以控制性行为发生的情况下，建议男生首先冷静地问问自己到底能不能承担一切可能导致意外事件发生的责任，深思熟虑后给出最终的答案。女生也要问问自己，是否真的所托良人，可以列一个意外清单，问问男生面对这些意外时，他会怎么处理。在情难自禁的时候，建议男女生不要单独共处一室，而是该分开好好冷静一下。特别是女生，要考虑清楚自己的选择可能会造成的结果。面对无法宣泄的性能量，青少年可以选择采用其他的方式进行排解，如运动、同伴交往，甚至自慰。

第二，如果男女双方实在是情难自禁，确定要发生性行为，希望男生能够对女生负起责任，女生也要保护和爱惜自己，必须采取有效避孕措施，如男性在性交过程中戴避孕套。无论男女，都不应抱有侥幸心理，认为性交过程中偶尔不做避孕措施是不会怀孕的。我们应该明白，概率体现在个人身上时，只有0%和100%。希望青少年都能够对自己负责，也对生命负责。倘若男女双方在未做避孕措施的情况下发生了性行为，女生应立即采取紧急避孕措施，如72小时内尽早服用避孕药进行紧急避孕。同时，女生要时刻关注自己的经期是否正常，并做好紧急避孕药没有发挥作用而意外怀孕的准备。

第三，在发生性行为之后，如果女生发现意外怀孕，首先不要慌乱，要沉着冷静，避免做出错误的决定。女生应该与男生协商，理智解决。男生要关注女生的精神状况，并承担起应有的责任。女生也要保护好自己，控制自己的行为举止，不要因为意外怀孕事件而做出极端行为伤害自己或他人。青少年不要私自去不规范的小诊所进行人工流产，避免因为工具和技术不合格的流产给女生带来二次伤害，甚至终身不孕。青少年得知意外怀孕后，一定要告知双方父母并协商如何处理怀孕事件。

对于青少年的父母，面对青少年意外怀孕的事情，应小心地对青少年进行安抚，切忌责骂和放弃青少年，这样做只会使情况恶化，导致更坏的结果。面对已经不可避免地发生了的事情，生气只会恶化事件，早点帮助青少年渡过难关才是最好的解决办法，事后再对其进行教育。如果青少年及双方父母不打算在这期间要小孩，要尽快决定是否进行流产，避免因为怀孕时间过长，导致流产的危险性升高。家长要时刻关注男女生的心理状况，尤其是女生的，并经常对青少年进行心理疏导。家长要多带着女孩散心，避免因为怀孕和负面心理因素的双重打击给女孩留下一生的阴影。

教师也要经常面向青少年开展正确应对意外怀孕的讲座，并帮助意外怀孕的女生渡过难关，多做家长的心理工作，关注青少年的心理健康状况，促使意外事件能够得到最好的预防和解决。同时，作为旁观者的青少年们，当知道他人意外怀孕时，务必不要对他人进行评论、指责甚至嘲讽，也不要对他人意外怀孕的事件进行肆意传播。这样会给原本就痛苦无助的当事人造成更大的心理伤害。

（三）辅导策略

国外对青少年的性教育不主张青少年一味去压抑自己的性冲动与性欲望，而是建议青春期的个体可以通过合理的自慰方式来宣泄自己的性能量。自慰是指靠自己的能力来满足自己对性的要求，并从性方面获得快感和慰藉，包含三种形式：性幻想、性梦和手淫。自慰是正常的生理现象，人类的自慰现象广泛存在，这本身也是一种合理地满足性冲动、解除性紧张的方式（薛翠华，巴巴拉·戴安娜，鲍玉珩，2012）。

国内外对青少年的调查研究均显示，一部分青少年会通过自慰行为来宣泄自己的性能量（Hogarth, Ingham, 2009；"我国现阶段人群中自慰行为的状况及相关分析，" 2010）。但有些青少年因为错误的认知，不能接受对于通过自慰的方式来满足性欲望的做法，所以过度压抑自己的性冲动，或者当出现自慰行为后，常常自责和内疚，产生罪恶感，从而影响到日常的工作学习。也有一些人过度自慰，损害到自己的生殖发育，影响性生理卫生。

因此，我们要正确地看待自慰行为，不要将自慰妖魔化，也不应该在出现自慰行为后感到内疚。适当的自慰有助于青少年宣泄自己的性能量和缓解焦虑、紧张。但自慰行为也要适度，因为青少年的性器官并未完全发育成熟，高频率的自慰可能会影响性器官的正常生长和发育，也可能会影响正常的学习和生活。

在进行有关青少年性冲动与性行为的心理疏导时，教师和家长可以参考以下几方面建议。首先，教师和家长可以让青少年认识到，要有效地去疏导和缓解性冲动，而不是盲目地去压抑。青少年可以转移在性方面的注意力，多参与大集体生活。例如，多参与一些体育活动和文娱比赛，观看一些健康的影视节目，以淡化其在性方面的注意力。

其次，男女生都要注意生殖器官的卫生。例如，选择尺寸合适、材料舒适透气的内衣内裤。注意个人卫生，勤换衣裤、勤洗澡，等等。睡觉时，要尽量减少对生殖器官的刺激。保证舒适的睡姿有益于控制性兴奋及冲动，避免仰躺和俯卧，减少对生殖器官的摩擦。

再次，性教育的有效途径之一是同伴教育。教师可以向少数号召力强的同学传授科学的性知识，让他们建立正确的性认知，再由他们向同学进行传播教学，这样可能起到良好的教育效果。同时，青少年要避免与低俗的同性和异性交往。家长和教师也可以通过相关案例让学生思考，从而增强学生的明辨是非的能力和自我保护能力。

三、性别认同及辅导策略

2012年，青岛电视台报道了一则老房子失火的新闻。新闻内容本身没什么特别之处，但屋主是一名男性，却身穿女装浓妆艳抹地出现在镜头前。他对记者说："我刚才没在家，我是灭了火才走的"。这段视频在发上微博之后，迅速获得3万多的转发。有人"笑了一下午"，有人说他是"妖孽""奇葩"，还有更多的人在"哈哈哈哈哈"。

实际上，屋主叫刘某某，他从小被亲生父母遗弃，被养母收养。小学以前，养母一直把他打扮成女孩，幼小的心灵里仿佛被埋下了一颗自己是女孩的种子。他经常想变成女性。在其养母去世后，他觉得自己再也没了牵挂，便蜗居在小房子里，穿起了女装。用他自己的话来说"有宣泄，也有喜欢"。口红、眉笔、粉底，捡来的化妆品他都往脸上"招呼"。由于技艺不精和审美不够，他的穿着打扮，在外人看来总是很惊悚。

性别认同是指"个体主观上对自身生理性别的正确认识，即掌握自己的性别属性和相应的行为特征"。以上案例中的主人公刘某某是青春期性别认同没有被正确建立的典型。我们之所以要建立性别认同，是因为与生理性别相符的性别认同能够让个体坦然地接受自己的生理性别特征，从而使个体更好地适应正常的社会生活。如果性别认同与生理性别属性发生冲突，就会影响个体获得正常的社会生活，与周围人格格不入，严重的会如案例中的主人公一般。然而，个体的心理和行为模式不仅受到环境的影响，在一定程度上也受到遗传因素的影响。因此，对于一些性别认同与其生理性别不一致的个体，我们很多时候应以更加包容和理解的态度去对待他们，不要将他人妖魔化。他们在心理和生理方面可能受到了特殊事件的影响，以至于可能留下了心理阴影。

我们所生活的社会对不同的性别角色有着不同的期待和要求，这种期待和要求已经沿袭了很多年。所以，社会上大部分人对特定性别的个体的心理和行为模式的认知都相对固定和趋同。随着青少年的不断发育发展，他们自身的性别角色特点不断被外界环境强化，他们的内、外表现都越来越接近自己的社会文化背景对他们的期待。

具体来说，男孩子会符合社会对于男性的概括：阳刚、负责。女孩子：温柔，淑女。这些社会概括化的要求，可能会给青少年带来困惑并激发身心矛盾。青少年在面对性别角色方面的压力时，一般表现为女生所面临的压力大于男生。因为处于青春期的女生被要求变得更加女性化、被动与顺从。相比于男生，她们会更多地关注他人对自己的看法。女生尤其在意身体外形，对自身形象的不满以及对身体吸引力的担心都会促使女生产生更多的压力。对于男生而言，他们被要求变得更理智、勇敢和承担更多的社会责任。所以，他们更看重是否得到他人的认可、欣赏和尊敬，这会让男生在待人接物时更加小心翼翼和理智。因此，对于青少年性别认同的辅导策略，本书主要提出以下几点疏导建议。

1. 辅导青少年对自己的生理性别有正确的认识

人们通常期待个体拥有社会所倾向的、符合自己生理性别的心理和行为模式，否则可能会被他人非议或排斥。因此，教师和家长要尽可能地帮助青少年建立与社会性别期待相符的心理和行为模式，鼓励青少年更多地去模仿与自己同性别个体的心理与行为。

2. 辅导青少年正确地看待偏男性化和偏女性化这一特点

偏男性化指女性的心理和行为模式更类似于男性；偏女性化则指男性的心理和行为模式更类似于女性。教育工作者应该引导青少年认识到，偏男性化和偏女性化都是常见的生理或心理现象，并不能代表这些人是怪异的个体，我们应该以包容和理解的态度对待他们。

3. 家长应该以社会所要求的性别角色规范来培养孩子的正确性别意识

对于家长而言，从小就要明确孩子的性别，使孩子形成正确的性别意识，避免"男孩当女孩养，女孩当男孩养"，尽量不要给孩子带来性别困扰。在孩子的性别认同形成过程中，父母的示范作用对其性别认同的养成有重要的影响。通常，孩子会模仿与自己性别相同的长辈。所以，父母应为孩子做好正确的示范。

4.鼓励青少年接受自己的生理性别

如果青少年无论做出多大的努力，都认为自己心理上能接受的性别应该和真实的生理性别相反，并且只有表现出完全与自己的生理性别相反的心理和行为模式才能让自己快乐，那么，家长和教师可以鼓励他们大胆地做出他们所认同的性别心理和行为模式，勇敢地接纳自己。这样是减轻和消除心理困惑的有效方式。

第三节 青春期恋爱解惑

【案例导入】

不久之前，有位教师曾经晒出了一篇名叫《第一次奋进》的作文。一位六年级的小朋友向他的邻桌表达了纯真的感情。两个月的同桌生活改变了他，像是有一束光照亮了他的内心。后来两个人不做同桌了，他以为自己还会堕落回去，但是每想到她，他都觉得自己的心中又一次充满了光明。文章一经分享，瞬间火爆全网。接下来就让我们一起走进青春期恋爱解惑。

义务教育以来，甚至更早，恋爱话题就是校园里的一个引人注目的主题。青春洋溢的孩子们不断地向着成人发展，对爱的向往成为了青少年的一项精神需求。他们有时候会不由自主地就被异性所吸引，并对其产生爱慕之心。一般地，未成年男女建立恋爱关系或对同性、异性感兴趣、痴情或暗恋等现象被称作早恋。老师和家长通常会谈"恋爱"色变，认为学生的恋爱是不务正业、过家家，禁止学生过早恋爱。但这通常并不能阻止学生"恋情"发展的趋势。

随着我国社会、经济的快速发展，外来文化不断刷新着人们的固有观念，尤其是对于青少年的冲击更为巨大。例如，西方青春电影、网络媒体、爱情小说等的内容不断地侵入思想观念还未成熟的学生心中。这可能导致校园内的"恋情"有增无减。因此，树立青少年正确的恋爱观，是目前广大教育工作者迫在眉睫需要解决的问题。

根据目前情况来看，我国的早恋教育状况并不明朗。例如，性成熟不断提前而性生理和心理教育的滞后问题，现在，学校和家长对青少年恋爱的教育和引导还不够，以致青少年性行为与怀孕现象、性犯罪事件发生率有逐渐攀高的趋势；青少年的恋爱教育问题如果没有被恰当地处理，对于青少年的整个社会支持系统的生态环境会造成不可预料的后果。专家吴阶平指出："一些出现在成年人身上的健康或行为方面的问题，往往可以归咎于他们青春期时得不到适当的知识或教育"。由此看来，引导青少年树立正确的恋爱观，帮助他们学会与异性相处的正确方法是必要的。

一、青春期恋爱的发展过程和特点

进入青春期的男生和女生对异性会产生强烈的兴趣和爱恋，但这时的爱是朦胧的，在一定程度上是缺乏道德约束和责任感的。如果缺乏正确的指导，有的孩子会出现家长和老师口中的"早恋"现象。出现早恋的原因，除了与青少年生理逐渐成熟有关之外，还可能与青春期性意识的发展有关。一般地说,青春期性意识的发展通常被分为以下四个阶段,这四个阶段的发展也对应于青春期恋爱的发展过程。

1. 异性疏远期。这一时期大约出现在青少年的12~14岁之间。这时,两性之间差异被青少年捕捉到。因此,他们会刻意减少往来,尤其在女性中体现得更明显。

2. 异性接近期。通常是在青少年14~16岁。在这一时期,两性个体开始互相因为内在或者外在的因素而吸引,但因为他们不确定这种吸引是不是相互的而选择将其埋在心底。

3. 异性交往期。这一时期大约发生在16~18岁。青春期的孩子对于异性的倾慕更加强烈,开始表达自己的爱慕,并且部分人开始了恋爱。不过,这一阶段的异性交往还是具有一定的盲目性。

4. 正式恋爱期。普遍地发生于18岁正式成年之后。这时候的爱慕已经开始成人化,专一并且有自己的独特想法。青少年会关注符合自己喜好的异性,渴望建立恋爱关系,并且对于步入婚姻充满向往。

高中的学生基本处于第3、4阶段,随着不断地发育和成熟,他们会有更为自觉化的性意识,不再盲目和幼稚。但是,两个阶段的情况还是感性大于理性的,一旦出现感情纠葛,可能还难以用理智的方法解决,严重的甚至会影响其身心的健康发展。

对于教师和家长,一方面,他们应该明确,在中学阶段,青少年产生对于异性的爱慕和好奇都是生物体的正常现象。因此,不应该盲目地将与异性相处都视为早恋,也不要盲目地批评孩子;而应该正确引导,让他们在交往中建立正确的友谊观,完善自我。另一方面,青少年还无法正确地排解性冲动。因此,他们很容易通过一些不良途径,如看色情媒体的方式,获取不健康的性知识,甚至发生冲动的性行为。因此,疏导青少年所面临的性心理困惑,传授健康、科学的性知识,并让他们认识到目前学习知识的重要性,是教育者的主要任务。

有研究调查了中学生对待恋爱的态度及其原因。结果发现,他们对中学生谈恋爱持有不同的态度。其中,有三分之二的学生认为恋爱能促进学习;五分之一的学生认为可以在互相喜欢的基础下谈恋爱,剩下的学生认为不可以谈恋爱。根据调查结果可以发现,无论是出于哪种原因,大多数学生都认为,中学生可以谈恋爱。这说明,目前的中学生对于恋爱的接受程度还是很高的。但是,研究结果也表明,他们的恋爱比较理想化,并没有考虑不成熟的爱情可能造成的不良后果。也有调查结果显示,通常情况下,学生都是从自我意识中发现并决定不能进行恋爱的,而不是老师和家长施加压力导致的。由此可以看出,学生的个性发展也逐渐趋于成熟化(《高中生青春期性教育问题研究》,2016)。

这些调查结果可以在一定程度上为家庭及学校对青少年的恋爱问题进行疏导时提供参考依据。学校和家庭在处理恋爱问题时,应该首先以温和包容的态度,耐心地引导,然后慢慢地带领青少年回归到学习上来。

二、青春期恋爱的心理影响

处于青春期的男女生之间刚开始往往都是以朋友或同学的身份交往,渐渐地,他们的交往对象就会变得单一,然后会忽略与其他同性或者异性伙伴们的交往与联系。在这个时候,交往双方之间的感情就会迅速升温,对于彼此之间的认同感也会增强,逐渐地就会发展成为恋爱关系。值得强调的是，在西方的发达国家，恋爱被认为是一件自然的、顺应物种本性的行为，是一个人心智发育正常的标志。同时，表达爱和接受爱也是一种能力。

青春期恋爱产生的因素有许多种。但是，究其根本来看，还是人类在身心剧烈发展过程中的天性使然。我们不能简单粗暴地禁止青春期恋爱，这样对于青少年的人格健全和长远发展是有害的。所以，对于早恋的说法应该慎重，不应盲目持消极、否定的态度。因此，对于青少年的恋爱，教育者应该采取正确的引导方法，站在学生的角度向他们分析青春期恋爱的利弊，引导他们用理智来克制自己的性冲动，从而保障青少年心智的健全发展，避免青少年心理创伤和心理阴影的产生。

青春期的恋爱不可避免地具有一定的盲目性。所以，教师和家长应该注意其负面影响。青春期的孩子们都处于天真烂漫的阶段，但心智还不够成熟，考虑问题也不够周全。因此，青春期恋爱十分容易导致自控力不足的青少年过度专注于恋爱中，从而陷入恋爱无法自拔。同时，因为国内性教育的欠缺，青少年恋爱很容易发生情难自禁的现象，从而对自己和他人造成不良后果，而且也可能会对班级内的其他同学造成负面影响，如其他同学可能会模仿。因此，家长和教师应该对青春期恋爱的孩子们循循善诱，指引他们协调恋爱与学习和生活的关系，并积极开展青春期性教育，避免冲动性行为。

不过，青春期恋爱的正面价值不可忽视。虽然大多"早恋"都以失败而告终，但是我们不应该直接忽视青春期恋爱的正向价值。弗洛姆说"爱的情感可以为人提供无与伦比的强大支持，进而帮助人们克服难以想象的巨大困难"。青春期恋爱对于满足青少年情感的社交活动具有积极的作用。国内也有研究发现，在塑造一些良好人格（比如开朗、自信、成熟等），以及矫正自我缺点、发现他人优点等良好行为中，恋爱更可能成为激励青少年努力向上的中坚力量。因此，关于青春期的恋爱，我们应该以辩证的思维去看待，而不应该直接采用一棒子打死的策略。

三、青春期的恋爱辅导

【案例】

之前，网络上还有这样一个小学生当街分手的视频。视频里的小女孩不断地哭喊："你把我当什么？"

以上的案例在一定程度上反映出当前青少年恋爱正在越来越低龄化的现象，并且容易造成不良的情绪情感后果，从而容易导致青少年产生心理创伤。因此，培养青少年正确的恋爱观成为了不可避免的重大问题。

要培养青少年正确的恋爱观，教育者首先需要正确地看待青少年的恋爱问题。现如今，面对青少年"早恋"的问题，教师和家长的教育方式和态度出现了两种极端：避之不及和疯狂打击。但是，青春期的躁动并不会因此而消退，发自内心的爱恋"打不过"也成了显而易见的结果。因此，培育正确的恋爱观，让青少年领悟爱情、友情和异性交往之间的关系才是真正的解决之道。本书建议从以下三方面对青少年的恋爱进行辅导。

1. 从规范外显行为入手，指导适度的异性交往

美国中学的《学生示爱限定规则》写道："我们认为，不论你年长或年幼，对他人表示关怀与向他人示爱对你来说都是十分重要的。不过,在学校的环境中公开示爱是不得体的""我们相信,诸如牵手之类朴素而单纯的示爱无伤大雅,但在校内众目睽睽之下接吻和紧密的身体接触是不能为人接受的行为。违规者将受纪律处罚"(冯大鸣,2007)。

在这份简短的规定中,我们看到的是对于青少年恋爱的包容,但又确切地指出了青少年该有的分寸。这让孩子们能够理解,并且不会引起他们的逆反心理。国内的教育工作者应该借鉴这一类的范例,让孩子们的恋爱处于可控范围,避免造成严重后果。

2. 人性化管理,拒绝一竿子打死

青少年对异性的好感和欣赏并不完全像成年人所理解的那样,会影响学习,或者会学坏。实际上,青少年对外界充满了好奇,喜欢尝试。但是,他们天真而不计后果的想法,有时可能会出现偏差。

爱情启蒙教育应该先从可见的外部行为入手,应该规范而不是强行制止,进行"由内而外"的教育,让青少年理解爱情并为爱情负责。"内"指的是心理,"外"指的是行为。"由内而外的教育"指的是在心理上,对青少年提前进行性教育和恋爱教育,消除他们对异性的盲目神秘感,让他们明白在相应的年龄段如何恰当规范自己在恋爱中的行为;同时在行为上,让他们主动去学习并明白,恋爱要在适当的年龄、双方心理成熟、环境允许和能担负一定责任时进行,并且要理智控制自己的性冲动和性欲望,用合理的方式进行释放。教育的过程,关键在于让青少年理解爱与责任,以人格长远健康发展为目的来实现"性健康"的理念——"性的身体层面、情感层面、智力层面和社会层面的完整结合,从而积极地丰富人格,促进沟通和增进爱。"

3. 做到因材施教,"一把钥匙开一把锁"

家长和教师都应该明白,相同事件对不同人的影响不同。同样是青春期恋爱,家长和教师要因材施教,要根据不同学生的特点来灵活处理。总而言之,我们要做到人性化、个性化地进行爱情启蒙教育,不去纠结他们的产生原因,而是着手于疏导、帮助,真正地着手于问题的改善,而不仅仅是纸上谈兵。

总之,爱是人类生存的动力,在不同的阶段有着不同的作用。既然在人类漫长的进化史当中,爱的生理和心理机制被保存了下来,就说明在人类物种当中,"爱"是需要的,也是人类的一种高级情感。因此,面对青少年恋爱,包括教师、家长和青少年在内的每一个人都应该理智地、辩证地去认识和领悟。家长和教师要在了解青少年身心发展特点的基础上,站在青少年的角度,多理解和包容他们,遇到问题时用理智的方式处理,让每个青少年都能够在爱与被爱当中茁壮快乐地成长。青少年自身要认清自己当下的主要任务是学习知识,也要正确认识青春期的身心发展过程和特点,要理智对待恋爱,不要盲目恋爱和沉迷于恋爱。

【章末思考与练习】

1. 青春期的心理特点有哪些?
2. 你认为家庭和学校应该以什么样的方式对青少年进行性教育?
3. 举例说明青春期恋爱对青少年成长的利弊。
4. 你认为父母和教师应该如何对待青少年的恋爱?

【阅读书目推荐】

1. [美] 劳伦斯·斯坦伯格. 青少年心理学（原书第 10 版）[M]. 梁君英，董策，王宇译. 北京：机械工业出版社，2015.
2. [美] 斯坦利·霍尔（G. Stanly Hall）. 青春期 [M]. 凌春秀译. 北京：人民邮电出版社，2019 重印.
3. 刘春雷. 青少年心理咨询与辅导 [M]. 北京：清华大学出版社，2011.

参考文献

1. Hogarth, Harriet, Ingham, Roger. Masturbation among young women and associations with sexual health: an exploratory study [J]. Journal of Sex Research，2009，46(6), 558-567.
2. 冯大鸣. 早恋，我们何以应对——美国中学的《学生示爱限定规则》的启示 [J]. 中小学管理，2007（11），36-38.
3. 高中生青春期性教育问题研究 [D]. 山西师范大学，2016.
4. 我国现阶段人群中自慰行为的状况及相关分析 [J]. 中国男科学杂志，2010，24（5），26-29.
5. 薛翠华，巴巴拉·戴安娜，鲍玉珩. 新性学研究：正确对待自慰 [J]. 中国性科学，2012，21（10），75-79.

第七章 青少年网络问题辅导

【教学/学习目标】

1. 了解青少年的网络心理和网络对青少年身心的影响。
2. 理解网络成瘾的定义和原因。
3. 了解网络成瘾的诊断标准。
4. 了解网络成瘾的危害。
5. 掌握青少年网络成瘾问题的预防措施。
6. 掌握青少年网络成瘾问题的团体心理辅导方法。

【案例导入】

小旭,男,15岁,九年级,性格较为内向。两年前父母都外出工作,很少回家,他平时由爷爷和奶奶照顾。刚上七年级时跟新同学和新老师打交道不是很主动,成绩又处于中等水平,较少受到同学们的关注。他偶然有一次上网开始尝试玩游戏,觉得很有意思。后来经常不去上学,玩游戏玩得很过瘾,完全忘记了时间。不上网玩游戏的时候觉得时间过得特别慢,精神不好,特别爱困,对什么事情都没有兴趣。一上网玩游戏就会忘记时间,跟网上的朋友玩得很开心。

自从上七年级以来,他长期上网玩游戏,精神状态不佳,身体健康状况也欠佳,学习成绩落后。他在家与爷爷奶奶的交流很少,与周围同学较为疏远,在学校经常觉得自己一个人很孤独。现在爸爸妈妈都知道他沉迷于网路游戏,奶奶也生病了,他心里感到很愧疚、很痛苦,想开始正常的学习和生活。但是,他感觉自己离不开电脑。上课时经常想起网上的内容,上课无精打采。

小旭处于青少年期这一敏感、自身矛盾的时期,加上自己的父母亲都不在身边,和爷爷奶奶的交流很少,没有人对他进行引导和管束。他迷恋网络的主要原因是能够获得玩游戏后的成就感并且能够与网友进行交流。时间一长,自己沉迷于网络,不能自拔。

"网络具有报刊、广播和电视等其他媒体所没有的优势:图、文、声并茂,具有虚拟性、互动性、实时性,大大缩短了人与人之间交流的距离,同时调动了人的视听等感官活动,这在一定程度上满足了青少年的自我满足心理和减压心理,并且极大地满足了他们的娱乐心理。于是上网聊天、进行互动网上游戏、听音乐、看电影等活动成为很多青少年学生业余休闲的重要形式。这样,上网的时间越来越长,越难以自拔,甚至荒废学业"(部分资源来源于 https://www.xzbu.com/1/view-5227081.htm)。

青少年的网络问题已经成为一个当下人们热烈讨论的话题。沉迷于网络不仅对青少年的心理造成很大的负面影响，而且对于他们的身体健康也会照成不可估量的损伤，尤其是青春期正值青少年身体发育的黄金时期。对于沉迷网络不能自拔的青少年学生来说，网络麻醉了他们的身心。学生在网络的虚拟世界中求得短暂的满足、安宁与解脱，但是一旦离开网络就感到焦虑、抑郁和孤独等。所以，教师和家长应对青少年的网络问题给予足够的重视。本章从青少年的网络心理着手，探讨青少年的常见网络心理问题，并就青少年网络成瘾问题的辅导策略提出了一些建议。

第一节 青少年的网络心理

一、青少年的上网概况

随着近些年计算机信息技术的飞速发展，互联网已经深刻融入并彻底改变了人们的生活和工作方式，互联网已经深入人们的生活。根据中国互联网络信息中心（CNNIC）发布的数据，2019 年，我国互联网的普及率已达到 61.2%。其中使用手机上网的用户比率已达到 99.1%。以智能手机、平板电脑等便携式电子产品作为互联网接入设备的比率继续飙升，使得越来越多的青少年可以随时随地上网。网络已经渗透到青少年生活的方方面面。

中国互联网络信息中心 2012 年的相关调查报告显示，青少年网民选择在家上网的比率高达 89.0%；与 2011 年相比，在网吧上网的青少年比率下降了约 5 个百分点；农村地区的青少年网民中在网吧上网的比率也从 2011 年的 43.8% 下降到 2012 年的 35.2%。由此可见，青少年上网地点主要是家里，在网吧上网的比率逐渐下降。

数据还表明，城乡青少年网民在网络应用方面存在较大差异。城乡青少年网民网络应用使用差异较大的前五类应用分别为：网络支付（差异 17.59%）、电子邮件（差异 17.10%）、网上银行（差异 16.33%）、网络购物（差异 15.54%）和微博（差异 13.90%）。而城乡青少年网民网络应用使用差异较小的前五类应用分别为：网络游戏（差异 2.42%）、即时通信（差异 6.07%）、网络音乐（差异 6.86%）、网络文学（差异 6.95%）和团购（差异 7.84%）。这表明，城镇青少年比农村青少年网民更倾向于网络交易和主动获取网络信息，而他们在娱乐社交上的差异相对较小。

同时该报告还指出，青少年网民的规模巨大。"截至 2012 年 12 月，中国青少年手机网民规模达 1.96 亿人，同比增长 5.9%"。中国青少年网民中使用手机上网的占比达 83.5%，高出整体网民的平均水平（74.5%）9.0 个百分点。而该中心发布的《2014 年中国青少年上网行为研究报告》表明，近 5 年，中国青少年网民的规模还在继续上升。截至 2014 年 12 月，中国网民总规模已经高达 6.49 亿人，其中，24 周岁以下的青少年网民规模大约为 2.77 亿人。关于上网时间，2014 年，各学龄期青少年每周上网时长大约为 26.7 小时，与 2013 年相比，延长了大约 4 小时。其中，小学生、中学生和大学生每周上网时长分别为 14.4 小时、23.7 小时和 29.3 小时左右。关于上网的目的，根据《2015 中国青少年及儿童互联网使用现状研究报告》，3 岁到 8 岁的儿童喜欢看视频和玩游戏，9 岁到 11 岁的儿童开始上网寻找学习资源、做作业。12 岁以上的青少年上网时对于社交的需求最大。该数据表明，青少年的上网目的具有较大的年龄差异。

与亚洲其他地区同年龄段网民的互联网使用情况相比，我国 14 岁以下的儿童及青少年更多地使用网络进行娱乐和社交活动。我国14岁以下儿童青少年使用文字聊天的比率大约为80.4%，使用网络娱乐的比率大约为96.5%，分别高于韩国的64%和92.2%（http://www.cnnic.cn/hlwfzyj/fxszl/fxswz/200911/t20091125_33718.htm）。

中国青少年网络协会和中国传媒大学调查统计研究所以北京、上海和武汉为抽样城市，针对小学生及其家长开展了小学生网络使用情况调查研究。他们总共调查了2400份有效样本（其中每个城市选取800个样本，包含400个学生和400个家长对应配对样本），联合发布了《小学生互联网使用行为调研报告》。结果发现，"看动漫、看电影、下载音乐和玩网络游戏等娱乐追求是小学生上网的主要目的"，90%的小学生玩过网络游戏，超过40%的小学生表示"学习"只是上网的目的之一。大多数小学生的上网目的为游戏娱乐。

二、青少年的网络心理

"网络的虚拟性、互动性和开放性特点大大满足了青少年的多样化和个性化需求（如好奇心、学习求知、社会交往、展示自我、减轻压力、情感表达和娱乐休闲等）"。网络也为青少年提供了与成人世界平等对话的平台，使他们能够发出自己的声音。在使用互联网的过程中，青少年的网络心理呈现出以下特点（黄希庭，郑涌，2004）。

（一）好奇心理

青少年对外界新鲜事物具有强烈的好奇心，而丰富的网络资源进一步激发了青少年的这种心理。互联网作为全球最大的信息库，每天都有海量的新信息在上面发布。这些信息涵盖了青少年生活和学习的各方面。因此，互联网上的信息极大地拓展了青少年的知识范围和视野，为他们带来了全新的生活体验，能够充分满足他们的好奇心理。

（二）学习求知心理

互联网的普及使得青少年学习所需的各种资源都可以在互联网上轻松搜索到，青少年可以轻而易举地在网上进行学习。网上学习较少受到时空限制，青少年在学习过程中面临任何学习问题都可以通过网络查找到相关知识。数字图书馆、在线辅导课程等的出现更是极大拓宽了青少年学习知识的途径。通过互联网，青少年可以在数字知识库里寻找自己学业上、事业上所需的信息，因此互联网满足了青少年不断增长的求知心理。

（三）社会交往心理

社会交往是每个人身心发展的需要，尤其是对于处于心理发展关键时期的青少年来说，通过互联网进行网上实时、实地而便捷的沟通已经成为很多青少年社会交往的主要渠道，互联网为青少年的社会交往提供了一个全新的平台。不论时间和地点，只要进入互联网，青少年就能以平等的方式和他人进行交流。通过实时聊天软件、论坛留言、博客、Email等方式，青少年可以畅谈自己的想法，表达自己的情绪，获取外界信息。

随着自我意识的增长，青少年对父母的情感依赖逐渐减少，对同伴的情感依赖开始增加。他们渴望结交新朋友。基于互联网的交友工具，大大满足了青少年渴望广泛交友的需要。

(四)表达情绪的心理

网络的开放性特征满足了青少年平等交流、表达情绪情感的需要。在互联网上发表言论受社会地位的影响小,青少年和他人都是平等的关系,他们的各种情绪可以得到尽情的表达和宣泄。对于崇尚自由、渴望他人理解与尊重的青少年来说,通过互联网可以找到更多的知己,表达自己的情绪情感,自由地表达自己的观点和看法。从而获得现实生活中无法得到的情感交流和满足。

(五)休闲娱乐,减轻压力的心理

青少年可以通过在互联网上打游戏、聊天、听音乐、看电影、阅读、购物等休闲娱乐活动来减轻压力,放松身心。这些便捷的休闲娱乐活动与线下活动相比,具有时空限制小、娱乐成本低、身份隐秘性强等特点。因此,这些活动已经成为了青少年重要的休闲娱乐活动。

(六)渴望尊重的心理

处于青春早期的青少年思维活跃,他们渴望结交朋友,获得理解与尊重。随着年龄的增长,青少年的生活空间不断扩展,阅历不断增加。这使得他们渴望拓展社交团体成员的范围,并在团体中获得尊重、体现自身价值。互联网的开放性和实时性能满足他们渴望尊重的心理。不论何时何地,互联网都可以使人们互相认识,青少年能在网络的虚拟人际互动中获得自信、自尊和自我认同的价值。通过互联网,青少年也可以广泛拓展人脉,从而为自己的学业、事业进步提供一定的支持。

三、网络对青少年身心的影响

(一)网络的优势

网络能在一定程度上扩大青少年的人际交往圈子,有助于他们建立良好的人际关系。网络具有开放性、匿名性的特征,青少年可以适当的宣泄不良情绪(如一些"发泄网""发泄游戏""发泄球"和"发泄吧"等)。网络也为青少年的学习提供了更丰富的资料和更广泛的途径。互联网上海量信息极大地拓展了学生的知识范围和眼界。发生在世界各地的新鲜事物(如时事政治、风土人情等)都可以通过网络来呈现,学生可以第一时间获取这些信息。网络的开放性能提高学生的学习参与度,学生利用网络资源可以根据自己感兴趣的问题进行探索,从而主动融入到学习中。网络为青少年提供了更多的机遇,通过参与网络活动,可以提高他们的自信心,激发想象力和创造性。

例如,作为一种基于互联网的新教育模式,网络教学对教学活动提出了新的要求,利用互联网进行教学可以在一定程度上提高学生的学习能力(顾开基,2015)。网络教学不受时空限制,学生能够随时随地学习。学生在任何时间、任何地点,遇到了学习问题,都可以通过互联网与教师实时或留言交流,或同其他学习者进行交流。教学资源多元化,共享度高。教师和学生可以在线分享自己所掌握的资料。网络教学还可以提高学生的网络信息搜集能力和自主学习能力。

（二）网络对青少年的危害

互联网就像一把双刃剑，既是青少年了解世界的重要工具，也存在一些弊端。主要表现在过度使用网络对青少年身体和心理两方面的不良影响。有调查显示，儿童和青少年上网时间长或坐姿不正确，会对视力和身体发育造成极大的伤害。其次是儿童和青少年沉迷网络游戏，上网时间失控。再次是网络上色情、暴力等不良内容和网络上交友的安全性也会给他们带来负面影响。未来，互联网的发展对青少年影响会进一步加大，青少年的网络依赖程度也会越来越高。对于心智未成熟的青少年，要健全相关法律法规，为他们创造一个清朗的网络环境，隔离有害信息对他们可能造生的不良影响。

中央综治委预防青少年违法犯罪工作领导小组办公室与中国青少年研究中心联合发布了《青少年网络伤害问题研究》的报告。该报告认为，"色情信息和暴力信息是青少年遭受网络伤害的两大因素。根据北京市海淀区法院的统计，抢劫罪的数量在1999年后上升为未成年人犯罪之首，性犯罪的案例近年来也有所增加，而其中80%左右都与网络有关"（http://www.cnnic.cn/hlwfzyj/hlwfzzx/qsnwm/201206/t20120612_26782.htm）。"青春期的孩子对异性比较感兴趣。网络里的色情信息对他们的负面影响很大。一些青少年强奸类犯罪的违法犯罪动机就是受到网络中淫秽信息的诱惑。美国已发现一些性暴徒的犯罪行为曾在网上进行过多次演练，最终在现实生活中复现"我国青少年研究中心少儿所所长孙宏艳说："至于在网络游戏中长期的砍杀、爆破、飙车、打斗、枪战，会使未成年人的道德认知发生错位，逐渐认为网络中的砍杀在现实生活中也是合理的，从而在现实中予以实施。"

另外，调查显示，"中小学生受网络游戏的伤害最深。网络游戏成瘾或沉溺的问题愈来愈严重，并影响着儿童青少年的健康成长""玩网络游戏首先损害的是中小学生的身心健康"。中国青少年研究中心青少年法律研究所助理研究员陈晨说："过度沉溺于游戏会造成视力下降、失眠、肌肉酸痛、大脑发育受损、激素水平失衡、免疫能力降低、紧张性头疼、焦虑、颈椎病、干眼病等肉体伤害。如果在网吧，伤害会更严重，因为玩游戏时精力高度集中，会血流加速、心跳加快，体力、精力消耗很大，再加上网吧人口密度大，空气混浊，烟味、食物味、汗臭味等，机器声、打闹声、脏话声等都严重影响着他们的身心健康。玩网络游戏还会使玩者对现实世界反应迟钝，疏于社交活动而导致性情孤僻。其次，沉溺者即便清楚其行为可能造成的后果，也无力对自己加以规范，无法有效地控制游戏时间。游戏成瘾后，玩家会渐渐失去对日常生活的管理能力，离开游戏后玩家会出现戒断症状，产生严重的空虚感或失落感，有的甚至出现心理危机，导致自杀"。

"玩网络游戏直接影响了青少年的学业和人际交往。他们在网络游戏上花费了大量的时间和精力，从而影响了正常的学习和休息时间，导致上课精力不集中，学习质量和效果不佳，学习成绩下降，严重者甚至会产生学习障碍""沉溺于网络可能导致青少年的人际关系障碍。青少年花在网络上的时间越多，他们与家人、教师和同学等的沟通就越少。这可能导致他们现实生活中的朋友越来越少，人际关系变得冷漠。人际信任危机和各种交际冲突也可能随之而来"。

"沉迷网络也对青少年的人生发展带来损害。沉迷网络威胁他们的自我同一性形成，包括自我概念、自我存在的一致性与连续性、自己未来的发展方向、社会责任意识，直接影响了他们健康人格的形成""上网时缺少他人在场的压力，快乐原则支配着个体的行为，这种互联网的虚拟性特征导致了许多青少年为了逃避现实生活而沉迷于虚拟世界,从而导致社会化不足、幸福感低、攻击性强和孤独感重的后果。这些损害直接影响了他们的学业、工作和家庭生活"。

第二节 青少年的常见网络心理问题

本节主要介绍青少年的常见网络心理问题,具体包括网络成瘾和其他网络心理问题。

一、网络成瘾综合征

(一)网络成瘾(internet addiction disorder,IAD)现象

在生活中,存在不少青少年因为自制力不足,通宵达旦沉迷于网络,导致体能下降、生物钟紊乱、注意力难以集中、情绪低落、思维模糊、头昏眼花、双手颤抖、疲乏无力、食欲不振、性情大变等不良生理和心理综合反应,严重者甚至"走火入魔",出现体能衰竭或精神异常。上网成为其生活中最快乐、最高兴的时刻。如果远离网络,就会心慌意乱、精神萎靡不振或精神颓废。他们对学习失去兴趣,情绪波动大,因上网而厌学、旷课。这种因过度使用网络导致的现象被称作网络成瘾综合征。

(二)网络成瘾的界定

网络成瘾简称网瘾,属于精神成瘾行为。它指强迫性的过度使用网络和剥夺上网行为之后会出现一系列的情绪和行为异常(Mitchell,2000;唐任之慧,刘学军,2017)。它是在无成瘾物质作用下,人们对网络的一种过度依赖现象,上网时间超过一定的限度,表现为对现实生活和学习等活动失去兴趣,沉迷于虚拟网络中不能自拔(范娟,2016;朱雯,张涛,龚清海,2016)。我国的成瘾人群集中在15~20岁的青少年。

(三)网络成瘾的危害

网络成瘾严重危害了青少年的身心健康、学业能力和社会交往等,已经逐渐成为世界上许多国家高度重视的社会问题之一。网络成瘾的危害主要表现为以下几个方面:

1. 影响正常的亲子关系和社会交往

网络成瘾者整天沉迷于网络,自我封闭,极大地压缩了正常的社会活动时间,与家人和朋友的交流变少、社会关系逐渐疏远,导致与人交往的能力和语言表达能力下降,出现社会退缩和心理健康水平下降。但他们在网上进行社交的能力不受影响,两者的反差进一步加剧了其对上网行为的依赖,在网络上寻找自我满足。

2. 影响青少年的学习

网络成瘾者通常都无心学习,成绩下降。青少年对上网产生依赖后,上网在其生活中便占据了主导地位。他们把注意力都放在了网络上,学习动机减弱、上课开小差、精力不能集中在课堂上,所以导致成绩直线下降。

3. 自控能力差,意志力下降

上网成瘾者有时也会认识到过度上网的危害,试图缩短上网时间。但由于上网成瘾的

原因，其在无法上网时，会产生烦躁和情绪不稳，进而自控能力变差、意志力下降，无法自拔（范娟，2016）。

4. 严重影响身体健康

网络成瘾者白天黑夜都沉迷于网络，睡眠时间大大减少，精神状态不佳，情绪不稳定。同时还会出现其他一系列生理症状。长此以往会导致一些并发症，如免疫力减退、心血管疾病、胃肠神经症、紧张性头痛、视力减退和久坐带来的肢体症状等。因此，青少年的身体健康受到严重损害。

（四）网络成瘾的诊断标准

我国医学界长期以来都缺乏对网络成瘾的明确而科学的诊断标准。2008年11月，我国首部《网络成瘾临床诊断标准》正式通过认证。从此以后，网络成瘾的诊断、预防、治疗和研究有了明确的依据（陶然 et al.，2008）。研究者提出了7条网络成瘾的症状标准，它们分别被概括为：

1. 对网络使用的强烈渴望。表现为对网络的强烈渴望和难以抑制的冲动感。

2. 减少或停止使用后的戒断反应。戒断反应包括身体不适、心情烦躁、易被他人惹恼、睡眠障碍等方面。这些戒断反应可以通过使用其他的电子媒介（如电视、收音机和掌上游戏机等）来缓解。

3. 耐受。为了达到使用网络的满足感，不断延长使用网络的时间，身心投入网络的程度不断增加。

4. 对网络的使用难以控制。使用网络的开始、结束时间和持续时间难以自我控制，虽然有意识付出努力控制上网时间，但是没能取得成功。

5. 不顾危害性后果。固执使用网络而不顾其明显的不良后果，即使他人劝告或自己知道过度使用网络的危害，也难以停止使用。

6. 放弃其他活动。因使用网络而减少或放弃了其他兴趣爱好或娱乐和社会交往活动。

7. 逃避问题或缓解不良情绪。将使用网络视为逃避问题或缓解不良情绪的唯一途径。

其中，第1条和第2条是核心症状，后5条是附加症状。"网络成瘾的确诊必须能够在成瘾者身上看到明显的对网络使用的渴望和停止使用网络后的戒断反应，并存在7项标准的后5条中的任意一项。病程标准应该为平均每天因为非工作的原因上网超过6个小时（包括6小时）且症状持续3个月及以上"。

另外，美国心理学家修订了"网络成瘾"的诊断标准，该标准共包括10个关于使用网络的描述项。如果在其中5个及以上的问题中回答"是"，那么可以作为诊断为"网络成瘾"的参考依据。

1. 你是否觉得下网后总念念不忘网事。
2. 你是否总嫌上网的时间少而不能满足。
3. 你是否无法控制用网时间。
4. 一旦减少用网的时间，你是否会焦躁不安、无所适从。
5. 你是否一上网就能消散种种不愉快。
6. 你是否觉得上网比上学做功课更重要。
7. 你是否为了上网宁愿失去重要的人际交往和工作。

8. 你是否不惜支付巨额的上网费。
9. 你是否对亲友掩盖频频上网的行为。
10. 你是否觉得下网后有疏离、失落感。

（五）网络成瘾的原因

1. 网络本身的诱惑

网络具有开放性、虚拟性、实时性和内容的丰富性特征。每天都有大量的新鲜事物在网络上公开呈现，青少年的好心强，对新鲜事物感兴趣，而且他们可以通过网络随时随地查找到这些信息，所以网络对青少年的诱惑较大。在网络这种虚拟世界中，道德规范和准则对人们的约束能力大大减弱，尤其是对于道德发展还不够成熟的青少年，他们可以在网上随心所欲的表达言论，宣泄情绪、释放压力，从而产生快感并难以自拔（Wu, Ko, Lane, 2016）。

另外，网络游戏娱乐具有丰富的视听感官刺激，能够激发青少年的好奇心；通过网络游戏进行角色扮演，能提高他们的参与度，角色人物的成功能使他们获得成就感，从而得到现实生活中不能得到的满足。Shen等发现，那些在现实生活中只有较低心理需要满足的青少年，在网络中反而能获得较高满足（Shen, Liu, Wang, 2013；李董平，周月月，赵力燕，王艳辉，孙文强，2016）。青少年在现实生活中不能满足的需要可以在网络中获得满足和愉悦体验，这可以强化个体对网络的过度依赖（万晶晶，张锦涛，刘勤学，邓林园，方晓义，2010）。

2. 心理因素

大量研究表明，不良情绪对网络成瘾有重要影响（来时明，甘志娟，叶正茂，邓小雁，2014；朱雯等，2016）。在现实生活中，经常具有抑郁、焦虑、低自尊和悲观等负性情绪的青少年，更容易沉迷于网络（Lam, Peng, Mai, Jing, 2009）。他们可能经常自我怀疑，具有较低的自我效能感以及否定的自我评价，希望在网络虚拟世界中来排解现实生活中的苦恼，得到尊重和信心。一旦这些不良情绪得到缓解，自尊心和自信心得到满足，他们就会更加频繁的使用网络，久而久之就形成了恶性循环，沉迷网络不能自拔。

人格也是网络成瘾的重要因素之一。人格趋向于易激惹、易暴躁、古板、倔强、逆反和孤独感强等的青少年，容易沉迷于网络游戏甚至是网络暴力游戏。性格内向、不愿参加集体活动的青少年，当内心有了苦闷时，自己无法排解，便去上网发泄，不知不觉中他们就已经沉迷上了网络。

好奇心强、自控力差的青少年，面对网络中的丰富刺激时，总忍不住想尝试一番，再加上自控力差，容易沉迷于网络不能自拔。例如，有研究发现，网络成瘾可能是一种冲动控制障碍（Qi et al., 2016；Yau, Crowley, Mayes, Potenza, 2012；李琦，齐玥，田莫千，张侃，刘勋，2015）。

学业失败也是导致网络成瘾的重要因素之一。青少年学业失败表现在他们学习成绩差，对学习或学校有抵触心理，厌学逃学，人际关系紧张。为了逃避现实，缓解学业和人际压力，他们可能沉迷于网络。

3. 生理因素

网络中大量而丰富的信息对神经系统进行持续刺激，导致成瘾物质，如多巴胺、肾上腺素等神经递质的释放水平大量升高,精神出现高度兴奋,从而对上网行为有奖赏作用。然而,时间一长,大量的奖赏性物质反而会损伤脑部的认知功能区,造成网络成瘾(贺金波,郭永玉,柯善玉,赵仑,2008;郁洪强等,2009)。

4. 环境因素

家庭环境、父母教养方式、亲子关系、社会交往和社会支持等都对青少年的网络成瘾行为有影响。其中,同伴交往、学校生活、家庭生活的失败是导致青少年上网成瘾的重要原因。很多父母平时忙于工作,缺乏与孩子的沟通,不能进入其内心世界。当青少年遇到学业上或生活上的问题时,不愿意和父母交流,而是到虚拟的网络世界寻求满足(范娟,2016)。

另外,青少年在网络使用上常常较少受到家长和老师的监督,丰富的网络视听等感官刺激激发了他们强烈的好奇心,再加上青少年较强的模仿能力,能快速接受新鲜事物,因此自控能力差的青少年就容易沉迷其中(李董平等,2016)。

网络现已相当普及。大多数家庭已经安装了网络,手机上网更是普遍,网吧也随处可见。网上充斥着各种娱乐消遣的信息,网络的普及和网络文化的娱乐化等都是导致青少年网络成瘾的风险因素。

5. 综合因素

以上这些因素可能交互作用于个体,从而导致网络成瘾。只有综合考虑这些因素才能更全面理解网络成瘾的复杂性和多面性,进而更有效地开展相关的预防和干预工作。

二、其他网络心理问题

目前,网络成瘾问题是影响青少年健康成长的首要问题。然而,除了网络成瘾问题之外,青少年所面临的其他网络问题主要有网络孤独症、网络人格障碍和网络犯罪倾向等。

(一)网络孤独症

网络孤独症是指"患者过分关注人机对话,淡化了与他人及社会的交往,远离周围伙伴,同时对现实生活逐渐麻木,失去参与感和感受力,从而减少人际交往,性格愈显孤僻的一种心理综合征"。其主要特征为,"社交功能和交流技巧都出现不同程度的障碍,行为变得异常或行为变得复杂多样化。网络孤独症患者因为在人际沟通方面的严重缺失,常常分不清现实与网络世界,很难与他人达成同感,因而表现出情绪低落、自卑、思维迟缓等不良现象,甚至出现自杀的想法和行为"。

我国的相关调查显示,在上网的青少年学生中,大约有20%的人感到过情绪低落和孤独,大约有12%的人与家人和朋友的关系疏远。还有很多学生沉溺于网络聊天和网络游戏,广泛结交网友和游戏中的"战友",但在现实生活中,他们对于自己的家人、同学却表现得越来越冷漠。当个体专注于某一事物时,他对其他事物就会有不同程度的忽视。当青少年学生过分沉迷和依赖互联网,他们就会或多或少的忽视现实生活中的其他活动和人际关系。回到现实生活中,他们的人际关系就会变得冷漠,人际情感就会变得萎缩,人际距离就会变得疏远。长时间缺乏社会活动必然产生心理上的孤独感。

在实际生活交往中不愿与他人交流的个体往往容易在虚幻的网络中与他人存在互动。然后这种互动并不能给个体带来充足的满足和温暖;相反,网络成瘾伴随的往往是无法避免的孤独感。不少人网络中粉丝数万,实际生活中却没有什么朋友。这种网络与现实的强烈反差则加剧了现实世界的孤独。

(二)网络人格障碍

网络人格障碍是由于过度沉迷网络导致的人格结构失衡,从而出现人格障碍。其主要类型包括攻击型人格障碍、逃避型人格障碍、双重或多重人格障碍等。

"攻击型人格障碍是一种以行为和情绪具有明显冲动性为主要特征的人格障碍"。这类人的情绪不稳定、急躁易怒,性格向外攻击、鲁莽和盲动,行动反复无常,行为自制力差,容易产生不良行为和犯罪倾向,心理发育不健全和不成熟。网络的匿名性和网络暴力游戏等加重了这类人的人格障碍症状。暴力网络游戏包含了很多攻击性情境和暴力性情境,青少年在游戏中扮演的角色也具有攻击性。当他们回到现实生活中,可能会混淆游戏情境和生活情境,从而在生活中表现出较强的攻击性。因此,沉迷于暴力网络游戏的青少年很容易出现攻击型人格障碍。

逃避型人格障碍的个体面对挑战时常常采取逃避态度或无能应付,表现为行为退缩、心理自卑、怀疑自身价值、敏感、羞愧、害怕暴露自己的内心感情。日常生活中,他们对一些不如意的小事或被他人拒绝会表现得很委屈,感觉受到了较深的伤害。他们很难同别人进行深入的感情交流,有很大的社会不安感,在那些需要大量接触他人的工作面前常常因羞怯而逃避。他们对生活中惯常规的任何改变都会感到害怕。有的青少年通过网络来逃避现实,比如逃避学业,逃避人际交往等。时间一长,他们在现实生活中也可能以逃避的态度面对问题,出现逃避型人格障碍。

双重或多重人格是指一个人在不同时间与地点交替出现两种或多种与自己本身人格不同的人格,在每种人格中个体所扮演的角色不同。当双重或多重角色之间的冲突达到一定程度或角色转换过频时,就会出现心理危机,导致双重或多重人格障碍。具有双重或多重人格障碍的患者,他们的人格不连贯,不能像正常人那样通常能跨情境、跨时间的表现出完整的人格。个体对每种人格中所扮演的角色毫无记忆。网络世界里与现实生活的自我角色相差甚远,长时间在网络中的角色扮演,会导致青少年难以分清自我角色,对自我同一性认识不清,从而导致角色混乱甚至人格分裂。当他们回到现实生活中时,不能识别和分清虚拟世界的自我和现实生活中的自我,进而出现双重或多重人格障碍。

(三)网络犯罪倾向

虚拟的网络世界为犯罪行为提供了一定的屏障,从而造成不法分子利用网络进行犯罪活动。网络犯罪是"个体或团体利用网络对他人的系统或者信息进行攻击,破坏或利用网络进行其他犯罪的总称",既包括行为人运用其编程、加密、解码技术或工具在网络上实施的犯罪活动,也包括行为人利用软件指令进行的犯罪活动。青少年自制力差,道德和法律意识淡薄,容易利用一些网络技术或工具实施犯罪活动。

第三节 青少年网络成瘾问题的辅导

青少年是祖国的未来、民族的希望,家庭、学校和社会应该共同为他们的健康成长创造一个良好的环境。"青少年成瘾问题的预防和矫治是一个系统的社会工程,需要全社会的共同努力。我们在提高青少年自身思想道德和心理素质的同时,要努力营造一个良好的社会和网络环境,让青少年在网络时代身心健康成长,并充分利用和享受网络"。

然而,网络成瘾问题已经成为危及青少年健康成长的社会问题。网络成瘾受到多方面因素的影响。因此,教育工作者应该综合考虑这些因素,采取多方面的措施预防和矫正青少年的网络成瘾问题(范娟,2016;何桂宏,赵晓兰,2002;李董平等,2016;潘贤权,2002)。本节介绍了青少年网络成瘾问题的预防措施和网络成瘾的团体心理辅导以及个体心理辅导。

一、青少年网络成瘾问题的预防措施

(一)树立正确的网络观念

青少年正处在人生的生长发育期,其心理发展还不成熟。全社会要共同努力,营造一个良好的社会环境,使青少年树立科学的世界观、价值观和社会观,使之热爱生活,明确自己的人生奋斗目标与人生价值。"教育工作者应该引导青少年正确认识网络、运用网络、预防网瘾,加强网瘾危害教育,在强调互联网好处和重要性的同时,让他们认识到过度使用网络的潜在不利后果"。

首先,让青少年认识到通过网络能便捷地获得丰富的知识,增长见识。其次,教会青少年筛选有用信息,提高自身抵制信息污染的能力。再次,让青少年认识到过度使用网络可能影响身心健康,导致不良的时间管理和不健康的生活方式以及心理健康问题。教育工作者应该尊重学生的成长规律,努力营造良好的现实生活环境,满足青少年的多种心理需要,同时让他们正确认识和面对网络游戏的"代偿"作用。例如,改善青少年的人际环境,满足他们心理归属的需要。让青少年多在现实生活中结交朋友,积极参与必要的社交活动,防止青少年以网络游戏代替正常的社会交往。

(二)分清现实世界与虚拟世界的界限

教育工作者要及时引导青少年分清现实世界与虚拟世界的界限。在网络的虚拟世界,青少年可以和陌生人畅所欲言,容易在网上获得安全感和满足感;也可以通过网络游戏来获得成功体验。当他们在网上获得的快乐比现实生活中多时,就可能会把更多的时间和精力投入到网络交往和网络游戏中,从而沉迷于网络不能自拔。因此,教育者要引导青少年在现实生活中参加一些有益身心健康的社交活动,让他们感受到真实的情感,不要沉溺于虚拟时空。

(三)丰富学生的课余生活,拓展兴趣特长

"学校可以通过开展一些课外活动来丰富学生的课余生活,发展学生多方面的能力,发挥学生的各种特长,从而将青少年的视线从网络上转移到现实生活中"。例如,学校可以多开展协作学习活动和集体活动,开设各种兴趣小组,开展多种竞赛活动,组织多种野外活动等。这样,学生可以在集体活动中获得归属感和成就感,感受到集体的温暖。

家长要及时与孩子沟通,发现和培养孩子多方面的兴趣爱好。例如,家长可以适当的为孩子报一些兴趣班。这样,孩子既可以结交更多具有共同爱好的朋友,又可以学到知识和技能,拓展兴趣特长,同时还可以充实他们的闲暇时间,从而淡化其上网需求。

(四) 改善家庭与学校环境

父母是青少年的第一任老师,家庭是青少年健康成长的港湾。家庭教育环境的优劣、家庭教育方式的正确与否都影响着青少年的健康成长。父母要心平气和、平等的与孩子交流与沟通,争取走进他们的内心世界,让孩子愿意和家长谈心,愿意把家长当作其倾诉对象。父母应该努力为青少年营造一个温暖和谐的家庭。通过家庭的温暖教育,使青少年对家庭有强烈的归属感,让他们感受到现实社会中亲情的重要性和家庭的温暖。

同时,父母应该提高自身的网络使用素质和网络知识,为孩子树立正确使用网络的"榜样"。父母应该教育孩子要诚实友好地与人交流,不侮辱欺诈他人;要增强自我保护意识,不随意约会网友。父母应当注意自己在生活中和网络中的言行,要有目的的引导青少年进入健康的网站,通过与青少年进行探讨上网的技巧和经验,及时发现和纠正青少年存在的不良网络习惯。

家庭和学校是青少年社会化的两大环境,对青少年的健康成长起着至关重要的作用。学校是培育良才的基地,学校应改进教育环境和教育方式。学校应该注重智力教育与心理教育的共同开展,加强网络心理辅导与教育,为青少年学生建立一份全面的心理档案,普及心理卫生知识,做好青少年心理咨询服务工作,为其提供及时高效的心理支持。

同时,正如一些学者所提倡的,"学校应该加强网络建设,实现学校网络教育系统的有效监管,采用网络技术手段屏蔽对青少年身心健康发展有负面影响的网站,从而避免青少年上网浏览一些不健康的信息"。学校应该大力倡导青少年的道德教育,培养青少年高尚的道德,预防青少年的不良网络思想。老师、家长也应多与青少年沟通,引导青少年善于在网上学习,不浏览不良信息;引导青少年努力维护网络安全,不破坏网络秩序。

(五) 营造健康和谐的社会环境,增强网络安全意识

全社会应加强正面引导,唱响社会主义网络文化主旋律,建立网上健康文明的道德规范,积极开展各种网上健康活动,形成安全、积极、文明的上网氛围。应加强网络法制建设,普及网络法律知识。利用网络技术封堵有害信息,强化网络内容建设,防止不健康的信息污染学生。管理部门应加大管理力度,严厉打击各类非法网吧和游戏厅等,对提供网络服务的营业主加强教育、监督和规范。

青少年应该增强自身的网络安全意识,认识到有的不法分子可能正是利用人们的信任和善良之心,以网络交际为平台去物色和接近目标,继而实施生活中的网络欺诈与暴力犯罪;也应该明白,私人信息随时可能被人轻而易举地偷看到,连电脑上的全部信息都可能被浏览或破坏。

二、青少年网络成瘾问题的团体心理辅导

(一) 团体心理辅导的内涵

团体心理辅导是指在团体情境中,通过团体内的人际互动,促使每位团体成员在交往中观察、学习和体验,从而认识自我、探索自我、调整和改善与他人的关系,学习新的态度与行为方式,以促进良好的适应与发展的一种心理辅导形式。通过团体互动,团体成员

会发现自己和别人有相似的心理问题或困惑，从而减少了心理上的压力和焦虑情绪，增加了群体归属感和认同感。

在学校情境针对网络成瘾的学生进行团体心理辅导时，包括辅导教师在内的所有团体成员之间的地位是平等的。成员之间互相理解、互相尊重，彼此感受到团体的温暖，从而使团体成员抛开心理上的防范，对自己的内心世界做自由的、深入的探索和剖析。

在团体中，辅导教师会首先向成员介绍团体心理辅导的意义，然后从认知的角度鼓励团体成员就网络成瘾问题进行主题交流和讨论，使他们认识到自己的成瘾状况和成瘾原因，并希望找到解决网络成瘾的办法。最后，每位成员根据自己的网络成瘾程度确定改变的目标，拟订评估策略，制订行动计划，分享自己的感受和收获。

（二）网络成瘾团体心理辅导的实施

1.确立辅导目标

团体目标要注意有针对性，并具有可操作性。网络成瘾团体辅导的目标在于，通过团体成员的共同努力，使网络成瘾学生相信自己，克服网络依赖，自如地上网，健康地生活。

2.建立团体互助小组

团体成员数目以12～30人为宜，可以组建成3～5个小组，每组4～6人。辅导教师应该根据个体的能力、性格等把有一定共性和互补性的个体组织到一起。通过小组讨论、小组游戏和小组协作等形成良好的氛围。

3.辅导的时间

辅导的时间可以是每周2次，每次不少于1小时，连续辅导15次以上。

4.遵循的原则

在团体辅导中，团体成员应该遵循保密、平等、自愿、互信和激励的原则。

5.团体辅导的过程

（1）热身活动：通过游戏等引出团体辅导主题，建立良好的辅导氛围。

（2）小知识：辅导教师提供网络成瘾的基本信息，引导小组成员正确认识网络的两面性。

（3）小组成员互动：用头脑风暴法、心理游戏、心理剧、角色模拟等形式进行小组互动，使小组成员认识到自己的成瘾状况和成瘾原因。

（4）目标制订阶段：小组成员各自确定自己克服网络成瘾的目标和行动计划。

（5）小组讨论：小组成员谈自己的感受，分享成功与体验，强化支持系统。

（6）辅导教师总结：辅导教师对本次辅导进行小结归纳，加深团体成员对此次辅导的印象，布置后续训练任务。

6.训练和辅导的内容

团体训练和辅导的内容包括，认识互联网、建立心理援助小组和监督小组、情感宣泄、放松训练、催眠暗示、制定合理的生活计划、讨论网络对自己的影响、自我暗示与自信心训练、人际交往训练、《全国青少年网络协议》讨论及签名、自我总结与反省、上网的自我控制训练、克服网络成瘾的行动方案。

（三）团体心理辅导的效果评估

团体心理辅导是将网络成瘾的青少年集中进行行为干预和辅导，借助于团体的力量与成瘾者自己的积极改变而达到矫治成瘾的目的。团体心理辅导作为矫治网络成瘾的一种重要手段，可以在学校、社区和班级等环境中推广。

目前，很多研究报道表明，团体心理辅导是针对青少年网络成瘾的有效方法（彭万秀，李仲国，2015；杨彦平，2005；于衍治，2005；张翠红，于志红，魏怀颖，张洁，朱红梅，2012）。例如，青岛市麦岛精神病院的于衍治对被诊断为网络成瘾的15名中学生实施了为期3个月、共12次的团体心理干预，探讨了团体心理干预方式对改善青少年网络成瘾行为的可行性（于衍治，2005）。结果发现，团体心理干预能明显改善网络成瘾者的人际关系、心理防御方式和生活无序感等，对青少年网络成瘾行为有较好的改善效果。

三、青少年网络成瘾问题的个体心理辅导

目前，针对网络成瘾的个体心理辅导主要是通过心理辅导教师或心理咨询师运用心理咨询与辅导理论和技术，帮助成瘾学生客观认识自己的网络成瘾问题，并改善他们的不良网络习惯。个体心理辅导主要是针对那些网络成瘾问题比较严重的学生，而对于网络成瘾的预防和成瘾问题较轻的学生不太适用（对这些学生一般采用团体心理辅导）。

【案例专栏1】 小学生网络成瘾心理咨询

【基本情况】

"某校一名小学六年级的男生，身体健康，身体发育状况良好。父母工作忙，照顾孩子比较少，爸爸管教孩子比较严，家中老人非常疼爱这个孙子。该生语、数、外几门功课都有过不及格现象，学习成绩在班上倒数，个别科目只有30分左右，性格有点内向，但言语表达清楚，喜欢玩电脑游戏，见了电脑眼睛就发光似的，操作电脑灵活自如"。

"该生在小学三到四年级时，学习成绩开始滑坡，到了五年级时，家里买了一台新电脑，同学约他玩电脑游戏，他便偷偷地装上了游戏软件，从此就一发而不可收拾。在学校里，他上课听不懂，而且不遵守纪律，但无品行方面的问题。他想继续混下去，直到小学毕业。家长很着急，但对电脑痴迷也没有较好的解决办法。以前老师认为他学习差主要是记不住，还感觉他心理健康方面有点问题。他痴迷于电脑游戏，每天玩游戏近3小时。如果不玩会出现焦虑、心慌和坐立不安等情绪，同时还有不愿意上学或逃学等行为"。

该生自己认为，"学习不好是自己笨，记不住。而且觉得老师和家长也是这么认为的，所以不想上学，想离家出走。对玩电脑游戏，他感到很过瘾，玩得很开心。如果不让他玩，会很难过，所以每天不由自主地要玩，拦也拦不住。对电脑游戏，他自认为是玩的最好的。另外，他还喜欢踢足球，希望成为一名足球明显"。

【案例分析】

从该生的情况看，"玩电脑游戏的次数不断增加，并能从中获得一定的心理满足。为玩电脑他减少了社交和娱乐的机会，影响了他的正常学习和生活，并出现了不玩电脑就'很难过''见了电脑眼睛就发光''玩电脑游戏感觉很开心'等典型的行为反应"。所以，初步判断，他是因学习不适应而导致的电脑游戏痴迷。可他又并不是单纯的电脑痴迷症，因为他喜欢踢球，而且还想成为一名足球明星。这表明，他是可以离开电脑游戏的。

进一步分析发现，"学业失败使他对学校学习失去信心，家长和教师也都倾向于认为他记忆力不好，学习差，从而进一步强化了他对自己的不合理评价与信念，即认为自己真

的学习差、记不住。经过家长、教师和自己的反复强化,以及看到自己语文、数学、外语三门功课都不及格的现实,他最终选择了放弃学习"。但是,"通过玩电脑游戏,他得到了一种从未有过的心理满足,有了成功的感觉,从而痴迷于电脑游戏。他的自卑来自于学业失败,但他内心渴望得到成功和尊重。玩电脑游戏激活了他想要成功的愿望,并得到了很大的心理满足。因为他在电脑游戏中已做到了最好,是电脑里的高手。只要将成功的满足感转移到非电脑游戏上,他是能改变电脑痴迷的行为的"。

【辅导建议】

在思想方面:改变对学习的不良认识,打破他人和自己都认为学习不好是因为记不住的怪圈。"从他最喜欢的事情(足球)入手,逐渐增强他的自信心。只有在电脑游戏以外也得到成功的满足感,他才能减少玩电脑游戏的次数。并且把这种满足感迁移到学习上,他才有可能喜欢学习,进而提高学习成绩"。

在行为方面:运用正面奖励办法来减少他玩电脑游戏的次数。在学习上,对以前学过的知识进行查漏补缺,一方面可以让他真正掌握这些知识,在考试中取得良好成绩,增强信心;另一方面学习占用了他的大部分时间,他玩电脑游戏的时间就会逐渐减少。

(资料来源:http://www.sohu.com/a/71466215_100807)

【案例专栏2】 帮孩子戒网瘾:世界各国各有高招

"法国的做法:政府立法、家校结合,家庭公约限制上网"

法国政府在刑法中规定:"对传播青少年色情图像者判有期徒刑3年和4.5万欧元罚款;对制作青少年色情图像者判有期徒刑3年和7.5万欧元罚款。学校为家长提出可操作的建议,如将电脑安置在客厅里;经常与孩子探讨上网的技巧和经验,了解孩子的喜好和上网的基本情况。学校也向学生提出建议,让学生有自我保护意识。如不要随意发送个人或家庭信息,不要轻信在网上聊天的陌生人,在网上看到不健康的东西要立即关闭等。此外,家长还应与孩子制定家庭公约,公约主要包括电脑放置的地方、每天使用电脑的时间及使用电脑与学习、体育锻炼时间的分配等,而且双方都要自觉遵守"。

韩国的做法:"成立专门机构帮孩子戒网瘾,网吧监管严格"

"韩国早在2001年就成立了'网络中毒咨询中心'。其任务主要是开设'网络中毒'预防讲座,实施预防教育,帮助孩子培养正确的网络使用习惯,以及面向个人和家庭提供有关'网络中毒'方面的咨询,并直接派遣咨询人员对有'网络中毒'症状的学生进行集体教育。韩国政府对'PC房'(网吧)有严格的管理。根据有关法律规定,'PC房'电脑必须安装阻止黄色网页的软件。如果'PC房'安装了不适合18岁以下儿童、少年使用的电子游戏,第一次被查处时,将予以警告并罚款300万韩元(约合3000美元)"。

英国的做法:"课余活动占去上网时间"

"英国大部分中小学生每天都上网,但是沉迷网络的并不多"。调查结果显示,"英国中学生每天上网时间在3小时左右。英国70%的家庭都能上网,青少年很少去网吧。英国孩子的课余活动相当丰富,例如体育活动、音乐绘画、参观博物馆等。他们的作业负担比中国孩子轻得多,可以尽情参与各类课外活动。在小学,老师还会给学生开列课外阅读的书单,供学生娱乐消遣、增长知识。英国的家长则经常在周末带着孩子去上各种兴趣班。一般来说,英国孩子16岁开始打工,周末要工作3个小时左右。所以,英国孩子的课余活动占去了他们很多时间,基本没有更多的时间沉迷网络"。

美国的做法:"多管齐下治学生的网瘾"

"美国的娱乐软件业实行分级制度。分级制度由美国娱乐软件定级委员会(简称ESRB)制定,分为两个部分。一是位于游戏产品包装背面的内容描述,用特定的词组描述游戏画面所涉及的内容,如暴力、血腥以及游戏中人物对话是否粗俗等。另一个是位于游戏包装正面的等级标志,共分7个级别,基本按年龄划分,以游戏适合的年龄段英文首字母来命名。如果胡乱卖游戏软件给儿童,销售网络游戏的商店要吃官司。所以,很多家长都会陪同儿童一起购买适当的游戏软件"。

美国在健康教育课中引入有关"网络上瘾症"的内容,让学生像防范酗酒危害一样预防网络上瘾。通过课堂教育,教师"一旦发现学生有网络上瘾的苗头,就对该生加以疏导,并鼓励学生找专业的顾问解决问题。教师鼓励学生发展多方面的兴趣,多参加校园团体和社会活动,避免与社会生活疏离"。

(资料来源:哈密广播电视报)

【章末思考与练习】

1. 青少年的网络心理有哪些?
2. 举例说明网络对青少年身心的影响。
3. 网络成瘾的诊断标准是什么?
4. 简要分析青少年网络成瘾的原因。
5. 结合实际谈谈网络成瘾问题的预防措施有哪些?
6. 如何实施网络成瘾问题的团体辅导?
7. 各国的网络成瘾干预措施对我国网络成瘾者的辅导有什么启示?

【阅读书目推荐】

1. 黄希庭,郑涌. 大学生心理健康教育[M]. 上海:华东师范大学出版社,2004.
2. 徐光兴. 学校心理学教育与辅导的心理[M]. 3版. 上海:华东师范大学出版社,2010.
3. 崔景贵. 学校心理辅导新论[M]. 南京:南京大学出版社,2014.

推荐学习网站:http://www.cnnic.cn/hlwfzyj/hlwfzzx/qsnwm/201206/t20120612_26782.htm#

参考文献

1. Lam. L. T, Peng. Z. W, Mai. J. C, Jing. J. Factors associated with Internet addiction among adolescents[J]. Cyberpsychology & Behavior, 2009,12(5): 551-555.
2. Mitchell. P. Internet addiction: genuine diagnosis or not? Lancet, 2000, 355(9204):632.
3. Qi. L. Nan. W, Taxer. J, Dai. W, Zheng. Y, Liu. X. Problematic Internet Users Show Impaired Inhibitory Control and Risk Taking with Losses: Evidence from Stop Signal and Mixed Gambles Tasks[J]. Frontiers in Psychology, 2016, 7(e1143).

4. Shen. C. X, Liu. R. D, Wang.D. Why are children attracted to the Internet? The role of need satisfaction perceived online and perceived in daily real life [J]. Computers in Human Behavior, 2013,29(1): 185-192.

5. Wu. J. Y, Ko.H. C, Lane.H. Y. Personality disorders in female and male college students with Internet addiction [J]. Journal of Nervous & Mental Disease, 2016, 204(3):221-225.

6. Yau.Y. H, Crowley. M. J, Mayes.L. C, Potenza. M. N. Are Internet use and video-game-playing addictive behaviors? Biological, clinical and public health implications for youths and adults [J]. Minerva Psichiatrica, 2012, 53(3):153.

7. 范娟. 青少年网瘾的成因与对策 [J]. 农业网络信息, 2016（7）: 128-130.

8. 顾开基. 发挥互联网优势 提高学生学习能力 [J]. 中国教育技术装备, 2015（3）: 37-38.

9. 何桂宏, 赵晓兰. 论青少年网络心理问题及对策 [J]. 教育探索, 2002（10）: 63-64.

10. 贺金波, 郭永玉, 柯善玉, 赵仑. 网络成瘾者工作记忆能力的 ERP 研究 [J]. 心理科学, 2008, 31（2）: 380-384.

11. 黄希庭, 郑涌. 大学生心理健康教育, 第 2 版 [M]. 上海: 华东师范大学出版社, 2004.

12. 来时明, 甘志娟, 叶正茂, 邓小雁. 衢州市中学生网络成瘾行为及其影响因素分析 [J]. 中国学校卫生, 2014, 35（8）: 1182-1185.

13. 李董平, 周月月, 赵力燕, 王艳辉, 孙文强. 累积生态风险与青少年网络成瘾：心理需要满足和积极结果预期的中介作用 [J]. 心理学报, 2016, 48（12）: 1519-1537.

14. 李琦, 齐玥, 田莫千, 张侃, 刘勋. 网络成瘾者奖赏系统和认知控制系统的神经机制 [J]. 生物化学与生物物理进展, 2015（1）: 32-40.

15. 林恒娜, 康晓平. 北京市门头沟区中学生网络成瘾现状及其影响因素研究 [J]. 慢性病学杂志 2014（2）: 84-87.

16. 潘贤权. 青少年网络心理特点及其教育策略研究 [J]. 佳木斯教育学院学报, 2002（4）: 82-83.

17. 彭万秀, 李仲国. 团体心理治疗对中学生网络成瘾及心理健康的影响 [J]. 临床心身疾病杂志, 2015（4）: 82-84.

18. 唐任之慧, 刘学军. 针刺治疗青少年网络成瘾概况 [J]. 湖南中医杂志, 2017, 33（7）: 216-218.

19. 陶然, 黄秀琴, 王吉囡, 刘彩谊, 张惠敏, 肖利军, 姚淑敏. 网络成瘾临床诊断标准的制定 [J]. 解放军医学杂志, 2008, 33（10）: 1188-1191.

20. 万晶晶, 张锦涛, 刘勤学, 邓林园, 方晓义. 大学生心理需求网络满足问卷的编制 [J]. 心理与行为研究, 2010, 8（2）: 118-125.

21. 杨彦平. 团体心理辅导在青少年网络成瘾矫治中的应用 [J]. 思想·理论·教育, 2005（23）: 53-55.

22. 于衍治. 团体心理干预方式改善青少年网络成瘾行为的可行性 [J]. 中国组织工程研究, 2005. 9（20）: 81-83.

23. 郁洪强, 汪瞳, 赵欣, 李宁, 刘海婴, 王明时. 网络成瘾患者的 EEG 小波熵与复杂度特征分析 [J]. 中国生物医学工程学报, 2009, 28（1）: 157-160.

24. 张翠红, 于志红, 魏怀颖, 张洁, 朱红梅. 网络成瘾中学生团体心理辅导效果研究 [J]. 中国民康医学, 2012, 24（5）: 589-591.

25. 朱雯, 张涛, 龚清海. 我国青少年网络成瘾相关因素 Meta 分析 [J]. 江苏预防医学, 2016, 27（3）: 303-307.

第八章 心理危机干预

【教学/学习目标】

    1. 了解心理危机及心理危机干预的概念。
    2. 了解学生常见的心理危机类型。
    3. 熟悉心理危机预防与干预的理论模型。
    4. 掌握心理危机预防及干预的方法。
    5. 掌握心理危机干预的实施流程。

【案例导入】

    小红，女，高一。初中时成绩很好，是个文静、礼貌、有理想、有抱负的孩子。但中考失利，来到高中后第一次月考成绩也不理想。而同桌小明，原来的成绩比小红差，现在却远远超过她。这使她备受打击，强烈地想提高成绩。因此，她听课时小心翼翼，总怕自己漏听什么，平时学习非常努力，但考试结果反而一次比一次差。后来她甚至拿到试卷时就会全身发抖、头脑一片空白。此后，小红逐渐变得萎靡不振，上课提不起精神，甚至连头也不抬，总感觉老师和同学都在笑话自己，歧视自己。

    在此期间，小红和室友小花因一点小事发生了冲突，之后出现划手等自残的行为。但经过班主任的教育和开导，这件事迅速得到平息，大家也都没再把这件事放在心上。可小红却始终认为，这是小花对她轻视践踏，联想到从开学到现在，小花多次对自己的"侮辱"，认为自己有今天全是小花这个小人在背后搞鬼，越想越气，想要报复又没胆量，内心情绪郁结，渐渐地感觉胸闷、心慌、头痛和厌食。最后，小红终于无法控制自己，向小花发出了"挑战书"。幸亏班主任得到消息，及时予以阻止，否则后果不堪设想。

    针对小红的心理危机干预，班主任采取了如下策略。

    1. 认真倾听、深入了解问题，鼓励当事人进行感情宣泄

    一开始，小红不愿意进行自我倾诉。班主任便主动表达了共情，表示对小红的理解和关心，拉近了双方的距离，使她相信找到了能理解自己痛苦的人。在断断续续地倾诉过程中，小红不时神情激动、痛苦和焦虑，偶尔伴有痛哭。但班主任始终以包容、关心、支持的态度，鼓励她把内心的痛苦宣泄出来，释放积聚在内心的不良情绪。几次谈话后，小红的态度发生了明显变化，开始从被动回应转为找班主任主动倾诉。经过多次谈话，小红的情绪基本稳定下来，上课也能集中注意力听课。

    2. 评估、分析现状，启发引导其调节不良认知

    通过谈话，班主任了解了事情的来龙去脉，以及小红的学习、生活、交友、家庭等情

况。经过分析发现，小红是在第一次月考失败后产生的一系列心理变化。一开始，她是处于典型的考试焦虑状态，强烈的自尊心让她无法接受自己不如人的事实，这种矛盾使得她心力交瘁。在多次自我挣扎而不能应付后，她陷入了深深的不安和忧虑中。当后来与其他同学之间出现矛盾时，她把自己所有的失败和不如意都归因到别人身上，把一腔怒气全部倾注在小花身上。

可以看出，小红存在一些不合理的观念。这些不合理的观念由于一直得不到纠正，导致她的负面情绪日益严重，这是她心理危机产生的主要原因。小红的自我伤害行为及攻击性意图，并不是受到某些外部因素影响的结果，而是内心长期负面情绪郁积的爆发。这种情绪爆发危害性很大，往往会给自己和他人带来巨大的伤害和痛苦。班主任意识到，应该对其不良认知进行矫正。她和小红一起分析成绩不理想的原因、分析考试的作用，介绍考试的策略；一起思考从忧虑考试到恐惧考试的盲目性；一起探讨友谊的重要性以及归因的不合理性；一起商议做出相应的行为改变。通过多次运用认知行为疗法分析和引导，最终协助小红走出心理危机困境。

近年来，大众对于学校意外伤害、学生自杀、校园暴力、师生冲突、家校冲突等校园危机事件已经不再陌生。校园安全已成为各级政府、公安机关和学校的工作重点之一。这也就对中小学校的危机干预工作提出了更高的要求。

一般来说，重大灾难如自然灾害性事件、社会事故灾难性事件、公共卫生事件、社会安全事件等的发生不仅严重威胁人们的生命安全，造成巨大的财产损失，也会给人们带来长期、持久的心理损害。青少年的身心发展具有独特性，他们的心理危机易感性强，心理危机产生的因素具有多样性（曹凤莲，2018）。如何帮助青少年摆脱心理问题的困扰，减轻焦虑、抑郁等负面情绪的影响，避免自杀等恶性现象的发生，是当下学校心理工作需要重视的问题（孙超，2017）。国内外大量研究成果表明：危机发生后，及时接受心理干预者比未接受心理干预者的社会适应能力、心理调整能力、情绪自控水平都有明显的提高，心理康复的周期更短，效果更好。因此，教师有必要学习和掌握心理危机干预的相关知识和技能。

第一节　心理危机干预概述

一、心理危机

(一) 心理危机的概念

一般而言，危机（crisis）有两个含义：一是指突发事件，如地震、水灾、空难、疾病爆发、恐怖袭击、战争等；二是指人所处的紧急状态。当个体遭遇的重大问题或变化使个体感到难以解决、难以把握时，其正常的生活就会受到干扰，内心的紧张就会不断积蓄，继而出现无所适从甚至思维和行为的紊乱。这时，个体内心的平衡就会被打破，从而进入一种失衡状态，即危机状态。危机意味着平衡、稳定的破坏，引起混乱、不安。危机出现是由于个体意识到某一事件或情景超过了自己的应付能力，而不是所经历的事件本身。

心理危机相关理论起源于西方国家。卡普兰（G.Caplan）在1964年对心理危机进行系统的理论研究之后，首次提出了心理危机的概念。他认为，每个人都在不断努力保持一种内心的稳定状态，保持自身与环境的平衡与协调。当重大问题或变化的发生使个体感到难以解决、难以把握时，平衡就会被打破，内心的紧张就会不断积蓄，继而出现无所适从甚至思维和行为的紊乱，即进入一种失衡状态，这就是危机状态（张松炎，牛书杰，2019）。

20世纪90年代起，国内心理学家开始对心理危机问题提出自己的观点。其中，有研究者认为，当个体运用平时的应付方式不能处理自己目前所遇到的内外部应激时，就会出现危机（蔡哲，赵冬梅，2001）。樊富珉指出，危机有两层含义：一是指突发事件，即出乎人们意料发生的，如地震、水灾、空难、疾病暴风、恐怖袭击、战争等；二是指人所处的紧张状态（樊富珉，2003）。马湘培认为，心理危机指个体遭遇超过其承受能力的紧张刺激而陷于极度焦虑、抑郁、失去控制、不能自拔的状态（马湘培，2003）。综上所述，我们可以认为，心理危机指个体在面临自己无法解决也无法回避的突发事件或重大挫折和困难时，所出现的心理失衡状态。

个体面对危机时的反应受到许多因素的影响，对危机反应的严重程度并不一定与危机事件的强度成正比。个体的个性、认知、社会支持、危机经历、健康状况以及所处环境等方面，都会影响危机反应。但是，由于个体差异，经历相同危机事件的的个体，不一定都会出现心理危机。比如，对待小地震频发，有的人平静坦然，镇定自若，善于应付；有的人无所适从，惶惶不可终日（甘秀英，2009）。

心理危机通常具有以下特点。①突发性：指危机通常是突如其来的，无法控制；②紧急性：人们面对危机时，需要紧急应对；③痛苦性：在遭遇心理危机时，人们会产生痛苦的情感体验；④无助性：危机的突然发生总是容易让人束手无策，在面对危机时，个体会感到无能为力，不知所措；⑤危险性：危机的发生可能会影响人们的正常生活、工作和学习，甚至危及生命。

处于心理危机中的个体要经历四个阶段（聂衍刚，曾雨玲，李婉瑶，2014）。

第一阶段：冲击期。即在危机事件发生后不久或发生的当时，个体通常会感到震惊、恐慌和不知所措。

第二阶段：防御期。个体在这个时期想要恢复心理上的平衡，控制焦虑和情绪紊乱，恢复受到损害的认识功能；但由于没有获得正确的方法和途径，个体会出现一系列的心理防御行为，如否认、合理化等等。个体最开始常表现为恐惧、无助、怀疑、困惑、麻木、注意力不集中以及否认眼前所发生的事实，这是主要的心理防御手段。同时，个体还存在焦虑和恐惧情绪，最终将表现出不同程度的抑郁、悲伤和生理反应（如心跳加快和血压升高）以及睡眠改变等。

第三阶段：解决期。在这个时期，人们会主动接受并适应现实，寻求各种方法以解决问题。当个体开始着手解决问题时，其焦虑程度便会得以缓解，社会功能开始逐渐恢复。

第四阶段：成长期。在危机事件中得以洗礼，个体变得更成熟，开始对类似危机事件产生"免疫力"，有足够的经验和心理承受力以面对困境。但也有个体经过前三个阶段仍未能有效解决问题而出现种种心理不健康的表现，如各种不同程度的抑郁、焦虑、自杀以及创伤后应激障碍（PTSD）等，一些受害者还可能出现酒精和药物依赖以及人格障碍等。

个体经历心理危机后可能会产生四种不一样的表现：第一种结果是，顺利度过危机，并学会了处理危机的方法和策略，提高了心理健康水平；第二种结果是，度过了危机，但留下了心理创伤，并影响今后的社会适应；第三种结果是，经不住强烈的刺激而自伤、自毁；第四种结果是，未能度过危机，出现严重心理障碍。

对于大部分人来说，危机反应无论在程度上还是时间上，都不会给生活带来极端或是永久的影响。经历危机的个体只是需要时间来恢复对现状和生活的信心，加上来自外界的体谅和支持，能够逐步恢复的可能性较大。但是心理危机一旦过强或持续时间过长，就会对个体的生活造成严重的负面影响，甚至出现自残、自杀等行为，后果不堪设想。

(二) 中学生心理危机的特点

布拉姆（Blammer）将心理危机分为三类。

(1) 发展性危机：指个人在正常成长和发展过程中，对急剧的变化或转变所产生的异常反应，如升学危机。每个人都会经历发展性危机，对此类危机的处理和解决通常标志着个体的心理成熟和完善。

(2) 境遇性危机：是那些突如其来、无法预料且难以控制的心理危机。例如，亲人死亡、地震、火灾等。境遇性危机的关键特点在于它的随机性、突然性、震撼性、强烈性和灾难性。

(3) 存在性危机：指伴随着重要的人生问题，如关于人生的目的、责任、独立性、自由和承诺等而出现的内部冲突和焦虑。存在性危机可以基于现实和后悔，也可以是一种持续的空虚和无意义感。

需要注意的是，这三类危机可能单独出现，也可能混合出现。这就要求教师准确判断学生心理危机的类型及主要的危机，以便能够有针对性的采取措施。

中学生的认知、情绪以及自我意识都处于迅速发展阶段，身心发展的特性使得他们对心理危机的易感性较强。中学生的形势逻辑思维占主导，面对事物时更加强调逻辑性、确定性和客观性，而较少注意事物的个别性、差异性和运动性。这使得中学生不能完全理性、辩证的认识事物，常常对事物做出非好即坏、非此即彼的简单评价。

尽管中学生的情绪趋于稳定，但同成年人相比仍有明显的波动性。他们时而快乐、时而忧伤、时而奋进、时而消沉。由于情绪自制力较弱，一件小事就可能导致他们较大的情绪变化。这种情绪的冲动性使学生容易处于激情状态，认知范围变得狭窄，对事件缺乏全面而准确的判断，不能正确评估自己的行为后果。此外，中学生的情绪具有持久性的特点，如果他们长期处于不良心境状态，内心能量的积聚很可能会引起过激行为。如马加爵事件，对于平时遭遇的"不平事"，他采取一贯的隐忍态度，于是不良情绪不断积累，使他产生了仇恨和报复心理，最终实施了他的杀人计划（聂衍刚等，2014）。

中学生自我意识的发展不平衡并且自我意识具有矛盾性，包括主观我和客观我的矛盾、理想我和现实我的矛盾、独立与依附的冲突、渴望交往与心理闭锁的冲突、自负与自卑的冲突、理智与情感的冲突等。这种自我意识的发展不平衡以及矛盾性使得中学生常常无法进行正常的自我认识、积极的自我体验和有效的自我调控，面对危机事件时免疫力较低（聂衍刚等，2014）。

二、心理危机干预

(一) 心理危机干预的概念

危机干预是通过激发处于危机之中的个体的自身潜能来帮助其恢复到危机前的心理平衡状态的技术。翟书涛认为："危机干预为处于危机中的个体提供及时的帮助和支持，是一种使其恢复心理平衡的短期帮助过程"（翟书涛，1997）。也有学者认为，危机干预是发生严重突发事件或创伤性事件后采取迅速、及时的心理干预措施（伍新春，林崇德，臧伟伟，付芳，2010）。"心理危机既是一种静态危机，是个体在某个时间内持续出现的一种心理失衡状态，同时也是一种动态危机，是在个体的稳定平衡状态被打破，新的平衡未建立之前出现的情绪、思维或行为等失去控制等现象"（伍新春等，2010）。因此，本书认为，心理危机干预是利用心理干预的技术和支持，帮助个体逃离危机，恢复平衡。心理危机干预的主要目的在于，防止经历危机者自伤或伤及他人，同时帮助他们恢复心理平衡与动力。

心理危机干预主要应用于包括自杀、创伤后应激障碍（PTSD）、性暴力、亲人丧失和家庭暴力等情境。其中，自杀干预是其中最为重要的领域。对于那些有自杀风险的危机者，作为教师的我们，要学会去发现学生可能存在的各种自杀危险信号和求救信号，同时判断自杀的风险程度，并进行及时干预。对于具有高自杀可能性的个人，教师要及时给予必要的预防及干预措施。

特别地，创伤后应激障碍是一种常见的心理危机。它是指个体经历、目睹或遭遇到一个或多个涉及自身或他人的实际死亡、死亡的威胁、严重的受伤或躯体完整性受到威胁后所导致的个体延迟出现和持续存在的精神障碍。创伤后应激障碍同时伴有相关情感、思维、行为和生理反应，其主要临床症状表现为以下几个方面：

（1）反复重现创伤性的体验。尽管患者极不愿想起所经历的事件，但却不自觉地反复回忆当时的痛苦体验，或反复体验由错觉、幻觉、幻想形成的创伤事件重演的画面。

（2）回避与创伤事件有关的活动。即不能或不愿回忆或遗忘创伤性体验的某一重要方面。此外，患者还会产生一系列的退缩症状，如与旁人疏远，与亲人的感情变得淡漠，对未来失去憧憬，觉得活着没有意义等。

（3）持续性的警觉增高。患者常伴有神经兴奋、对细小的事情过分敏感，注意力集中困难、失眠或易惊醒、激惹性增高、焦虑、抑郁、自杀倾向等表现，也可能会引起人格改变。

目前针对创伤后应激障碍的主要干预措施包括认知行为治疗、心理疏导、严重应激诱因疏导治疗、想象回忆治疗以及与其他心理治疗技术的综合运用（甘秀英，2009）。不同干预对象各具特点，所以，在进行心理干预时需要采取不同的针对性策略。

心理危机干预工作者通常运用认知疗法、暴露疗法和行为疗法等多种心理治疗方法，让危机受害者在一个安全的环境中疗养身心，尽快从心理危机中解脱出来。因此，危机干预者必须经过专门训练。一名合格的心理危机干预工作人员应当具备一定的素质，包括需要有一定的从事咨询服务的经验；良好的沟通技巧，对被干预者的种族、社会和宗教特征敏感等。在整个干预过程中，危机干预工作者也需要不断接受培训，并随时与管理人员保持密切联系。

值得注意的是，心理危机干预的对象不仅包括经历危机的当事人，同时也应包括当事人身边目睹或知晓危机事件的人。例如，"非典、新冠"期间，需要进行心理危机干预的人群范围其实十分广泛。其中既包括发病者和疑似者，也包括与发病者和疑似者有过密切接触的人员。例如，这些人的家属、一线医护人员、志愿人员等。这些人员也容易出现心理问题。此外，对"非典、新冠"有担心和恐惧情绪的大众也需要心理上的援助。

（二）中学生心理危机干预的一般原则

学校心理危机干预应立足教育，重在预防。必须将宣传、教育、评估、干预、后期跟踪有效结合，尽量做到学生心理危机的全面监测与预报，为干预工作者提供处理紧急心理事件的预警信息及成熟解决方案，从而构建学生心理危机干预的支持网络。研究发现，心理健康知识的宣传、教育能够帮助中学生更好地应对危机事件，更快地走出危机，摆脱心理危机的困扰。

因此，学校应面向全体学生普及心理健康知识，引导学生树立现代健康观念，掌握心理调节技巧、自我调控情绪，及时宣泄压力，保持健康心理，提高健康水平。学校也可以针对学生中广泛存在的环境适应、情绪管理、人际交往和学习压力等问题，通过心理教育活动课、班会课、团队活动课等多种形式，开展心理健康教育活动，在学校形成良好的心理健康氛围。学校也可以对学生进行生命教育，引导学生热爱生活、热爱生命、善待人生。另外，学校也可以对学生进行自我意识教育，引导学生正确认识自我、愉快接纳自我、积极发展自我，树立自信，消除自卑。同时，学校也要对学生进行危机应对教育。例如，让学生了解什么是危机，人们在什么情况下会出现危机，哪些言行是自杀的前兆，对出现自杀预兆的学生如何进行帮助等，从而帮助学生增强对危机事件影响的抵抗能力和适应能力（汪玲，谭晖，2010）。

我们需要特别关注那些存在心理危机倾向和正处于危机状态中的学生。这类学生在遭遇较大生活事件时，其情绪、认知、躯体和行为等方面都会有较大改变，容易出现较严重的心理问题，且采用普通的干预方法时常无法解决和应对这些问题。

我们需要注意的是，并不只是在学生出现危机表现时才对危机进行评估和干预，而是应该将危机评估和干预贯彻到学生的整个在校学习生涯。无论是我们对每个学生初入校园后的心理健康普测，还是平时对学生行为表现的观察，都应该作为心理危机评估和预防的内容。教师要综合各方面结果，确定需要重点关注和帮助的学生及其风险性，及时采取相应措施。

第二节 心理危机干预的理论与技术

一、心理危机干预评估的理论模式

许多心理学家和社会学家都对心理危机和心理危机干预理论进行了研究。例如，亚诺希克（Janosik. E. H）提出的基本危机、扩展危机和应用危机三层次理论（刘取芝，2005）。其次还有詹姆斯（James. R. K）概述的新兴生态系统理论以及贝尔金的危机干预模式等。这些理论对心理危机干预研究与应用的发展都有重要影响。

(一) 心理危机理论

1. 基本危机理论

基本危机理论由林德曼（Lindeman. E）和卡普兰（Caplan. G）等人创立。该理论对解释因亲人死亡所导致的悲哀性危机做出了实质性的贡献。该理论认为，个体在经历亲人死亡后出现的悲哀行为是正常的、暂时的。因此，可以通过短期干预技术对正常的悲哀行为反应进行干预。正常的悲哀行为反应包括：总回忆死去的人、认同死去的人、表现出内疚或敌意、日常生活出现某些程度的紊乱以及某些躯体障碍等。

林德曼的理论主要是针对悲哀反应的即时解决，卡普兰则将危机的结构扩大到整个创伤事件。他认为，危机是一种状态，造成这种状态的原因是生活目标的实现受到阻碍，且用常规的行为无法克服。阻碍的来源既可以是发展性的，又可以是境遇性的。所有人都会在其一生的某个时候遭受心理创伤。应激和创伤的紧急状况本身都不构成危机，只有在个体主观上认为创伤性事件威胁到自身需要的满足、安全和有意义的存在时，个体才会进入应激状态，进而出现危机。伴随着危机既有暂时的心理失衡，也有成长的契机。危机的解决可能会出现积极的和建设性的结果，如自身应付危机的能力提高及减少消极的、自我否定性的和功能失调的行为等。

2. 扩展危机理论

心理分析理论、系统理论、适应理论和人际关系理论等统称为扩展危机理论。该理论继承了林德曼等的基本危机理论，在解释危机的本质、危机的产生原因和危机的解决上都具有重要的意义。

（1）心理分析理论

心理分析理论认为，通过获悉进入个体无意识思想和过去情绪经历的路径，可以理解为个体出现危机时的不平衡状态。该理论假设，某些儿童早期的固着可能是一个事件发展成为危机的主要原因。在受到危机情况影响时，这个理论可以帮助求助者理解其行为的动力和原因。

（2）系统理论

系统理论认为，人与人、人与事件之间是相互关联和相互影响的，而不只是单独强调处于危机中的个体的内部反应。构成系统的所有要素都是相互联系的，它们中的任何一个成分改变都会导致整个系统的改变。贝尔金（Belkin. G. S）进一步指出，"系统理论涉及到一个情绪系统、一个沟通系统及一个需要满足系统"。因此，所有属于系统的成员都对其他人产生影响，也被其他人所影响。该理论采用人际关系系统构建思维方式，而传统理论仅将焦点集中于个体将发生的变化。

（3）适应理论

依照适应理论的观点，适应不良行为、消极的思想和损害性防御机制都对个体的危机起维持作用。因此，当适应不良行为改变为适应性行为时，危机就会消退；打开功能适应不良链，就意味着适应不良行为变成适应性行为。危机干预的目的在于促进个体积极思想的产生以及构筑良性的防御机制，这可以帮助个体克服因危机导致的失能，并向积极的功能模式发展。在危机干预工作者的帮助下，个体能够学会将旧的、懦弱的行为变化为新的、自强的行为，这样的新行为可以直接在危机条件下起作用，最后将帮助个体解决危机。

（4）人际关系理论

科米尔（Cormier. S）等以增强自尊的诸多维度为基础提出了人际关系理论。该理论认为，如果个体的人际信任水平较高，且对解决危机抱有足够的信心，则其危机只会持续较短的时间；如果个体十分依赖和在意他人的评价，个体则很难从自我身上获取信心。因而，个体自我评价和控制权的丢失常常意味着同等的危机失衡。因此，人际关系理论认为，我们进行危机干预的目的最终在于帮助危机个人重新取得自我评价的权力，学会掌控自我，从而获得能力，以采取行动应对危机。

3. 应用危机理论

该理论认为，每个人和每次危机都是不同的且独特的，包括正常的发展性危机、境遇性危机和存在性危机。

随着心理危机干预的不断发展，危机干预工作者逐渐注意到，心理危机对当事者本身及其社会和生态系统都具有不可忽视的消极影响。因此，近年来，人们开始重视以生态系统为基础的干预方式。这项理论将危机看作是生态系统的重要组成部分，认为危机事件会影响和改变整个生态结构，从而对个体的心理健康造成持久性损害。所以，仅对危机当事人的情绪创伤进行处理是远远不够的。"我们需要大量有经验的跨学科专家组成快速反应小队，以恢复整个生态系统的稳定和人与环境之间的平衡"（赵映霞，2008）。

在强调危机干预的同时，我们发现，心理危机干预开始逐渐重视实践和务实操作。我们应该明确，为了适应危机个体的需要，将理论和实践相互结合是多么地重要。我们要学会系统地、有意识地采用各种心理策略来帮助个体渡过难关，而不能局限在理论的教条中不能自拔，这样便失去了危机干预存在的意义和价值。

（二）心理危机干预的基本模式

贝尔金等提出的三种常用的危机干预基本模式已经受到了广泛的认可（王璐，赵静，徐艳斐，2011）。

1. 平衡模式

该干预模式认为，心理危机是一种心理失衡状态，危机干预的目的和策略是使个体恢复到原来的心理平衡状态。平衡指个体情绪是稳定的、受到自我控制的，心理活动是灵活的。不平衡则是指个体不稳定的、失去控制的和心理活动受限制的情绪状态。当问题出现，个体使用过去的处理方式不能将其解决时，心理或情绪就会出现不平衡。

因此，对危机个体进行心理危机干预能够使其不良情绪得到发泄，以恢复到原来的平衡状态。个体刚意识到危机事件的出现时，会惊慌和害怕，不知如何进行处理。在这个阶段，作为危机干预的工作者，我们首先要稳定危机个体的情绪。必须是危机个体认为自己的情绪已经稳定且稳定状态持续7天左右时，危机干预工作者才能对其实施更进一步的干预，在这之前不适合分析危机个体出现危机的深层原因。

2. 认知模式

埃利斯的理性情绪疗法和贝克等的认知疗法是此干预模式的理论依据来源，该模式通常用于心理危机稳定后的干预。认知模式认为，心理危机是由个体对应激事件的主观理解或判断所导致的，与应激事件本身无关。

所以，对个体进行心理危机干预的主要任务是要矫正其对危机事件错误的、歪曲的思维。通过对错误的、歪曲的思维进行矫正，以帮助危机个体消除非理性思维和不合理认知，进而增强个体的自控能力，最终使其心理能够恢复到平衡状态。因此，危机干预工作者对危机个体进行干预时，需要通过角色训练等方法使其变得积极主动，发挥自我潜能，从而恢复心理平衡。

3. 心理–社会转变模式

该干预模式认为，人的心理是先天遗传和后天学习以及与环境交互作用的产物，危机的产生也是由心理、社会、环境因素引起的。

因此，危机应对和干预应从这三个方面寻求方法。危机干预工作者要从系统的角度，综合考虑危机个体的各种内外部困难，帮助他们发现并选择合适的应对方式，培养他们善用各种社会支持和环境资源的能力，从而使他们重新获得对自己生活的自主控制。这一模式同样适用于心理危机已经趋于稳定的个体。

（三）心理危机干预的内在机制

1. 心理危机产生的认知过程

建构主义心理学的研究发现，图式是人类思维的基本依据，认知发展的实质是图式的形成与变化。认知活动发展的动力来源于图式、同化、顺应和平衡四者间的相互作用。图式是通过同化、顺应、平衡而逐渐形成的较高一级的形式，即个体知觉、理解和思考世界的方式，是个体以已有的知识经验和相互融合的新信息为基础，通过同化和顺应而形成的心理活动架构。个体将外界信息纳入已存在的图式之中，并将其不断扩大即为同化。环境发生变化时，个体会对自己的内部心理结构进行调节，从而帮助自己适应相应的情境，该过程称为顺应。平衡则是个体通过自我调节机制以让自己的认知发展从一个较低的平衡状态向另一个更高的平衡状态过渡的过程。

面对新情境时，个体会把新的刺激信息纳入到原有图式之中，让这些新的刺激信息变成自身认知结构的一部分。如果该过程能够得以实现，个体可获得暂时的平衡，心理危机则不会产生。若原有图示在同化新信息时失败，个体为了适应，就会进行相应的调整，如对原有图式进行调节或对图式进行重建，直到获得另一种平衡。在此阶段，个体已有的资源能够对现状进行应付，心理危机尚且不会产生。然而，当个体经历了同化、顺应过程，运用各种社会支持和自身所有的资源都不能对新信息进行融合且无法运用惯用的思维模式去应对当前情境，无法取得平衡时，心理危机就出现了。因此，心理危机干预的本质是帮助经历危机的个体重建图式，使其获得新的平衡。

2. 心理危机的应激状态

已有研究表明，个体面临一种突然出现的刺激情境时，通常会产生应激反应，从而进入到应激状态。处于应激状态的个体，其在生理、心理和行为方面可能会出现异常。这些异常反应主要是个体对当前刺激情境的认知失调所导致的，即由个体的心理应激引发全身心的应激。

此外，异常反应是一种无意识的本能反应，这种无意识的本能反应会反作用于有机体的心理层面。当刺激的强度超过有机体的心理阈限时，就会对个体的身心造成强烈冲击，从而导致个体失去自控力，最终引发相应的身心异常症状。若异常反应过于强烈，机体自身难以对其进行调节,则会降低个体的心理免疫机能,从而使个体产生心理危机。因此,在心理危机干预中,引导危机个体接纳自己的身心应激反应,并采取心理放松技术减弱身心应激反应的相互作用,可有效减弱应激反应,从而使心理危机得到缓解。

3. 心理危机与成长

处于危机的个体,最深刻的体验就是绝望感和无助感。此时,个体可能会感觉自己陷入了无法解决的问题或不能改变的处境当中,体验到无法避免的痛苦。他们难以看到痛苦之外的情况,更不能领会"冬天之后便是春天"。

其实,每一次心理危机也是一次分离情境的再现。危机总是和丧失、变化、成长、哀伤相关联的,个体需要经历一个心理从失整合到再整合的过程。因此,在非创伤性危机中,特别是发展性危机中,危机其实是与转机并存的。正如埃里克森的人格发展八阶段理论所描述的那样,生命的每个阶段都会面临不同的挑战。而这些挑战既可以给我们带来心灵的灾难,也可以促进我们心灵的成长。

二、心理危机干预技术

及时地对危机受害者使用相应的干预技术,有助于危机受害者重新建立或恢复心理平衡,从而最大限度减少危机带给他们的心理和行为异常,促进个体成长。心理危机干预技术可以分为一般支持性技术和专业性技术。一般性技术包括建立良好的咨询关系,正确运用倾听与对话技术,充分的情感支持等常见的技术。这些技术的合理运用,可以为危机受害者提供心理支持。常用的专业干预技术包括放松训练、暴露疗法、认知行为疗法、稳定化技术、紧急事件应激晤谈和眼动脱敏与再加工技术等。

值得注意的是,无论采用哪种专业的技术,都需要首先与被干预者建立良好的咨询关系,取得他们的信任。干预者应该为被干预者提供情感宣泄机会,鼓励他们表达内心的情感体验。同时,干预者应该充分调动被干预者的社会支持系统,以帮助他获得并加强战胜心理危机的信心。鉴于放松训练、暴露疗法和认知行为疗法均为常规的心理治疗技术,已为大众所熟知,在此就不再赘述。下面主要对稳定化技术、紧急事件应激晤谈(CISD)和眼动脱敏与再加工技术进行介绍。

(一)紧急事件应激晤谈

紧急事件应激晤谈(CISD)是一种在受过训练的专业人员指导下进行的简易支持性团体治疗方法,它主要通过交谈的方式以减轻危机个体的压力。该方法属于集体晤谈法,旨在通过运用公开讨论内心感受、支持和安慰、资源动员三种方式,帮助危机个体在心理上消化创伤体验。CISD 的最佳干预时间是在危机事件发生后的 24~48 小时之间,危机事件发生 6 周后再进行干预的效果甚微,但危机出现后 24 小时内不适合进行集体晤谈。理论上,集体晤谈需要所有涉及危机事件的人员都参与交谈;但并不是所有涉及危机事件的个体都适合参加集体紧急晤谈,要注意甄别特殊个体(如处于哀伤中的丧亲者)。

(二)稳定化技术

处于心理危机的个体,其安全需要受到了破坏;而如果没有安全感,个体就会丧失自我掌控感。因此,通过实施稳定化技术重新建立个体的安全感,有利于心理危机受害者重获自我掌控感，从而帮助他们重拾对生活的信心。这种技术是通过采用想象法改善危机受害者的情绪。当个体产生不想面对的负性情绪时，找到一个类似于世外桃源的地方暂时躲避一下，从而能避免极端情绪下的负面事件发生。常用的稳定化技术有保险箱技术和内在安全岛技术。我们对这两项技术不再作赘述。

（三）眼动脱敏与再加工法

眼动脱敏与再加工法又叫快速眼动疗法。该疗法认为，创伤事件的发生使大脑的转化加工系统受到损害。此时，个体会倾向于屏蔽与创伤经历有关的图像、情感、生理感受和信念等有关信息。而使用该方法可以重新激活并修复大脑的加工系统，把那些创伤事件变成以往经历中的适应性学习，最终缓解创伤症状，如缓解 PTSD 症状（张小培，史慧颖，李丹，王水静，2010）。

第三节 心理危机干预的实施策略

一、心理危机干预的准备工作

（一）心理危机的预防

心理危机重在预防。学校要做好对学生的心理危机干预工作，如定期开展生命教育讲座，引导学生热爱生活、尊重生命、完善人生。同时，教师要给学生讲解关于自我意识的知识点，帮助学生全面、准确地认识自我、接纳自我，有目的、有方向地发展自我，增强其自信心，减弱其自卑的程度。学校还应开展不同形式的心理健康教育活动，让学生参与其中，了解心理健康的重要性；并通过召开不同主题的班会，促进学生良好心理品质的发展，提升心理调适能力，从而提高心理健康水平。另外，班主任可以对学生进行危机应对教育，使其了解何为危机，何时可能出现危机，如何从他人的言行判断自杀的前兆，如何对出现自杀预兆的同学进行帮助和干预。

学生心理危机的早期预警工作是预防心理危机发生的关键。对于学生心理状况的变化，学校应做到早发现、早通报、早评估、早治疗，保证信息的传递通道畅通。同时，学校对学生心理危机信息的反应也要快速、准确，在学生的心理危机处于萌芽状态时就将其消除。

因此，学校预防心理危机的首要任务是，建立学生心理健康普查系统和排查制度。在完成首要任务的基础上，定期对学生的心理健康状态进行测评。通过测评结果来筛选心理危机个体，学校安排相关人员对筛选出来的危机个体开展危机预防或干预工作。其次，学校每年应对不能适应学习环境的学生、经济特别困难的学生和心理压力太大的学生进行重点关注和测评。学校也应该为学生建立心理健康档案，从而掌握全校学生的心理健康动态，随时关注高危个体的心理状况。

（二）心理危机的预警信号

心理危机预警是实施危机干预的首要环节。学校心理辅导老师应敏锐觉察学生的异常心理与行为，分辨并发现危机对象，及时发出预警信息，并根据预警指标评估预警信息，

第八章 心理危机干预

明确干预对象，对可能发生的危险尽早预测和处理，防患于未然。

我们需要关注与干预的重点对象为存在心理危机倾向或处于心理危机状态的学生。学校心理辅导教师在对学生进行观察时，对表现出以下特征的学生应作为心理危机干预的高危个体，予以重点关注。

（1）情绪低落、抑郁者（超过半个月）。
（2）曾经有过自杀的想法或行动者。
（3）存在明显的动机冲突或突遭重创者，如学业失败、重大疾病、家庭变故或人际冲突等。
（4）亲戚朋友中有出现过自杀行为或有自杀倾向者。
（5）有明显的性格缺陷者。
（6）长期受到睡眠问题影响者。
（7）有高频率、高强度的愧疚感和不安感者。
（8）长期缺乏或丧失社会支持者。
（9）有明显的精神障碍者。

如若发现具有以下某一方面特征的学生，学校应将其作为心理危机的重点干预对象，安排专业的心理辅导教师及时有效地对其进行危机的评估和干预。

（1）谈论过自杀并考虑过自杀方法者，包括在信件、日记、网络或只言片语中流露出死亡念头者。
（2）不明原因突然给同学、朋友或家人送礼物、请客、赔礼道歉、述说告别的话等行为明显改变者。
（3）情绪突然明显异常者，如特别烦躁、高度焦虑、恐惧、易感情冲动、情绪异常低落、情绪突然从低落变为平静或饮食、睡眠受到严重影响等学生。

二、心理危机干预方案的实施

（一）心理危机干预的实施

1. 确定危机的基本信息及评估危机

在进行心理危机干预之前，心理辅导教师首先要站在学生的角度，利用共情、理解、真诚、接纳等技术，确定学生所面临的问题，确认危机的基本信息，包括心理危机干预的对象、危机干预的目标等。

进行心理危机干预评估时，一般根据个体当前的生理、心理、社会状态等信息将干预对象群体分为五级，干预重点应从第一级人群开始，逐步扩展。通常的宣传教育需要将五级人群都覆盖到。

以地震灾害后的心理危机干预为例。第一级人群包括亲历地震者，如死难者家属、伤员、幸存者。第二级人群指地震现场的目击者（包括救援者），如目击地震灾难发生的灾民、现场指挥、救护人员（消防、武警官兵、医疗救护人员、其他救护人员）。第三级人群包括与第一级、第二级人群有关的人，如幸存者和目击者的亲人等。第四级人群包含后方救援人员、灾难发生后在灾区开展服务的人员或志愿者。第五级人群指在临近灾难场景时心理失控的个体。这类人群出现危机的可能性较大，可能会出现心理病态的征象。

心理危机干预的目标一般应包含以下三点：①积极预防、及时控制和减缓危机的心理社会影响；②促进危机后的心理健康重建；③维护社会稳定，促进公众心理健康。

2. 制订分类干预计划

在获取危机的基本信息之后，危机干预者要对目标人群的心理健康状况进行评估，并将目标人群分为普通人群和重点人群，对这两类人群分别进行干预。普通人群指在目标人群中，经过评估，没有严重应激症状的人群，对这类人群应该开展心理危机管理技术。重点人群是指对目标人群进行评估后发现的有严重症状的人群，对这类人群应该开展心理危机援助。同时，干预工作和时间的安排需要根据目标人群的范围、数量以及心理危机干预人员的数量进行制订。

进行干预时，干预教师应该及时给予学生足够的支持，通过与学生沟通和交流，让学生知道干预教师是愿意给予其关心和帮助的人。同时，干预教师要根据学生的现状、心理危机的性质和学生惯常的应对机制，灵活性地采用各种心理危机干预技术；要让学生认识到当前的不良情绪，并理解当危机出现时，被不良情绪困扰是正常现象；要帮助学生客观地面对现实，使其分清幻想与事实，尽量减轻学生对他人的怨恨和指责。

在干预初期，干预教师需要无条件积极地接纳和理解学生的经历与想法。大多数经历危机的学生都是由于采用惯常的应对方式不足以渡过当前危机而陷入心理失衡状态，故而干预教师应当帮助学生意识到，他们还可以采用其他应对方式或可利用资源来应付当前的危机。

干预教师通过与学生交谈，帮其寻找最佳环境支持，让其分析有哪些人在当下可以为自己提供帮助，同时为学生提供新的应对方式来尝试应对危机，并修正学生的错误认知，鼓励他们用积极、客观的方式重新审视当前危机。

干预教师与学生一起制订干预计划。在学生参与制订计划的过程中，充分给予学生独立性和自主性，让他们有信心自己能够顺利度过危机，并在危机中获得成长。在每一阶段的干预过程中，干预教师都要争取及时得到学生的积极反馈，让学生复述先前制订的计划，并得到学生的承诺。只有学生在干预过程中处于主动、积极参与的地位，才会保证干预效果。

另外，干预教师还要不断评估学生当前所处的环境是否安全，得到学生的承诺，确保学生不会做出自杀、自残等极端行为。

（二）实施心理危机干预的注意事项

1. 媒体报道和社会传播，一定切忌，不要过于放大

大众媒体作为向公众传播信息的主要渠道，对公众的认知、行为和态度等都能产生很大影响。危机事件作为独特的、"反常"的新闻，也备受媒体的关注。目前，我国媒体对于心理危机事件的报道还存在一些失当现象。部分个体的心理危机事件就可能是通过传媒的报道在不知不觉中被传染的。其中，对于学生的心理危机事件，如自杀，媒体的报道屡见不鲜。学生可能受媒体的影响，当自己生活或学业受挫时，心理承受能力或调节能力差的学生就可能采取如自杀的极端方式来应对。因此，在心理危机干预过程中，一定要对媒体的传播加以控制，切记不要过分报道，不然会引起广泛性的心理危机传播，造成更大的危机。

2. 参与救助和救援的人，应该是受过训练的专业人员

在危机发生后，社会上会出现一些满腔热血的志愿者想要去对危机个体提供帮助。但因

这些志愿者没有专业的心理辅导技术和足够的心理准备，匆忙又懵懂地直入一线进行危机干预工作，最后因为没有能力承受重大灾害带来的压力而成为了"二次创伤"的受牵连者。

因此，从事心理危机干预的工作者应至少具备以下条件：接受过专业的心理危机干预培训、有较强的心理承受能力（能够面对真实的场景，如灾难场景、血腥环境等）且自我心理健康，没有类似的心理创伤经历。

3. 应注意心理危机干预的时间和过程

心理危机干预的实施时间可根据距离危机事件发生的时间而分为危机事件后3天、7天或一个月等不同的阶段，不同阶段的工作和辅导内容不同。值得注意的是，对危机个体进行危机干预时，绝对不能一蹴而就。危机干预的过程通常是漫长的，要想治愈他们的心理创伤，需要危机干预工作者在日常生活中给予其具体的指导和关心，接纳并处理他们出现的一些不良情绪和行为。这些都需要救援者事先做好准备。

（三）后期关注

对于已经经历过心理危机的学生，干预教师应该给予特别关注。干预教师应该对其学习和生活进行妥善安排，帮助该生建立良好的支持系统，避免与其他学生发生激烈冲突，并及时了解其心理变化情况。干预教师也应对这些学生定期进行跟踪咨询及风险评估。

实际上，从某种程度上说，心理危机也是个体成长道路上的一种宝贵挫折经历。危机事件能促进个体深入思考人生，探索生命的价值和意义；能引发个体再次审视自我的价值和目标。我们到底为什么而活着？如果我只剩一天的时间就会离开这个世界，那我是否还有遗憾？对于我们至亲至爱的人，我们是否已经做到问心无愧？成功经历心理危机之后，每个人都可能会对这些问题有新的见解，为自己的人生重新定位，再燃对美好生活的希冀。这正是危机的真正意义所在。

【章末思考与练习】

1. 心理危机干预的概念与对象是什么？
2. 请举例说明危机评估的理论技术。
3. 简述心理危机干预的实施流程。
4. 请举例说明学生常见的心理危机类型及其干预方法。

【阅读书目推荐】

1. 施剑飞. 心理危机干预实用指导手册[M]. 宁波：宁波出版社，2016.
2. 翟书涛. 危机干预与自杀预防[M]. 北京：人民卫生出版社，1997.
3. Gilliland. B, James. R. 危机干预策略[M]. 北京：中国轻工业出版社，2000.

参考文献

1. 蔡哲，赵冬梅. 大学生心理危机的干预与调解[J]. 河南师范大学学报（哲学社会科学版），2001，28

（4），106-107.
2. 曹凤莲. 青少年心理危机干预［J］. 江苏教育，2018，27-29.
3. 樊富珉. "非典"危机反应与危机心理干预［J］. 清华大学学报（哲学社会科学版），2003（4），32-37.
4. 甘秀英. 青少年人格特质、社会支持与创伤后应激障碍的关系［D］. 广州大学，2009
5. 刘取芝. 大学生心理危机及其干预策略研究［D］河南大学，2005.
6. 马湘培. 高校应提升心理危机干预的能力——经历SARS反思高校心理咨询［J］. 广西政法管理干部学院学报，2003（6），124-126.
7. 聂衍刚，曾雨玲，李婉瑶. 青少年自我意识的发展特点研究［J］. 教育导刊，2014，4（2），27-31.
8. 孙超. 高中学校心理危机的预警及干预［J］. 理论观察，2017（6），151-153.
9. 汪玲，谭晖. 青春期心理行为的危机干预［J］. 中国学校卫生，2010，31（8），897-898.
10. 王璐，赵静，徐艳斐. 心理危机干预的研究综述［J］. 吉林省教育学院学报，2011，27（9），139-141.
11. 伍新春，林崇德，臧伟伟，付芳. 试论学校心理危机干预体系的构建［J］. 北京师范大学学报（社会科学版），2010（1），45-50.
12. 翟书涛.（危机干预与自杀预防［M］. 北京：人民卫生出版社. 1997.
13. 张松炎，牛书杰. 自媒体时代大学生心理危机预警与干预的路径研究［J］. 决策探索（下），2019（3），89.
14. 张小培，史慧颖，李丹，王水静. 快速眼动疗法的治疗研究述评［J］. 中国健康心理学杂志，2010，18（11），1401-1404.
15. 赵映霞. 心理危机与危机干预理论概述［J］. 安徽文学月刊，2008（3），382-383.

第九章　职业生涯规划辅导

【教学/学习目标】

1. 了解职业生涯规划的内涵和意义，掌握兴趣、性格、能力与职业的关系。
2. 了解职业生涯规划的相关理论。
3. 了解职业生涯规划的制订原则。
4. 掌握职业生涯规划的具体实施步骤。
5. 了解自己的职业性向。

【案例导入】

【案例1】

25岁的小丽大专毕业三年了，现在在一家销售公司从事助理工作，主要负责客户服务。小丽性格活泼可爱，工作非常认真负责，领导对她的评价也不错。但小丽对自己的工作越来越厌倦了，在工作中越来越感觉不开心。

刘某是小丽的上司，负责全国的市场销售工作。由于从事该行业多年，积累了大量人脉和工作经验，并且对客户充满了热情，对工作也充满了期待，所以刘某的销售业绩基本上每年都是公司最好的。小丽看到上司刘某的工作表现和工作业绩，觉得他在工作中处理工作中的每件事都得心应手，好像没有烦恼一样，非常羡慕他的工作状态。于是，小丽就想：我要不要跳槽？我到底应该跳到什么样的岗位才能感觉更快乐呢？我要怎样做，才能做到上司那个职位呢？

其实，很多刚入职场不久的人都会产生和小丽一样的困惑。但是，事实真的如小丽所想的一样，刘某对自己的职业生涯感觉很好吗？他真的在工作中得心应手吗？真的很快乐吗？

【案例2】

刘某今年32岁，从学校毕业已经8年了，现在从事市场总监的工作。

就像大多数中国孩子一样，他所学的专业不是自己选择的。虽然最后上了大学，但却发现所学专业并不是自己最喜欢的。大学毕业后，他找到了一家和自己所学专业对口的单位，但工作没多久就因为薪水问题跳槽到了现在这家公司。时间一晃过去8年了，虽然现在工作做得不错，但总感觉自己活得很累，表面上看似很成功，内心深处却很彷徨，反而羡慕刚刚工作的阿涛。

阿涛刚刚大学毕业，有一种"初生牛犊不怕虎"的精神，被问到适合干什么、能干什么时，总会得到"我什么都能干，你让我做什么我都会用满腔热忱去做"的回答。做销售的人多少都会有创业情结,考虑到创业要承担风险,很多人羡慕别人创业成功的情境,却缺乏承受风险的心理承受能力。所以此时,刘某就陷入了一种纠结的状态:我到底要不要去创业?

通过这个案例可以发现,职场中30岁左右的人群容易对未来的职业发展充满困惑。

【案例3】

阿涛今年23岁,是一个刚毕业的职场新人,从事销售代表的工作。这项工作比较简单,但是对他而言,又涉及专业的问题。阿涛是学外语的,进入职场后才发现外语不是一个专业,只是一个工具、一项基本能力而已,想要仅靠英语在职场有所作为是很难的。俗话说"男怕入错行,女怕嫁错郎",阿涛对自己的未来发展产生了疑惑。

对于"初生牛犊不怕虎"的职场新人来说,这时往往会受一些光环或偶像的影响,而阿涛的偶像就是吸引他来到这家公司的老板老罗。老罗拥有一份令人羡慕的职业,作为这家集团公司的老板,老罗事业有成。仰慕老罗的阿涛就在想:我怎么才能快速进入事业上升的通道,也有机会成为老板呢?

和案例中的阿涛一样,很多刚入职场的年轻人都希望能在最短的时间内获得成功,这属于职业定位的困惑。

【案例4】

公司总裁老罗45岁了,虽然拥有一家集团公司,在社会上也有了一定的名望和地位,很多人都羡慕他过得很好,可是他却感觉自己心里特别累,工作压力也特别大。看着员工们虽然每天忙忙碌碌,却似乎都无忧无虑、快快乐乐,老罗也开始怀念自己过去打工的日子。那时候自己一个人吃饱全家不饿,现在虽然拥有一个产业,却得天天操劳。老罗创业时凭借的是激情和运气,很快就获得了成功。现在的市场环境与创业时不太一样了,竞争越来越激烈,老罗也感觉越来越累。

老罗现在处于一种往上走感觉累,走下坡路又不甘心的纠结状态之中。这时他就想:我这一辈子到底图什么?老罗年轻时有一个爱好——摄影,现在每天都被工作牵绊,几乎没有机会兑现自己的爱好。所以他想:如果能够找到一个接班人,把我这些工作都接下来,我就可以脱身了。

由此可见,以老罗为代表的功成名就人士,其实并不像我们表面上看来的过得那么好,他们中的很大一部分人都有很大的工作压力。他们也非常向往无忧无虑、快快乐乐的日子,希望尽快退休,好让自己回到最初的状态中。

讨论:对于这一系列案例,你是否对他们的故事很熟悉?你身边是否也有这样的朋友或长辈?你是否也存在这样的困惑?你想过应该怎么办吗?关于这些问题,我们将在这一章中讨论。本章将介绍与职业生涯规划相关的内容。

第一节 职业生涯规划概述

一、什么是职业生涯规划

生涯,通常指的是在个体的生活中,各种事件的演进方向和历程。它统合了个体的一生中所经历的各种职业和扮演的各种生活角色,如教师、工人、学生等,甚至包含了家庭和公民的角色，如子女、父母、纳税人等，由此表现出个人独特的自我发展形态。所以，"生涯"可以理解为整合了"生命""生活"和"职业"的一种综合概念，但并不与"生命""生活"和"职业"等同。其内容是比较宽泛的，具有丰富的内涵与特性。

职业生涯指个体整个生命历程中所从事的全部职业，特别是涉及个体职业、职位的变动以及个体实现其工作理想的整个过程。这整个过程可以是间断的，也可以是连续的，它包含个体所有的工作、职业、职位的外在变更和对工作的态度和体验的内在变更（顾雪英，2011）。

职业生涯可分为内职业生涯和外职业生涯。在职业生涯发展过程中，个体通过提升自身素质和职业技能，而获得的个人综合能力、社会地位以及荣誉的总和统称为内职业生涯。内职业生涯与个体自身息息相关，是别人无法替代和窃取的宝贵人生财富。外职业生涯即指，在职业生涯发展过程中，个体所经历的职业角色（职位），以及获取的物质财富总和。外职业生涯是具体的，并且随着内职业生涯的发展而不断发展与增长。

每个人都要面临职业选择，都渴望获得职业上的成功。然而，很多人并不知道什么样的职业是最适合自己的职业，怎样规划自己的职业才能更容易事业有成。所以，很多人在选择职业时，会从众。例如，有"经商热"这样一个现象，即一些并无商业才能的人也纷纷"下海"去创办公司；当一些研究生或大学生毕业时，有很多学生首先选择经济发达的地区和所谓的大单位，然后，才考虑专业和个人的特长。由于欠缺对自身特点和环境的认识，所以这种"随大流""随热门"的职业选择方式不利于个体职业的发展。因此，当今社会，个体要想成就一番事业，必须合理规划自己的整个职业生涯。

职业生涯规划也被称为职业生涯设计，"指个人和组织相结合，在对自己内在心理特征和外在环境条件等因素进行综合测评和总结的基础上，通过综合分析与权衡自己的兴趣、爱好、能力、特长、经历及不足等各方面的因素，同时结合时代特点和自己的职业倾向，确定适合自己特点的最佳职业目标甚至最佳人生目标，并制订相应的发展步骤和具体的活动规划"（姚裕群，2003）。

实施职业生涯规划时，"不仅要对个人的特点进行详细的分析，而且还要对个体所在的组织环境和社会环境进行综合考量。并在此基础上，根据分析结果，制订个人的事业奋斗目标，同时选择实现这一目标的职业，编制相应的工作、教育和培训的方案，对方案中的每一个步骤的时间、顺序和小目标做出科学、合理的安排"。比如，制订个人职业的近期规划和长期规划、对自己的职业目标进行定位、设计达到职业目标的具体路径、确定职业目标达成度的评估方案等一系列计划都可以称作职业生涯规划。

好的职业生涯规划不仅能帮助个体按照自己的资历条件找到一份自己满意的工作，达到和实现个人的职业目标，更重要的是能帮助个体真正的了解自己，将自己的能力发挥到极致。通过详细估量内、外环境的优势和限制，帮助个体选择最适合自己能力的事业，从而使自己的奋斗目标更加清晰、明确。所以，通过职业生涯规划，可以帮助个体在"衡外情，量己力"的情形下，设计出合理的、切实可行的职业生涯发展方向。

从个体和集体的角度出发，可将职业生涯规划分为个体生涯规划（即个人对自己职业进行的规划）和企业对员工所进行的职业规划管理体系。对个体而言，职业生涯规划不仅能帮助个体在职业起步阶段成功就业，还能帮助个体在漫长职业发展阶段中远离迷茫，走出困惑，顺利到达成功彼岸。对于企业来说，良好的职业生涯管理体系可以给员工提供明确而具体的职业发展引导,充分发挥员工的潜能,从人力资本增值的角度达成企业价值最大化。

按照时间长短来分类,职业生涯规划可分为四种类型,即人生规划、长期规划、中期规划以及短期规划。人生规划即整个职业生涯的规划,时间可贯穿个人生命的始终。规划的主要任务是设定整个人生的发展目标,如规划成为一个有数亿资产的公司董事、成为享誉世界的科学家等。长期规划即在5~10年内的职业规划。规划的主要任务是设定一个较长远的职业目标,例如,到自己30岁时,成为一家大型公司的部门经理;到40岁时,成为公司的副总经理等。中期规划一般为设定自己在将来的2~5年内的目标与任务。例如,某研究生规划自己在3年内拿到博士文凭,某高校具有讲师职称的教师规划自己在3年内拿到副教授职称等。短期规划即两年以内的规划,主要任务是确定近两年的奋斗目标。例如,对于专业知识的学习,某大学生规划自己在两年内要掌握哪些业务知识等。

二、职业生涯规划的意义

一位有良好职业生涯规划、职业定位和职业目标清晰的人,和一个没有职业生涯规划、职业定位和目标不明确的人,一生所能成就的事业会很不相同。威廉·亨利曾说过:"无论我将穿过的那扇门有多窄,无论我将承担怎样的责罚,我是命运的主宰,我是灵魂的统帅。"我们应该用自己的真诚和智慧去实施职业生涯规划,将命运掌握在自己手里,用实际行动去实现职业目标和人生价值,成就美好人生。

美国哈佛大学多年前曾对部分学生做过一次关于人生目标的调查研究。结果发现,"没有目标的学生人数大约占调查总人数的27%,目标模糊的学生人数大约占调查总人数的60%,而短期目标清晰的学生人数大约占调查总人数的10%,长期目标清晰的学生人数只占调查总人数的3%左右"。30年后,研究者又对这些学生做了追踪调查。结果表明:第一类人几乎都生活在社会的最底层,他们的生活几乎都过得很不如意,长期在失败的阴影里挣扎,他们经常失业,靠社会救济才能生活,并且喜欢抱怨;第二类人基本生活在社会的中下层,整日为生活而疲于奔命,但都没有什么特别的成绩;第三类人大多都进入了白领阶层或成为了专业技术人员(如医生、律师、工程师、高级主管等),生活状况日益改善,生活比较充裕、舒适;第四类人中的大多数都成了百万富翁、行业领袖或者精英人物,过着幸福生活。

诸多案例和研究都表明,职业生涯规划对个体的职业成功起到了明显推动作用。职业生涯规划可以帮助个体科学规划人生,确定职业发展目标,制订行动计划,并鞭策个体为达到目标努力工作,有条不紊地完成计划目标,从而实现人生价值,提升生命品质。职业生涯规划能帮助个体更充分地了解自己,更好地发挥潜能,增强职业竞争力,突破生活的局限,塑造清新充实的自我。职业生涯规划还能帮助个体评估目标和现状之间的差距,平衡个人、事业与家庭的关系,从而建立个性化的职业生涯发展信息库。

此外,职业生涯规划还与集体目标的实现有直接的相关。个体的职业目标如果与集体目标相一致,那么个人与集体都可以获得发展;但如果两者相背,则阻碍集体目标的实现。

三、职业生涯规划的误区

许多人常有这样的误解,即"职业生涯规划是在个体进入工作阶段后开始设计的,而在个体开始工作之前没有必要进行考虑"。甚至有人在已经开始求职时，仍然抱着"先随便找个工作，以后有机会再跳槽"的错误想法。这种盲目的择业观有很大危害，极大地延长了个体职业生涯的试错过程，耽误了宝贵的黄金时期。其最终的结果往往是个体频繁地变换工作，长时间无法进入职业稳定期，导致职业生涯不断受挫甚至终身一事无成。

职业生涯发展过程也是个体生理和心理综合素质不断完善的过程。从婴儿期开始的智力启蒙、世界观初建，到进入职业准备期和职业选择期，在家庭和社会的影响下形成的人生观和价值观对个体今后职业生涯的探索、创新、评价和发展都将产生持续的影响。所以，职业生涯规划对个体的影响不仅时间跨度大，而且作用面广。

因此，在职业尚未开始时就接受必要的职业指导并进行职业生涯规划对个体长远发展有益。小学阶段往往是职业生涯空想期，教师可以有针对性地观察和发现学生的潜能，并配合家长对孩子的潜能优势进行引导和培养。初高中阶段是职业生涯的尝试期，学校应该专门设立职业指导中心，指导教师可运用心理测评等较为专业成熟的测试手段对学生的择业和升学进行指导，从而为学生职业生涯规划的顺利进行提供有力保障。学生也应在教师的帮助下充分了解自己的个性特点、兴趣爱好、能力倾向以及相关职业的特点，明确自己的职业选择目标，为进入正式的职业生涯打好基础。在大学或研究生毕业正式进入工作阶段，个体应该初步完成自己的职业生涯规划设计，并开始付诸行动。

一般地，职业生涯规划进行得越早越好。进行得越早，个体对自我的认识和对职业的认识就越清晰，那么实现职业目标的周期就可能越短。因此，建议学生、家长及学校等尽早地开展个人职业生涯规划。

四、职业生涯规划的影响因素

每个人都有自己独特职业生涯的发展阶段与发展历程。因此，不同个体的职业生涯规划的重点会不同，实施职业生涯规划时所考虑的因素也不同。鉴于此，我们将影响职业生涯规划的因素主要归为两大类，即主观因素与客观因素。个体在确定职业生涯目标时要将主、客观因素统一起来，利用各方面资源，综合考虑各方面利弊，从而充分发挥自己的潜能，实现个人价值和社会价值。

（一）主观因素

主观因素是个体的内在因素，也是影响职业生涯规划的最重要因素。它包括个体的自我认识，例如年龄、兴趣、爱好与特长、学历与能力、性格与价值观、所选定的目标与需求、情商、工作经验、优缺点、生理情况等。人生的不同年龄阶段有不同的职业目标和生活理想，我们要提前规划不同年龄阶段的职业和生活。个体应该对自己的人生观有清晰认识，明白自己最想要什么，怎样实现；应该理智地分析自己当前所处的情景、所从事的职业和所过的生活，并根据实际情况不断调整。

兴趣在个体职业生涯的发展过程中起着至关重要的作用，是个体进行职业生涯规划时应该首先考虑的其中一个重要因素。《加拿大职业分类词典》对现今的各种职业兴趣类型的特征与相应的职业类型进行了详细的介绍（表9-1）。

值得注意的是，同一种兴趣类型可以对应于多种职业类型，而每种职业类型往往需要个体具备多种兴趣类型。例如，护士这个职业需要个体至少具有三种兴趣类型，即愿与人打交道（即兴趣类型2）、愿热心助人（即兴趣类型6）、愿做具体工作（即兴趣类型12）。如果个体缺乏其中的某一方面的兴趣，则应努力培养和发展这方面的兴趣，以适应该职业的要求；否则，就不得不另选与自己兴趣类型更匹配的职业。

表 9-1 兴趣与职业

兴趣类型	兴趣特征	适应的职业
1	愿与事物打交道，喜欢接触工具、器具或数字，不喜欢与人打交道	制图员、修理工、裁缝、木匠、建筑工、出纳员、记账员、会计、勘测、工程技术、机器制造等
2	愿与人打交道，喜欢与人交往，对销售、采访、传递信息一类的活动感兴趣	记者、推销员、营业员、服务员、教师、行政管理人员、外交联络等
3	愿与文字符号打交道，喜欢常规的、有规律的活动，习惯在预先安排好的程序下工作，喜欢有规律的工作	邮件分类员、办公室职员、图书馆管理员、档案整理员、打字员、统计员等
4	愿与大自然打交道，喜欢地理地质类的活动	地质勘测人员、钻井工、矿工等
5	愿从事农业、生物、化学类工作，喜欢种养、化工方面的实验性活动	农业技术员、饲养员、水文员、化验员、制药工、菜农等
6	愿从事社会福利类的工作，喜欢帮助别人解决困难，乐意帮助人，试图改善他人的状况	咨询人员、科技推广人员、教师、医生、护士等
7	愿做组织和管理工作，喜欢掌握事情，希望受到众人尊敬和获得声望，愿做领导和组织工作	组织领导管理者，例如，行政人员、企业管理干部、学校领导和辅导员等
8	愿研究人的行为和心理，对人的行为举止和心理状态感兴趣	心理学、政治学、人类学、人事管理、思想政治、教育、行为管理、社会科学、作家等
9	愿从事科学技术事业，喜欢通过逻辑推理、理论分析、独立思考或喜欢实验发现和解决问题，喜欢通过实验做出新发现	生物学、化学、工程学、材料学、物理学、医学、自然科学工作者、工程技术人员等
10	愿从事有想象力和创造力的工作，喜欢创造新的式样和概念，喜欢独立的工作，对自己的学识和才能颇为自信，乐于解决抽象的问题，渴望了解周围世界	社会调查、经济分析、各类科学研究、化验、新产品开发、演员、画家、创作或设计人员等
11	喜欢具体的东西，愿做操作机器的技术工作，喜欢通过技术来进行活动，对技术、操作各种机械、制造新产品感兴趣，喜欢使用工具特别是大型的、马力强的先进机器	制造机械、飞行员、驾驶员等
12	愿从事具体工作，喜欢制作看得见、摸得着的产品并从中得到乐趣，希望很快看到劳动成果，并从完成的产品中得到满足	室内装饰、园林园艺、美容理发、手工制作、机械维修、厨师等

另外，性格特征与职业类型密切相关。不同职业对个体的性格特征有不同的要求，我们可以根据自己的职业性格来选择适合自己的职业，这对个体和企业都具有重要意义。近年来，研究人员根据我国的实际情况，将职业性格大致分为九种基本的类型（表9-2）。

表 9-2 性格与职业

性格类型	性格特征	适合的职业
变化型	在新的和意外的少动或工作情境中感到愉快，喜欢有变化的和多样化的工作，善于转移注意力	记者、销售员、演员等
重复型	喜欢连续从事同样的工作，按固定工作计划或进度办事，喜欢重复的、有规律的、有标准的工种	纺织工、机床工、印刷工、电影放映员、校对员等

续表

性格类型	性格特征	适合的职业
服从型	愿意配合他人或按他人指示办事,不愿自己独立做决策、担责任	办公室职员、秘书、翻译等
独立型	喜欢计划自己的活动或工作,喜欢指导别人的活动,自主对未来的事做决定,在独立负责的工作情境中感到愉快	管理人员、律师、警察、侦察员等
协作型	在与人协同工作时感到愉快,善于引导别人,并想得到他人的喜欢	社会工作者、咨询人员等
机智型	在紧张和危险的情况下能自我控制、沉着应对,发生意外和差错时不慌不忙,出色地完成任务	驾驶员、飞行员、公安员、消防员、救生员等
自我表现型	喜欢表现自己爱好和个性,根据自己的感情做出选择,能通过自己的工作来表现自己的思想	演员、诗人、音乐家、作家、画家等
严谨型	注重工作过程中的各个环节、细节的精确性。愿意按规划和步骤把工作尽可能做得完美,对工作要求严格,工作中一丝不苟,以看到自己出色完成工作的效果	科学家、研究者、统计员、教师、会计、出纳员、校对员、图书档案管理员、打字员等
劝服型	通过谈话或写作等使他人同意自己的观点,对他人的反应有较强的判断力,并善于影响他人的态度和观点	辅导员、行政人员、咨询人员、宣传员、作家、社会活动家等

一种职业同时需要个体具备几种不同的性格类型,而一种性格类型也同时适合几种不同的职业。在选择职业时,应该根据个体自身的因素、环境的因素与职业的要求,具体情况具体处理,而不能一概而论。

能力决定着个体能否顺利进入职业,也影响着个体的工作效果。人在一生中要从事各种各样的社会生活和生产活动,这往往需要个体具备多种能力。注意,这里的能力是指"劳动者从事社会生产活动的能力,即职业能力"。因此,"了解自己的能力倾向和不同职业对从业者能力的要求,有助于个体合理地进行职业选择"。仅仅从能力差异的角度看,职业生涯规划应该遵循以下几个基本原则:

(1)能力类型与职业相吻合

不同个体之间的能力类型不同。可以根据工作性质、内容和环境的不同而将职业划分为不同的类型。不同类型的职业对人的能力有不同的要求。因而,在规划职业生涯时,我们应该注意能力类型与职业类型的吻合和统一。

"个体的能力水平应该与其职业层次一致或基本一致"。个体在根据自己的能力类型确定了职业类型后,还应该根据自己所能达到或可能达到的能力水平确定相应的职业层次。每个人都具有多种能力。然而,这些能力的发展水平并不平衡。通常表现在,个体某方面的能力占优势,而另一些方面则不太突出。因此,对于个体的职业生涯规划而言,应该主要考虑自己的优势能力,并且尽可能选择最能运用自己优势能力的职业。对于企业,在人事安排时,也应该注重个体的优势能力,并分配相应的工作,从而更好发挥其作用和潜能。

(2)一般能力与职业相吻合

一般能力通常又叫智力,包括注意力、观察力、记忆力、思维能力和想像力等方面,是人们顺利完成各项任务都必须具备的最基本的能力。不同的职业对个体的一般能力的要求有所不同。有些职业对从业者的智力水平的要求很高,例如,律师、工程师、科研人员、大学教师等。

（3）特殊能力与职业相吻合

特殊能力是指"从事某项专业活动的能力，也称特长，如计算能力、音乐能力、动作协调能力、语言表达能力、事务能力、空间判断能力、形态知觉能力、手指灵活度与灵巧度等"。要顺利完成某项工作，除了需要具备一般能力外，还需要具备胜任该项工作的特殊能力。例如，从事教育工作的人员需要有较好的阅读能力和语言表达能力；从事数学研究的人员需要具有较高的空间想象能力和逻辑思维能力。法官就应该具有很强的逻辑推理能力，却不一定要很强的动手能力；而建筑工人应该有一定的空间判断能力，却不需要良好的语言表达能力。表9-3展示了常用的职业能力倾向成套测验中的一部分。

表9-3 部分职业与其所需职业能力的标准

职业	一般学习能力	语言能力	算术能力	空间判断能力	形态知觉	书写能力	运动协调	手指灵活	手的灵巧
建筑师	5	5	5	5	2	3	3	3	3
律师	5	5	3	2	2	3	2	2	2
医生	5	5	4	5	4	3	4	4	4
护士	4	4	3	3	3	3	3	3	3
演员	4	4	2	3	2	2	2	2	2
秘书	3	3	3	2	3	4	3	3	3
统计员	3	3	2	2	2	4	2	2	2
服务员	3	3	2	2	2	2	3	2	3
驾驶员	3	3	2	3	3	1	3	3	3
纺织工	2	2	2	3	3	1	3	3	3
机床工	3	2	2	3	3	2	3	2	3
裁缝	3	3	2	2	3	2	3	4	3

注：1=弱，2=较弱，3=一般，4=较强，5=强。

（二）客观因素

1. 社会因素

经济发展水平对个体的职业发展有重要影响。例如，在经济发展水平高的地区，企业相对集中，优秀的企业也相对比较多，个人职业选择的机会也多，因而有利于个人的职业发展；而在经济发展相对落后的地区，在一定程度上，个人的职业发展会受到限制。

社会文化环境（例如，教育条件和水平、社会文化设施等）也会对个体的职业发展有潜移默化的影响。在良好的社会文化环境中，个人更容易受到良好的教育和熏陶，从而为职业发展打下更好的基础。

每个个体都生活在一定的社会环境中，必然会受到社会价值观念的影响。个体的思想发展、成熟的过程，实际上可以认为是个体认可和接受社会主体价值观念的过程。社会价值观通过影响个人价值观而影响个体的职业选择。

2. 组织环境

"企业文化决定了一个企业如何看待它的员工"。所以，员工的职业生涯在一定程度上受到企业文化的影响。一个主张员工参与管理的企业，比一个独裁的企业能为员工提供更多的发展机会。同时，渴望发展、追求挑战的员工也许很难在"论资排辈"的企业环境中受到重用。

企业的管理制度，例如，合理的培训制度、晋升制度、考核制度、奖惩制度等，是员工职业发展的保障。企业价值观以及经营哲学只有渗透到制度中，才能更好地得到切实的贯彻和执行。

一个企业的文化和管理风格与其领导者的素质和价值观也有直接的联系。可以认为，企业经营哲学在一定程度上与企业家的经营哲学密切相关。

3. 家庭环境

父母的职业价值观对子女的职业选择有重要的影响。首先，相当一部分人会继承其父母的事业或从事类似的职业。其次，家庭经济状况对个体的职业选择有影响。经济状况好的家庭，能够为子女提供更多的学习或培训机会，从而使个体获得更好的职业技能，这有利于个体在职业竞争中取胜。

第二节 职业生涯规划的理论基础

一、职业选择理论

（一）择业动机理论

1964年，美国心理学家佛隆通过对个体择业行为的研究，在《工作和激励》一书中提出了解释企业员工行为激发程度的期望理论。他认为，"个体行为动机的强度取决于效价的大小和期望值的高低，动机强度与效价及期望值成正比，用函数表示为 $F=V \cdot E$。其中，F 是动机强度，指积极性的激发程度，是个体为达一定目标所付出的努力程度；V 是效价，指个体对一定目标重要性的主观评价；E 是期望值，指个体估计的目标实现概率"。

该理论表明，效价越大，期望值越高，个体的行为动机就越强烈，付出的努力程度也就越大。如果效价为零乃至负值，那么目标实现对个人毫无意义。在这种情况下，目标实现的可能性再大，个人也不会产生追求目标的动机，不会为此付出积极努力。如果目标实现的概率为零，那么无论目标实现的意义多么重大，个人也不会产生追求目标的动机。例如，一名大学毕业生去应聘清洁工，被聘用的可能性（E很大）是很大的，几乎不需要怎么努力就能实现，但这不是大学毕业生的奋斗目标（V很小），所以，很少有大学生去应聘（F很小）；另一方面，一个大型企业招聘高级经理，这个职位对很多大学毕业生都具有强烈的吸引力（V很大），也是很多大学毕业生梦寐以求的职位，但对于一个各方面都很一般的普通独立院校的毕业生，能获得这个岗位的可能性很小（E很小），所以，他们很可能放弃对这一职位的竞争（F很小）。

佛隆将这一期望理论用来解释个人的职业选择行为，提出了择业动机理论。"择业动机 = 职业效价 × 职业概率"。择业动机指"择业者对目标职业的追求程度或对某项职业选择意向的大小"。职业效价指"择业者对某项职业价值的评价，职业效价取决于择业者的职业价值观和择业者对某项具体职业的要求"，例如，兴趣、劳动条件、工资、职业声望等。因此，可以用公式来表示：职业效价 = 职业价值观 × 职业要素评估。职业概率指"择业者获得某项职业的可能性大小，通常由竞争系数、择业者的竞争能力和其他随机因素决定"。竞争系数指"该职业的需求量与谋求该职业的劳动者人数的比值。在其他条件一定的情况下,竞争系数越大,职业概率越大"。择业者的竞争能力即"择业者自身的工作能力和求职就业能力"。择业者自身的竞争力越强,获得职业的可能性越大。因此,"职业概率 = 竞争系数 × 竞争能力 × 随机因素"。综上所述,择业动机可表示为"择业动机 = 职业价值观 × 职业要素评估 × 竞争系数 × 竞争能力 × 随机性"。

择业动机公式表明,"某项职业的效价越高,获取该项职业的可能性越大,择业者选择该项职业的意向或者倾向越大"。所以,"个体择业动机的大小不仅取决于个人的主观因素,更决定于社会的客观条件;不仅取决于某些职业对个人的吸引程度,还取决于获得这些职业的可能性大小等因素"。

(二)职业性向理论

职业性向指"一个人所具有的有利于其在某一职业方面成功的素质总和,是与职业方向相对应的个性特征"。美国心理学家约翰·霍兰德认为,职业性向是决定一个人职业选择的重要因素,包括价值观、动机和需要等。根据人格特征进行划分,"个人的职业性向可分为实际型、研究型、艺术型、社会型、开拓型和常规型六种;同时,职业类型也相应有上述六种分类"。

1. 实际型

具有这种性向的人通常表现为害羞、真诚、持久、稳定、顺从、实际等个性特征,适合从事需要一定技术、力量和协调性才能承担的职业。如机械师、装配线工人、农场主、森林工人等。

2. 研究型

具有这种性向的人通常表现为分析、创造、好奇、独立等个性特质,适合从事需要思考、组织和理解的活动。如化学家、经济学家、数学家、新闻记者等。

3. 艺术型

具有这种性向的人通常表现为富有想像力、无序、杂乱、理想、情绪化、不实际等个性特质,适合从事需要自我表现、艺术创造、情感表达以及个性化活动的职业。例如,广告制作者、艺术家和音乐家以及室内装饰家等。

4. 社会型

具有这种性向的人通常表现为社会、友好、合作、理解等个性特质,适合从事通过人际交往帮助和提高别人活动内容的职业。例如,社会工作者和外交工作者以及临床心理学家等。

5. 开拓型

具有这种性向的人通常表现为自信、进取、精力充沛、盛气凌人等个性特质,适合从事需要以影响他人而获得权利的职业。如法官、律师、公关专家、管理人员等。

6. 常规型

具有这种性向的人,通常表现为顺从、高效、实际、缺乏想像力、缺乏灵活性等个性特质,会被吸引去从事于那些包含着大量结构性的且规则较为固定的职业,在这些职业中,雇员个人的需要往往要服从于组织的需要。例如,行业会计和档案管理员以及业务经理等。

在实际环境中，大多数人都同时具有多个职业性向，这些性向越相似，个体在做出职业选择时所面临的内在冲突和犹豫就越少。该理论重视人格的整体性，用人格类型与职业类型的匹配来诠释人职匹配，使得个体在作职业选择时的目标更加明确和合理，从而扩大了个体职业选择的范围。

二、职业生涯阶段理论

（一）萨帕的职业生涯阶段理论

美国职业指导专家萨帕以美国白人作为自己的研究对象，按照年龄阶段把个体的职业生涯分为五个阶段，即职业周期，每个阶段都各有特点（蔡琪，2014；金树人，2007）。

第一阶段，成长阶段，大约从个体出生到14岁。在这一阶段，个人通过对家庭成员、朋友、教师的认同以及与他们之间的相互作用，逐渐建立起了自我概念。此阶段中，通过角色扮演，个体尝试各种不同的行为方式，这使得他们形成了他人会如何对不同的行为做出不同反应的印象，并且帮助他们建立了一个独特的自我概念或个性。到这一阶段结束的时候，进入青春期的青少年形成了对自己兴趣和能力的一些基本看法，开始对各种可选择的职业进行带有某种现实性的思考。

第二阶段，探索阶段，大约15岁～24岁。在这一阶段，个体将认真探索各种可能的职业选择，并试图将自己的职业选择与自己对职业的了解以及通过学校教育、休闲活动和工作等途径所获得的个人兴趣和能力匹配起来。在这一阶段开始时，个体通常会尝试性的选择一个较为宽泛的职业，例如科学家、教师、工人等。但随着对所选职业和自我的深入了解，个体会重新界定自己的最初职业选择，例如发现自己不适合当教师，而适合当工人等。到这一阶段结束时，个体通常能选定一个比较适合自己的职业，准备开始正式进入工作模式。

个体从这一阶段开始需要完成的最重要任务应该是对自己的能力和天资形成一种现实性的评价。同时，个体也需要根据来自各种职业选择的可靠信息做出相应的教育决策。

第三阶段，确立阶段，24岁～44岁之间，由尝试、稳定和中期危机三个子阶段构成。该阶段是大多数人职业生涯中的核心阶段。有的人在这一阶段的早期能够找到合适自己的职业并随之全力以赴地投入到有利于自己在此职业中取得永久发展的活动中。人们通常期望（尤其是在专业领域）尽早将自己锁定在某一类已经选定的职业上。然而，大多数情况，个体在这一阶段仍然需要不断尝试寻找与自己最初的职业选择所不同的其他职业。例如，有的人一生只从事一个职业，但有的人频繁跳槽。

尝试阶段，大约25岁～30岁之间。在这一阶段，个体会思考所选择的职业是否适合自己。如果不适合，他就会准备进行调整。例如，小王可能已经将自己的职业选定在零售行业，但是在以某商店新雇用的助理采购员身份工作了几个月之后，她发现市场营销调研这种职业可能更适合她。从本质上说，这个阶段还是学习阶段，只不过学的是工作方法及规则，而不像在学校学习的是课程基础知识。在这一阶段中，多数人满怀希望、雄心勃勃，但现实往往让他们感到失望，成就感很低。另外，个体还不得不面对较多的工作时间但是较低的报酬。

稳定阶段，30岁～40岁之间。在这一阶段，人们通常已经定下了较为坚定的职业目标，并制定了明确的职业计划来确定自己晋升的潜力、工作调换的必要性以及为实现这些目标需要开展哪些教育活动等。个体已经开始掌握了本职业的窍门，并可能被一步步地提升。当然，收入也相应增加了，工作也可能变得更加得心应手。但还有一种可能，就是随着更好的就业机会的出现，你也有跳槽的可能性。

中期危机阶段，大约40岁～44岁之间。在这一阶段，人们往往会根据自己最初的理想和目标对自己的职业进步情况重新评价。他们有可能会发现，自己并没有朝着自己梦想的目标（例如，成为科学家）靠近；也有可能发现，虽然已经达成了自己所预定的目标，但这并不完全是自己当前想要的。在这一时期，人们还有可能会重新思考，工作和职业在自己的全部生活中到底占有多大的重要性；判定自己到底需要什么，什么目标是可以达到的以及为了达到这一目标自己需要做出多大的牺牲。

第四阶段，维持阶段，大约45岁～60岁之间。这是职业的后期阶段，人们一般都已经在自己的工作领域中为自己创立了一席之地，职位也正在接近他将能达到的最高点，因而他们的大多数精力主要就放在怎么保有这一位置。但随着年龄的增长，家庭的建立，个体考虑问题时受到的牵制越来越多，对薪水的重视度也大大增加。另外，个体在做决策时可能更多地依赖经验，求知欲也在逐渐减弱。这一阶段，跳槽几乎是不可能了，并且付出的代价很大。在职业成熟阶段转换职业乃至行业，意味着离开自己熟悉的领域，重新跨入社会，一切从零开始。所以，如果不是迫不得已，此时最好不要转换职业或行业。

第五阶段，下降阶段，60岁以后。随着收入和地位都达到最高点和身体状况的变化，许多人一方面成为了年轻人的良师益友，传授各种工作和生活经验；另一方面也不得不接受权力和责任减少、身体状况变差的现实。有的人可能会开始逐渐失去工作的愿望，期望早日退休。这时，他们就需要规划原来用在工作上的时间。例如，发展或培养自己的兴趣爱好，环游全国或世界等。但有的人会期望延迟退休，如科研人员、医生等。从刚开始工作到退休以后，个体的职业生涯就画上了句号。

(二) 金斯伯格的职业生涯阶段理论

美国的职业指导专家、职业生涯发展理论的先驱和典型代表人物金斯伯格的研究重点是从童年到青少年阶段的职业心理发展全过程。他将职业生涯的发展分为三个阶段，即幻想期、尝试期和现实期。该理论实际上揭示了初次就业前人们职业意识或职业追求的发展变化过程（蔡琪，2014）。

幻想期（11岁以前），处于这一时期的儿童对于接触到的各类职业都充满了好奇，职业需求完全处于幻想之中，仅依靠兴趣和爱好。尝试期（11～17岁）是儿童向青年过渡的时期。在这一时期，个体的心理和生理都快速生长发育，逐渐形成独立的意识和价值观念，知识和能力显著增强，同时个体开始逐渐掌握部分社会生产和生活经验。现实期（17岁以后到就业）是个体面临就业的时期。处于这一阶段的个体逐渐能够综合考虑自己的主观条件以及社会条件等现实因素，并能将这些因素与自己的职业愿望结合起来，从而在步入社会劳动的时候能客观寻找适合自己的职业角色。

(三) 格林豪斯的职业生涯阶段理论

美国心理学家格林豪斯的研究侧重于不同年龄段职业生涯所面临的主要任务，并以此为依据将职业生涯划分为五个阶段：也即通常所说的职业准备阶段、进入组织阶段、职业生涯初期和职业生涯中期以及职业生涯后期。

职业准备阶段（即18岁以前），此阶段中，个体的主要任务是接受职业教育，发展职业想象力，对职业进行恰当的评估和选择。进入组织阶段（18～25岁），个体期望获得一份理想的工作，掌握关于未来职业的足够信息，并试图选择一种自己满意的、适合的职业。职业生涯初期（25～40岁），个体要学习职业技术、组织纪律，提高工作能力，逐步适应职业，融入组织，为未来的职业成功做好准备。职业生涯中期（40～55岁），个体需要重新评估初期的职业生涯，从而改变或者强化自己的职业理想；选定职业，努力工作。职业生涯后期（55岁到退休），个体要保持已有的职业成就，准备退休。

(四) 施恩的职业生涯阶段理论

美国心理学家和职业管理学家施恩基于个体生命周期的特点及人生不同年龄段面临的问题和职业工作主要任务，将职业生涯划分为九个阶段：即成长－幻想－探索阶段、进入工作世界、基础培训、早期职业的正式成员资格、职业中期、职业中期危险阶段、职业后期、衰退－离职阶段、退休。

1. "成长－幻想－探索阶段，大约21岁以前。个体的主要任务是：（1）发展和发现自己的需要和兴趣、能力和才干，为进行实际的职业选择打好基础；（2）学习职业相关知识，寻找现实的角色模式，获取丰富信息，发展和发现自己的价值观、动机和抱负，将幼年的职业幻想变为可操作的现实；（3）接受教育和培训，培养工作所需要的基本习惯和技能"。

2. 进入工作世界，大约16~25岁。个体进入劳动力市场，谋取可能成为一种职业基础的第一项工作，和雇主之间达成正式可行的契约，成为组织或工作单位的一员。

3. 基础培训，大约16~25岁。个体已经迈入职业或组织的大门，主要任务是了解、熟悉组织，接受组织文化，融入工作和集体，尽快取得组织成员资格，成为一名有效的成员，适应日常的工作程序。

4. 早期职业的正式成员资格，大约17~30岁。个体的主要任务是承担责任，成功履行工作分配的有关任务；发展和展示自己的技能和专长，为提升或进入其他领域的横向职业成长打基础；根据自身才干和价值观、组织中的机会和约束，重估当初追求的职业，决定是否留在这个组织或职业中，或者在自己的需要、组织约束和机会之间寻找更好的平衡。

5. 职业中期，大约25岁以上。此阶段个体的主要任务是选定一项专业或职业，保持技术竞争力，在自己选择的专业内继续学习，力争成为专家或职业能手；承担较大责任，巩固自己的地位；开发个人的长期职业计划。

6. 职业中期危险阶段，大约35~45岁。此阶段个体的主要任务是客观估价自己的进步、职业抱负及前途；在接受现状和争取更好的前途之间做出选择；建立与他人的良师关系。

7. 职业后期，从40岁以后直到退休。此阶段个体的任务是成为一名良师，学会发挥影响，指导、指挥别人，对他人承担责任；扩大、发展和深化技能，或提高才干，以担负更重大的责任；如果求安稳，就此停滞，则要接受和正视自己影响力和挑战能力的下降。

8. 衰退－离职阶段，一般在40岁之后到退休期间。此时的主要任务是学会接受权力、责任、地位的下降；学会接受和发展新角色；评估自己的职业生涯，着手退休。

9. 退休。退休之后个体面临的任务：一是保持一种认同感，适应角色、生活方式和生活标准的急剧变化；二是保持一种自我价值观，把自己积累的经验和智慧传授给他人。

(五)"职业锚"理论

埃德加·施恩首先提出了"职业锚"（career anchor）的概念。职业锚，即"一个人进行职业选择时，始终不会放弃的至关重要的东西或价值观"。它实际上是人们选择和发展自己的职业时所围绕的中心。一个人的职业锚是在不断探索的过程中产生的动态结果。"当一个人对自己的天资和能力、动机和需要以及态度和价值观有了清楚的了解之后，就会意识到自己的职业锚到底是什么。施恩根据自己的研究提出了五种职业锚：即技术或功能型职业锚、管理型职业锚、创造型职业锚、自主与独立型职业锚、安全型职业锚"。

技术或功能型职业锚，该类型的个体不喜欢一般性管理活动，而喜欢能够保证自己在既定技术或功能领域中不断发展的职业。

管理型职业锚，该类型的个体有强烈的管理动机，必须承担较高责任的管理职位是这些人的最终目标。他们认为自己有较强的分析能力、人际沟通能力和心理承受能力。

创造型职业锚，该类型的个体喜欢建立或创设完全属于自己的东西，如艺术品或公司或个人财富等。

自主与独立型职业锚，该类型的个体喜欢摆脱依赖别人的境况，有一种自己决定自己命运的需要。许多人有强烈的技术或功能导向。他们想成为一位咨询专家，期望自己独立工作，或作为企业合伙人来工作。

安全型职业锚，该类型的个体极为重视长期的职业稳定和工作的保障。他们更愿意从事有保障的工作，看重稳定的收入和可靠的未来生活，如政府机关等。

第三节　职业生涯规划辅导的实施

一、职业生涯规划辅导的内涵

职业生涯规划辅导是帮助学生选择职业、准备职业、安置职业，并在职业上取得成功的过程，又称"出路指导""生涯辅导""升学和就业辅导"等。传统的职业生涯规划辅导以帮助个人选择职业、准备就业、工作安排和就业后的适应为主。现代的职业生涯规划辅导已转变为以了解自我、接受自我和发展自我为主的生涯辅导。它通过对学生的职业认知、职业探索、职业定向、职业准备、职业安置、职业进展等一系列有步骤、有阶段的辅导活动，促使学生尽早学会熟练应对职业生涯过程中的挑战。

职业生涯规划辅导的主要目标和任务是帮助学生树立正确劳动观、职业观和择业观；帮助他们了解自己的生活目标、职业价值观、兴趣、能力以及个性特征；了解社会，了解各类学校，了解职业，并在此基础上确定自己的职业目标及发展方向。最终目的是"激发和调动学生自觉学习、自我发展的内驱力，从根本上提高学生的升学与就业决策能力和竞争力，增强职业发展能力，最终实现人职匹配，使个人目标与组织目标、社会目标相吻合，使个人资源和社会资源得到充分、合理地配置与利用，达到个人利益与社会利益的最大化，从而使个体获得更多的人生成就感和幸福感"（罗媛媛，2013）。

按照在校年级划分，职业生涯规划辅导大致可分为六个阶段：

第一阶段，职业认知阶段，即从幼儿园到小学六年级。这一阶段的辅导任务是帮助个体对自我、职业角色、工作的社会角色、社会行为及自身应负的责任等方面有初步的认知，使个体对自我及职业有初步的意识。

第二阶段，职业探索阶段，即从小学六年级到初三年级。这一阶段的辅导任务是帮助个体发展有关自我和职业世界的知识和基本技能；帮助个体探索职业方面的知识和其他有关职业选择的重要因素，并使个体掌握一定的职业决策技能。

第三阶段，职业定向阶段，即从初三年级到高一。这一阶段的辅导任务是帮助个体进一步掌握有关的职业知识，使个体能较客观评价工作角色，并进一步澄清自我概念、探索自我；帮助个体了解社会的需求及个体自身的需求，发展社会可接受的职业行为；更重要的是，帮助个体了解职业计划与社会需求、个体需求之间的关系。

第四阶段，职业准备阶段，即从高一到高三。这一阶段的辅导任务是帮助个体进一步掌握进入某个行业所需要的知识、相关的职业道德，并使个体进一步了解社会的需求和自身的需求，澄清自身能力倾向、对职业的兴趣和价值倾向；同时帮助个体拟定接受高中后教育或其他的教育及训练计划。

第五阶段，职业安置阶段，即高中以后。这一阶段的主要辅导任务是帮助个体进一步探索对职业的兴趣及自己的能力倾向或重新认定职业选择，并帮助个体发展生涯的专业知识和技能，建立良好人际关系；鼓励个体正式跨入选定的职业旅途。

第六阶段，职业进展阶段，即从个体正式进入职业旅途以后。这一阶段是个体的职业走向成熟的阶段。此时，个体已经积累了一些工作经验，对所选职业也有了更深刻的认识，因此对自己的职业能力、职业的兴趣和价值倾向等都会重新定位，并进一步规划今后的职业发展方向。该阶段的主要辅导目标是帮助个体解决面临的职业困境，分析当前的职业形势，清晰地规划今后的职业发展方向，从而促进个体职业成熟。

二、职业生涯规划的制定原则

(一) 利益整合原则

利益整合是指"个体利益与组织利益的整合""这种整合不是牺牲员工的利益，而是处理好个人发展和组织发展的关系，寻找个人发展与组织发展的结合点。每个人都是在一定的组织环境与社会环境中学习和发展的"。因此，个体必须认可组织的目的和价值观，并把自己的价值观、知识和努力都集中于组织的需要和利益上，只有这样才能实现个体利益和组织利益的整合，实现共赢。

(二) 公平、公开原则

在职业生涯规划方面，对于企业或组织而言，在提供有关职业发展的各种信息、教育培训机会、任职机会时，都应当秉持公平的原则，公开其条件标准，保持高度的透明度，使每个个体都有平等的机会参与。

(三) 协作原则

协作原则即"职业生涯规划的各项活动都要由组织与自己共同制定、共同实施"。因此，必须在职业生涯开发管理战略开始前和进行中，建立相互信任的上下级关系。

(四) 动态目标原则

职业生涯规划应当是动态发展的。在"未来职位"的供给方面，在工作中除了要保证自身的良好成长外，还要注重自己在成长中所能开拓和创造的岗位。

(五) 时间梯度原则

由于人的一生发展具有阶段性，并且职业生涯发展也具有阶段性任务，因此职业生涯规划的内容也必须对应着这些阶段而分解为若干个子阶段，并将每个子阶段的任务划分到不同的时间段内完成。每一时间阶段又有起点和终点，即开始执行和完成目标两个时间坐标，只有这样才能保证职业生涯规划具有可实施性。

(六) 发展和创新原则

职业生涯规划工作并不是指制订一套规章程序，让自己循规蹈矩、按部就班地完成，而是要根据个人、企业或组织的实际需要，不断创新，充分发挥个体的能力和潜能，努力达到自我实现，并且最大限度地创造组织效益。

(七) 全程推动原则

在实施职业生涯规划的各个环节上，个体需要对自己进行全程观察、设计、实施和调整，以保证职业生涯规划活动的持续性，从而达到预定效果。

(八) 全面评价原则

为了对个体的职业生涯发展状况和组织的职业生涯规划状况有正确的了解，组织、员工、上级管理者、家庭成员以及社会有关人士要对个体的职业生涯规划方案进行全面评价。

三、职业生涯规划的实施步骤

职业生涯规划是在了解自我的基础上确定适合自己的职业方向、目标，并制订相应的计划，以避免盲目就业，降低就业失败的可能性，为个人的职业成功提供最有效率的路径。职业生涯规划分为五个具体步骤：

(一) 自我认知

自我认知就是"全面了解自己"。一个有效的职业生涯设计必须是在充分且正确地认识自身条件与相关环境的基础上进行的。要审视自己、认识自己，做好自我评估，包括自己的兴趣、特长、性格、学识、技能、智商、情商、思维方式等，关键是了解自己的职业技术和职业兴趣。弄清自己想干什么（职业兴趣）、能干什么（职业技能）、应该干什么（职业定位）、环境支持或允许做什么（如现在的家庭条件、职业条件，甚至社会环境条件），自己的职业与生活规划是什么。

(二) 职业认知

"包括考察客观环境，了解职业分类、职业性质及组织情况。考察客观环境即通过评估自己所处的环境，确定自己是否适应组织环境或者社会环境的变化，以及怎样调整自己以适应组织和社会的需要。进行职业生涯规划时，个体要充分认识与评估环境因素对自己职业生涯发展的影响，分析环境条件的特点、发展变化情况，把握环境因素的优势与限制。具体来讲，个体可以从了解本专业、本行业的地位、形势以及发展趋势入手"。

了解职业分类、职业性质及组织情况即了解与职业相关的信息。例如，罗伊把职业类型分为服务性职业、商业性职业、组织性职业、技术性职业、户外性职业、科学性职业、一般文化性职业、艺术和娱乐性职业八类。服务性职业主要包括能照顾自己需要及别人福利的职业，主要指辅导、社会和福利性职业，如家政、社工等。商业性职业主要包括涉及人与人之间劝说买卖等直接关系的职业，如拍卖商、代理商、销售商等。组织性职业主要包括与政府组织和私人企业有关的职业，如政府工作人员、保安等。技术性职业主要包括与现代工业有关的职业，如科学家、工程师、技术人员等。户外性职业主要包括畜牧、耕种、农、林、渔、矿等方面的职业，如农民、渔民、探险员、驾驶员等。科学性职业主要包括所有进行科学研究及非技术范围应用的职业，如医生、护士、科研人员等。一般文化性职业主要包括保存和传递一般文化遗产的职业，如教师、记者、库管员等。艺术和娱乐性职业主要包括美术、音乐、舞蹈以及各种形式的大众娱乐领域的职业，如画家、音乐家、工匠等。

根据工作的技能水平和责任程度，将这八类职业划分为六种水平，由此产生出48组职业群、650种典型职业。即专业性和管理性（A），这一水平包括具有独立责任感的革新者和创新者，以及高级管理和行政人员，他们的受教育程度要达到博士水平。专业性和管理性（B），相对A水平来讲，这一水平的职业具有真正的自主权和较少的责任感，要求教育水平在学士以上。半专业性和小型商业，这一水平的职业要求个体对他人有低程度的责任感，按政策行事，教育水平为职校或技校毕业生。技能性，要求个体受过特殊训练或当过学徒，技能水平较高。半技能性，要求个体受过某些训练，具有一定经验，但水平要求较低。非技能性，不需要接受过特殊培训，只需要个体按简单的指示行事，从事简单的重复劳动。

(三) 确立目标

确立目标是制订职业生涯规划的关键。"目标通常包括短期目标、中期目标、长期目标和人生目标。人生目标和长期目标又叫长远目标，需要个人经过长期艰苦努力、不懈奋斗才有可能实现，因此要立足现实、慎重选择、全面考虑，使之既有现实性又有前瞻性。通常，我们首先根据个人的专业、性格、气质和价值观以及社会的发展趋势等因素确定自己的长远目标，然后再根据个人经历和所处的环境把长远目标细化成相应的中期目标和短期目标"。

(四）制订职业生涯策略

在确定以上各类职业生涯目标后，就要把这些目标细化成具体的、可操作的行动方案。例如，选择职业生涯发展路线、选择职业、制订相应的教育和培训计划。

(五）职业生涯评估

由于社会环境的巨大变化和一些不确定因素的存在，我们原来制定的职业生涯目标可能会与当前面临的形势有所偏差。这时需要个体对职业生涯目标进行重新评估并做出适当调整，以更好地符合自身发展和社会发展的需要。职业生涯规划的评估过程是个人对自己和社会不断认识的过程，是使职业生涯规划更有效的有力手段。

【章末思考与练习】

1. 简述职业生涯规划的概念、职业生涯规划辅导的概念。
2. 职业生涯规划的理论有哪些？
3. 职业生涯规划的制订原则是什么？
4. 怎样进行职业生涯的设计与管理？

【阅读书目推荐】

1. 石建勋. 职业生涯规划与管理 [M]. 北京：清华大学出版社，2009.
2. 文德. 35 岁前搭建属于自己的舞台 [M]. 北京：中国华侨出版社，2019.
3. （美）布赖恩·费瑟斯通豪（Brian Fetherstonhaugh），苏健译. 远见：如何规划职业生涯 3 大阶段 [M]. 湛庐文化 / 北京联合出版公司，2018.

参考文献

1. Fagan. T. K, Wells.P. D. History and status of school psychology accreditation in the United States [J]. School Psychology Review, 2000,29(1): 28-51.
2. Hogarth, Harriet, Ingham, Roger. Masturbation among young women and associations with sexual health: an exploratory study [J]. Journal of Sex Research, 2009,46(6):558-567.
3. Kiesler. C. A. The next wave of change for psychology and mental health services in the health care revolution [J]. American Psychologist, 2000, 55(5): 481-487.
4. Lam.L. T, Peng.Z. W, Mai.J. C, Jing.J. Factors associated with Internet addiction among adolescents [J]. Cyberpsychology & Behavior, 2009,12(5): 551-555.
5. Mitchell. P. Internet addiction: genuine diagnosis or not? Lancet, 2000, 355(9204), 632.
6. Qi. L, Nan.W, Taxer. J, Dai. W, Zheng. Y, Liu, X. Problematic Internet Users Show Impaired Inhibitory Control and Risk Taking with Losses: Evidence from Stop Signal and Mixed Gambles Tasks. Frontiers in Psychology, 2016, 7(e1143).
7. Shen. C. X, Liu.R. D, Wang.D. Why are children attracted to the Internet? The role of need satisfaction

perceived online and perceived in daily real life［J］. Computers in Human Behavior, 2013, 29(1):185-192.
8. Wu.J,Y, Ko. H. C, Lane. H. Y. Personality Disorders in Female and Male College Students With Internet Addiction［J］. Journal of Nervous & Mental Disease, 2016,204(3):221-225.
9. Yau. Y. H, Crowley. M. J, Mayes. L. C, Potenza. M. N. Are Internet use and video-game-playing addictive behaviors? Biological, clinical and public health implications for youths and adults［J］. Minerva Psichiatrica, 2012,53(3):153.
10. 蔡琪. 高中生职业生涯规划教育的现状与对策研究——以广西为例［D］. 广西师范学院. 2014.
11. 蔡哲, 赵冬梅. 大学生心理危机的干预与调解［J］. 河南师范大学学报（哲学社会科学版）, 2001, 28（4）：106-107.
12. 曹凤莲. 青少年心理危机干预［J］. 江苏教育, 2018, 27-29.
13. 常硕峰. 科尔伯格道德发展理论的特征及其本土化［J］. 学术交流, 2012（9）：51-54.
14. 车文博. 精神分析新论［M］. 北京：九州出版社, 2014a.
15. 车文博. 精神分析学导论［J］. 北京：九州人民出版社, 2014b.
16. 崔景贵, 谢莉花. 德国学校心理学服务工作的职责、特点与经验［J］. 现代教学, 2015（z4）：93-97.
17. 樊富珉. "非典"危机反应与危机心理干预［J］. 清华大学学报（哲学社会科学版）, 2003（4）：32-37.
18. 范娟. 青少年网瘾的成因与对策［J］. 农业网络信息, 2016（7）：128-130.
19. 冯大鸣.（2007）. 早恋, 我们何以应对？——美国中学的《学生示爱限定规则》的启示［J］. 中小学管理（11）, 36-38.
20. 弗洛伊德. 日常生活的心理分析［M］. 张登浩, 高兴翔译. 北京：北京出版社, 2010.
21. 甘秀英. 青少年人格特质、社会支持与创伤后应激障碍的关系［D］. 广州大学, 2009.
22. 高中生青春期性教育问题研究［D］. 山西师范大学. 2016.
23. 顾开基. 发挥互联网优势 提高学生学习能力［J］. 中国教育技术装备, 2015（3）：37-38.
24. 顾雪英. 当代大学生职业生涯规划［M］. 北京：高等教育出版社, 2011.
25. 官群. 学校心理学发展的国际现状［J］. 心理学探新, 2009, 29（2）：52-56.
26. 郭永玉. 人格心理学导论（21世纪心理学系列教材）［M］. 武汉：武汉大学出版社, 2007.
27. 郝敬习. 弗洛伊德精神分析理论及其人性观［J］. 湖州师范学院学报, 2009, 31（3）：59-62.
28. 何桂宏, 赵晓兰. 论青少年网络心理问题及对策［J］. 教育探索, 2002（10）：63-64.
29. 贺金波, 郭永玉, 柯善玉, 赵仑. 网络成瘾者工作记忆能力的ERP研究［J］. 心理科学, 2008, 31（2）：380-384.
30. 胡江霞. "从心所欲不逾矩"——心理健康的定义及标准分析［J］. 教育研究与实验, 1997（2）：45-48.
31. 黄希庭, 郑涌. 大学生心理健康教育（第2版）［M］. 上海：华东师范大学出版社, 2004.
32. 黄喜珊, 刘鸣. 日本的学校心理士制度及对构建我国学校心理学的启示［J］. 心理科学进展, 2009, 17（4）：780-783.
33. 金军伟. 精神分析理论发展概况述评［J］. 体育研究与教育, 2007, 22（s1）：108-112.
34. 金树人. 生涯咨询与辅导［J］. 北京：高等教育出版社, 2009.
35. 孔燕, 朱芬, 王少. 国外学校心理学研究的进展——基于WOS数据库1232篇文献的分析［J］. 外国中小学教育, 2017（9）：14-22.
36. 来时明, 甘志娟, 叶正茂, 邓小雁. 衢州市中学生网络成瘾行为及其影响因素分析［J］. 中国学校卫生, 2014, 35（8）：1182-1185.

37. 李董平, 周月月, 赵力燕, 王艳辉, 孙文强. 累积生态风险与青少年网络成瘾: 心理需要满足和积极结果预期的中介作用 [J]. 心理学报, 2016, 48 (12): 1519-1537.
38. 李莉, 杨玉宇, 张燕. 我国高校心理健康教育模式探索——群体心理健康教育视角 [J]. 学术探索, 2017 (8): 150-156.
39. 李琦, 齐玥, 田莫千, 张侃, 刘勋. 网络成瘾者奖赏系统和认知控制系统的神经机制 [J]. 生物化学与生物物理进展, 2015 (1): 32-40.
40. 李清华, 杨军. 我国中小学学校心理学研究综述 [J]. 太原师范学院学报 (社会科学版), 2011 (3): 155-157.
41. 李文权. 教育心理学 [M]. 上海: 华东师范大学出版社, 2016.
42. 廖全明, 刘宗发. 论当前心理健康教育师资培养模式存在的问题及对策. 教育探索, 2006 (11): 97-99.
43. 林碧烽, 张晓容. 精神分析理论对人格教育的有益启示 [J]. 中国教育学刊, 2000 (3): 37-40.
44. 林崇德, 魏运华. 试论学校心理学的未来趋势 [J]. 教育研究, 2001 (7): 30-34.
45. 林昭雄. 谈谈大学生心理教育的内容及途径 [J]. 思想教育研究, 2000 (4): 30-32.
46. 刘金明. 论学校心理辅导的目标及其达成策略 [J]. 教育研究与实验, 1997 (1): 52-53.
47. 刘取芝. 大学生心理危机及其干预策略研究 [D] 河南大学., 2005.
48. 刘晓丹, 褚潇潇. 学校心理理论与学校心理学 [J]. 科教导刊: 电子版, 2015 (26): 15-16.
49. 刘艳. 关于"心理健康"的概念辨析 [J]. 教育研究与实验, 1996 (3): 46-48.
50 刘志伟, 张兰英. 学习心理辅导的内容与价值 [J]. 辽宁教育, 2001 (5): 25-27.
51. 罗媛媛. 初中生职业生涯规划教育的问题及对策研究——以南京市G区为例 [D]. 南京师范大学, 2013.
52. 马湘培. 高校应提升心理危机干预的能力——经历SARS反思高校心理咨询 [J]. 广西政法管理干部学院学报, 2003 (6): 124-126.
53. 聂衍刚, 曾雨玲, 李婉瑶. 青少年自我意识的发展特点研究 [J]. 教育导刊, 2014, 4 (2): 27-31.
54. 潘贤权. 青少年网络心理特点及其教育策略研究 [J]. 佳木斯教育学院学报, 2002 (4): 82-83.
55. 彭万秀, 李仲国. 团体心理治疗对中学生网络成瘾及心理健康的影响 [J]. 临床心身疾病杂志, 2015 (4): 82-84.
56. 任其平. 美国学校心理学的发展趋势及对我国的启示 [J]. 比较教育研究, 2007, 28 (1): 49-54.
57. 史颖. 科尔伯格的道德认知发展理论及对我国开展德育工作的启示 [J]. 辽宁教育行政学院学报, 2009, 26 (7): 45-47.
58. 宋耀武, 景宏华. 行为主义心理学思想评析 [J]. 河北大学成人教育学院学报, 2003, 5 (3): 22-24.
59. 苏计峰, 张锋, 刘燕. 农村中小学心理健康教育的现状及对策 [J]. 中国校外教育: 理论, 2008 (S1): 511.
60. 孙超. 高中学校心理危机的预警及干预 [J]. 理论观察, 2017 (6): 151-153.
61. 唐任之慧, 刘学军. 针刺治疗青少年网络成瘾概况 [J]. 湖南中医杂志, 2017, 33 (7): 216-218.
62. 陶然, 黄秀琴, 王吉囡, 刘彩谊, 张惠敏, 肖利军, 姚淑敏. 网络成瘾临床诊断标准的制定 [J]. 解放军医学杂志, 2008, 33 (10): 1188-1191.
63. 佟月华. 美国学校心理学的发展 [J]. 济南大学学报 (社会科学版), 2000 (3); 44-46.
64. 瓦尼埃. 精神分析学导论 [M]. 天津: 天津人民出版社. 2008.
65. 万晶晶, 张锦涛, 刘勤学, 邓林园, 方晓义. 大学生心理需求网络满足问卷的编制 [J]. 心理与行为研究, 2010, 8 (2): 118-125.
66. 汪玲, 谭晖. 青春期心理行为的危机干预 [J]. 中国学校卫生, 2010, 31 (8): 897-898.
67. 王璐, 赵静, 徐艳斐. 心理危机干预的研究综述 [J]. 吉林省教育学院学报, 2011, 27 (9): 139-141.
68. 王希永. 对心理教育的几个基本问题的认识 [J]. 中国青年政治学院学报, 2002, 21 (4): 67-72.
69. 我国现阶段人群中自慰行为的状况及相关分析 [J]. 中国男科学杂志, 2010, 24 (5): 26-29.
70. 伍新春, 林崇德, 臧伟伟, 付芳. 试论学校心理危机干预体系的构建 [J]. 北京师范大学学报 (社会科学版), 2010 (1): 45-50.
71. 辛勇. 学校心理咨询 [M]. 成都: 四川大学出版社, 2004.
72. 徐红丹. 港澳台地区学校心理学的发展及其对大陆地区的启示 [J]. 亚太教育, 2015 (11): 131-132.
73. 许思安. 学校心理学 [M]. 武汉: 华中科技大学出版社, 2015.
74. 许思安, 严标宾. 大学生人格发展与辅导 [M]. 广州: 暨南大学出版社, 2009.
75. 薛翠华, 巴巴拉·戴安娜, 鲍玉珩. 新性学研究: 正确对待自慰 [J]. 中国性科学, 2012, 21 (10): 75-79.
76. 杨玲, 赵国军. 学校心理学, 学校心理辅导与咨询 [M]. 甘肃: 甘肃教育出版社. 2006.
77. 杨彦平. 团体心理辅导在青少年网络成瘾矫治中的应用 [J]. 思想·理论·教育, 2005 (23): 53-55.
78. 姚裕群. 职业生涯规划与发展 [M]. 北京: 首都经济贸易大学出版社, 2003.
79. 叶一舵. 心理健康标准及其研究的再认识 [J]. 东南学术, 2001 (6): 169-175.
80. 于衍治. 团体心理干预方式改善青少年网络成瘾行为的可行性 [J]. 中国组织工程研究, 2005, 9 (20): 81-83.
81. 郁洪强, 汪瞵, 赵欣, 李宁, 刘海婴, 王明时. 网络成瘾患者的EEG小波熵与复杂度特征分析 [J]. 中国生物医学工程学报, 2009, 28 (1): 157-160.
82. 翟书涛. 危机干预与自杀预防 [M]. 北京: 人民卫生出版社, 1997.
83. 张翠红, 于志红, 魏怀颖, 张洁, 朱红梅. 网络成瘾中学生团体心理辅导效果研究 [J]. 中国民康医学, 2012, 24 (5): 589-591.
84. 张东红. 中国学校心理健康教育近十年研究综述 [J]. 社科纵横, 2006, 21 (9): 154-155.
85. 张厚粲. 行为主义心理学 [M]. 杭州: 浙江教育出版社, 2003.
86. 张松炎, 牛书杰. 自媒体时代大学生心理危机预警与干预的路径研究 [J]. 决策探索 (下), 2019 (3), 89.
87. 张伟英. 开设学校心理辅导的必要性 [J]. 西北医学教育, 2002, 10 (2): 79-79.
88. 张小培, 史慧颖, 李丹, 王水静. 快速眼动疗法的治疗研究述评. 中国健康心理学杂志, 2010, 18 (11): 1401-1404.
89. 赵映霞. 心理危机与危机干预理论概述 [J]. 安徽文学月刊, 2008 (3): 382-383.
90. 周怀红, 孙树平. 科尔伯格的道德发展阶段理论及其启示 [J]. 辽宁师范大学学报 (社会科学版), 2012, 35 (6): 784-789.
91. 周燕. 析心理健康标准研究中存在的问题——兼评中西方心理健康观 [J]. 教育研究与实验, 1996 (4): 48-52.
92. 朱海. 谈学校心理辅导的几种形式 [J]. 教育实践与研究, 2004 (5): 15-15.
93. 朱丽娅. 浅谈心理健康的标准及内涵 [J]. 东北农业大学学报 (社会科学版), 2004 (1): 46-48.
94. 朱雯, 张涛, 龚清海. 我国青少年网络成瘾相关因素Meta分析 [J]. 江苏预防医学, 2016, 27 (3): 303-307.

第十章 测验法在学校心理辅导中的应用

【教学/学习目标】

1. 了解心理测验的分类。
2. 掌握心理测验的质量评估指标,并能根据这些指标合理选择心理测验工具。
3. 掌握效标和常模的含义,并能基于效标和常模选择适当的心理测验工具。
4. 在心理辅导的实际工作中,能根据学生的实际情况选择合适的测验工具。

试想一个生活中的场景:某位身体不适的病人去医院看病,他在向医生描述症状或病史之后,医生通常会做什么?是直接开具处方吗?稍有生活经验的人都会知道,医生在开具处方之前,几乎都会进行检查,再根据检查结果诊断后开具处方。

上述生活常识侧面反映出检查在诊断(diagnosis)中所起的重要作用。医学中的检查,有些可能比较简便,如观察喉咙、听诊等;有些则可能会相对复杂,借助医学仪器进行,如心电图仪、血液分析仪等。其目的只有一个:最大程度确保诊断的准确性。而为了实现这一目的,检查过程必须遵循一些基本原则,如客观性原则、实时性原则和针对性原则等。

客观性原则。以血液分析为例,在医学不甚发达的时期,检验员在采集完血液样本之后,可能会在涂片上利用显微镜直接进行肉眼观察,获得结果。而在今天,则往往通过更精密的机器进行分析。抛开效率问题不谈,后者显然会比前者更易获得客观结果。而医生基于后者所做出诊断的准确性通常也较高。

实时性原则。以心电图检查为例,可能病患者会自述有心跳加快、早搏等问题,但检查的当下,如果病患者的心率正常,医生就无法做出准确诊断。所以,医生在诊断时才会借助如"Holter"这样的动态心电图仪,来确保能及时、准确地记录下病患者的异常心率,从而提高诊断的准确性。

针对性原则,也可以理解为经济性原则。任何器质性疾病所表现出的症状都预示着某个器官可能出现问题。尽管我们应该反对所谓"头痛医头,脚痛医脚"的方式,但如出现咳嗽症状,医生也应优先考虑检查呼吸系统而非是消化系统。这就表明,针对性的检查也同时是比较经济的检查,能最大程度地使我们在检查过程中少走弯路,从而提升诊断和治疗效率。

医学检查除了可以从上述质性层面帮助医生判断疾病类型外,也可以从量化的层面帮助医生判断特定病症的严重性程度。例如,特定生化指标如果高于或低于正常范围,可能反映出特定疾病的严重程度。因此,从量化的层面来分析评价,同样可以提升诊断的

第十章 测验法在学校心理辅导中的应用

准确性。

此外，科学的检查也是评价疗效和预后的主要方式。例如，某病人在接受了十天的住院治疗之后，医生通过观察表明病情好转，在病人即将出院前，医生会给病人实施相应的检查，以定性和定量地评估疗效和预后。因此，检查对于医学的意义可见一斑。在心理学中，也会涉及到很多检查或测量。

在学校心理辅导中，辅导人员和来访者的关系与上述医院情境中的医患关系极其类似。来访者（主要是学生）可能受困于其身心发展或适应中所面临的具体问题，进而表现出特定的身心症状（主要是心理症状），他们试图通过学校提供的心理干预服务，寻求帮助。此时，辅导人员在建立辅导关系和掌握来访者的基本资料后，就应考虑对来访者展开诊断评估，以确认：（1）来访者是否存在心理困境或心理障碍；（2）具体是哪类或哪几类心理困境或心理障碍；（3）特定心理障碍的严重程度，并同时排除来访者的精神病倾向，从而为后续辅导工作有效的开展打下基础。因此，这一诊断和评估过程的科学性及其结果的可靠性、有效性就显得尤为重要。

主流观点认为，辅导人员可以采用多种方法对来访者进行相应的诊断、评估，如观察法、访谈法、测验法等。这些方法都各有优势及不足之处，很难说某种方法就绝对优于其他方法。但就学校心理辅导工作的具体特点而言，要想采用观察、访谈等方式了解来访者，并对其心理问题做出客观而准确的评价，不仅需要学校心理辅导人员具备扎实的理论功底，还需要其具有丰富的实践经验。因为从方法本身而言，观察法、访谈法属于质性方法，对实施者的素养要求相对较高。同时，我们必须承认，学校心理辅导人员的专业能力可能与临床工作者有一定的差距；接触来访者的频率、人数也可能较一线临床工作者更少，这就导致辅导人员的经验积累相对缓慢等问题，这些因素都直接或间接影响辅导人员素养的提升。另一方面，有可能来访者正受到某种心理问题的严重困扰，而要想通过观察、访谈等方法得出客观、准确的诊断结论，需要相对详实的资料搜集与深度分析，相对耗时较长。这就可能对干预的及时性产生潜在的不利影响。

因此，受限于辅导人员的理论功底、实践经验和素养以及来访者的问题严重程度，仅仅采用质性的方法（如观察法、访谈法等）评估和诊断来访者的心理问题是不够客观的，也是不够准确的。而借助于标准化的测评工具对来访者的问题实施诊断和评估的测验法，则具有观察法和访谈法所欠缺或不具备的一些独到优势。

首先，使用心理测验的学校心理辅导工作者的专业素养。学校心理辅导人员在获取从业资格之前，除了接受系统的心理学基础知识学习之外，还必须接受相应的职业道德及伦理培训，如尊重来访者、保护来访者隐私等。这些伦理要求与采用心理测验的伦理要求一致。换言之，可以认为，具有从业资质的学校心理辅导人员也（必须）具备基本的实施心理测验的资质。当然，必须指出的是，这里只是具备了基本资质，而具体的心理测验，如韦克斯勒智力测验、明尼苏达多项人格测验（MMPI）等还可能有更为具体的资质要求。这就需要学校心理辅导人员有终身学习的理念，通过相应的学习、培训来获取特定心理测验的施测资质。

其次，就对实施评估者的综合素养要求而言，观察法、访谈法相对于测验法而言对实施者的洞察力、语言表达能力及分析能力等综合素养要求相对更高。这在于，观察法和访谈法的实施程序通常没有标准化的流程，而标准化测验的实施程序通常是比较客观和标准的。当学校心理辅导人员采用标准化测验对来访者进行评估时，只需按测验手册所要求的情境读出标准化指导语，按时回收测验，根据手册进行标准化计分，最后比照常模或效标解读分数即可，相对较易。然而，这并不代表测验法对辅导人员的综合素养要求就可降低。而是指当采用标准化测评工具评估来访者的问题时，无论是对经验丰富的辅导人员，还是对经验有待进一步累积的新手辅导人员而言，如果均严格按标准化流程操作，二者经验的差异不会对测验的实施与结果的解读产生实质的影响，这一点是观察法和访谈法所无法具备的。

再有，心理测验受时空限制相对较少。就评估实施的时空、对象条件而言，只要能创造一个满足测验手册所要求的施测环境，测验的实施就较少受时空条件的限制，甚至还可以进行线上测验，实施相对便捷。另外，即使对低龄、无法接受标准化测验的来访者，也可以请其监护人或教师进行他评，并且他评也同样较少受时空限制。这些同样是观察法和访谈法所不具备的优势。

此外，心理测验的操作化程度较高。通过标准化测验工具获取分数，实质是对心理现象的操作化。一方面，学校心理辅导人员可以就分数进行量化分析或参考常模、效标做出解释，在确保反应及时的前提下，获得更客观、科学的结果；另一方面，这也极大提升了整合不同时空、不同辅导人员所搜集数据的可能性与可行性，从而有利于深化对特定心理问题的研究。

最后，测验法是一种比较经济、省时的方法。心理辅导工作者按照标准化的测验流程为来访者施测，来访者完成心理测试后，心理辅导工作者再根据标准化的分数统计和解释方法，诊断和评估来访者的心理问题，整个过程的耗时较少。由于学校中可能出现一名辅导教师需辅导较多学生的情境，故时间成本是必须纳入考量的问题。因而耗时相对较短的测验法更适合于学习情境使用。

基于测验法的这些优点，可建议学校心理辅导的从业人员，考虑将测验法作为对来访者进行客观心理评估的首选方法。但要选择合适的测验，需要先厘清一些与心理测验相关的问题，如心理测验的分类、心理测验的质量评价指标、心理测验分数的解释系统等。

第一节　基于心理测验的类型选择适宜评估工具

学校心理辅导从业人员首先应具备能准确判断不同心理测验所属类型的能力。同时，要能基于心理测验的不同分类，选择适合的心理测验工具对来访者的心理状态进行评估。同一个测验可根据不同的分类标准，划归入不同的测验类型，本节主要介绍三个与学校心理辅导测评工具选择密切相关的标准。在此基础上，结合编著者的实践经验，给出一些选择测验工具的建议。

一、按心理测验的性质或目标来分类

一种常见的分类方式是根据测验所测的目标行为将测验分为认知测验（cognitive test）与非认知测验（non-cognitive test)，一种近似的分类名称是最高行为测验（maximum performance test）和典型行为测验（typical performance test）。对于初学者或非测量学专业的测验使用者而言，区分二者的一个简单判断标准即看每个问题是否有预设的正确或最佳答案。有，即前者；无，即后者。前者的代表性测验包括智力测验（intelligence test）、能力倾向测验（aptitude test）和成就测验（achievement test）[①]，学校情境中最为常见的考试就是成就测验的典型代表。后者的代表性测验就是人格测验（personality test）、态度测验（attitude test）以及多数涉及心理障碍的临床症状筛查表等。

作为学校心理辅导的从业人员，有必要根据来访者的情况，选择合适的测验对来访者进行客观、准确的评估。以下是著者的一些简单选取建议，仅供参考。如果来访者有明显的学业困难表现，可以首先采用智力测验排除是否存在智力缺陷等相关问题；如果来访者有学业或职业发展方面的困扰，则可首先采用能力倾向测验对其进行评估；如果来访者疑似存在特定的心理障碍，则应考虑选用临床症状筛查表等工具来排除精神疾病的可能。

二、以心理测验的标准化程度进行划分

可以根据测验从编制、施测到结果解释的控制程度（标准化程度），将测验分为标准化测验和非标准化测验。一般地，基于严格测量学程序来筛选题目，并对测量结果进行了科学的信效度检验，甚至提供了常模或效标的测验工具，其标准化程度较高，宜于作为心理辅导从业人员的首选评估工具。

这类标准化测评工具的获取途径主要是通过正规的测评公司（有时需要付费）和专业刊物（期刊、专著、工具书等）来获取。用户可以获得随附的一本测验手册，手册会详细介绍施测环节，计分标准，并提供先前研究的信效度指标以及分数解释的常模等。与之相反，若一个测验没有（或施测者无法寻获）一套客观计分标准与分数解释标准，那么则应慎用或避免使用此类测验作为评估工具。

三、根据心理测验分数解释的标准进行划分

根据分数的解释是依据相对分数（一组受测者的分数，看彼此间的相对位置）还是绝对分数（某个先于测验施测就存在的既定分数），可将测验分为常模参照测验（norm-referenced test）和效标参照测验（criterion-referenced test，又译作目标参照测验或标准参照测验）。不同于前两种分类标准，著者对不同类型测验有偏好上的建议。本分类下，只要测验能提供常模和效标，都可以用作学校心理辅导的评估工具。题中之意则是，如果一个测验没有提供常模或效标，则慎用或不用。关于常模和效标的具体属性及使用注意事项，本教材会在第三节中详加论述，本处就不做展开。

除上述三类分类标准外，测验还可按施测对象分为个别测验（individual test）和团体测验（group test），按素材内容分为言语测验（verbal test）或实操测验（performance test）等。以施测对象的分类为例，从常识即可判断出前者适宜于对单独来访者进行评估，后者适宜于对某个群体（如入校新生）进行普测筛查。在实际应用中，多数测验都没有特别明

[①] 有很多文献阐释了关于此两类测验及其子类型测验的定义。有兴趣的读者可以参阅相关的心理与教育测量学方面的教材，本教材不做展开。

确的界限规定个别施测还是团体施测，同一个测验往往既可以单独实施也可以团体施测。然而，需要注意的是，一些智力测验，如韦克斯勒智力测验，就只能单独施测。此外，在对受教育程度较低的受测者进行普测时，例如，在学校心理辅导情境中通常是低年级受测者，一次参与测验的人数不宜过多。

简言之，对于学校心理辅导的从业人员而言，如需使用测验对来访者的心理状态进行诊断和评估，建议根据实际需要（认知或非认知问题），优先采用有明确分数解释系统的标准化测验。

第二节　基于心理测验的质量评估指标选择测验工具

同样是标准化测验，不同的测验，其质量也会有高低之分。学校心理辅导从业人员应当具备根据测验手册所提供的测验质量信息来判断是否选择使用该测验的能力。

就当前现状而言，学校心理辅导从业人员所能接触到或能便捷使用的标准化测验，绝大多数都是基于经典测量理论（classical testing theory，CTT）或称真分数（true score）理论所编制的。真分数，简言之即代表受测者真实心理特质水平的分数，用 T 表示。但由于测量误差存在，用 E 表示，受测者实际在某个测验上的得分，用 X 表示，并不一定与真分数完全相等，数学上可用公式表示为：

$$X = T + E$$

并由此衍生出三条基本假设：（1）真分数与测量误差间相关为 0；（2）误差分数服从均值为 0，变异数为 σE^2 的正态分布；（3）任意两个测量，误差间相关为 0。

基于上述公式和假设，进一步衍生出用以评定特定测验的所谓"四度"：难度、区分度、信度和效度。我们将在本节分别对其进行说明。但由于本教材并非测量学教材，因此本节内容尽量不涉及数学公式与推导。

一、难度

基于经典测量理论的难度概念，适用于认知测验（有正确或最佳答案的测验）。难度指的是一组受测者在某个题目上的平均得分与总分之比[①]，其比值即难度系数 P，用以判断受测者在作答该题时的困难程度。

就学校心理辅导工作的实际情况而言，如果需使用智力测验对来访学生进行评估，以韦克斯勒智力测验为代表的常用测评工具都是经过数次检验、修订的成熟工具。施测者必须按手册要求进行施测，不能主观选择施测哪道题目，不测哪道题目。因此，采用这类测验时，施测者无需额外考虑题目的难度问题。

如果学校心理辅导从业人员需要使用非认知测验，由于这类测验的题目本身没有正确或最佳答案，因此无所谓测验难度。此时的难度实质为"通俗度"，即题目所描述的内容能否为受测者所理解。通俗度的计算方法通常为请一组受测者阅读全部题目，并选择"理解"或"不理解"题目表述的内容，用选择"理解"的人数除以总人数，从而获得该指标。

---

① 通行的测量学教材在讲解难度 P 的计算时，大多会基于客观题与主观题给出不同的计算公式，但实质后者可包含前者。采用两种公式计算客观题难度时，其结果相同。有兴趣的同学可以自行查阅，并尝试论证。

实际上，罕有测验手册报告此通俗度系数。不过该指标对学校心理辅导从业人员的测验选择却有重要启示作用：即应充分考虑来访学生的理解力问题，特别是对受教育程度相对较低的学生，如小学生。如果连题目表述含义的理解都似是而非，那测验结果根本谈不上后续小节所讲的可靠性和有效性议题。

二、区分度

经典测量理论下的区分度指标，用于评价特定题目区分高低能力或特质受测者的能力，常基于难度计算，也有其他计算方式。但区分度指标同难度指标一样，一方面也更适用于认知测验；另一方面，多是从题目层面进行质量评价。因此，选入测验的题目往往都具有较好区分度。而更为重要的是，标准化测验的题目不能随意改动或随意进行选择性施测。因此，在学校心理辅导从业人员的实际工作中，区分度指标为测验的选择所提供的信息和帮助有限，建议参考本教材提到的其他指标。

三、信度

测验结果是否可靠（reliable），即同一受测者完成测量相同心理特质的题目，其分数是否具有一致性（consistency）或同一受测者在一定时间间隔内完成两次相同测验所得分数是否具有稳定性（stability），是评价一个测验质量的重要指标，即信度（reliability）。

几乎每本测验手册都会至少报告一种信度系数指标。作为学校心理辅导的从业人员，只需了解这些指标的含义及优劣标准，并且具备一些必要的常识即可。因此，后续内容不涉及指标的由来和相关公式，有兴趣的读者可自行查阅任意一本通行的测量学教材。

传统信度系数可大致分为内部一致性信度系数与重测信度系数，可分别从测验结果的一致性和稳定性两个方面来评价一个测验的可靠程度。注意，这两类信度指标不能相互替代，一个好不代表另一个好。

常见的内部一致性信度系数有三类，本教材按其常见顺序列出：α 系数或 Cronbach's α、分半信度、库里 –20 信度系数（KR-20）。这三类内部一致性信度系数的取值范围都在 [0，1] 之间，并且越高越好，但受测验长度（即同质性题目[①] 数量）影响。同质性题目越多，这些指标的值就会越大。因此，对于相同类型的 A、B 两个测验，同样是 α 系数为 0.8。若 A 测验只有 6 个题目，而 B 测验有 12 个题目。稍有经验的专业人士就会知道，前者是一个可靠性相对合格的测验；后者由于测验题目更多，其可靠性就值得商榷。如果是进阶读者，还可以知道，KR-20 适用于二元计分题目，但仅是 α 系数的特例；分半信度的分半方式不同，所得结果不同，但采用所有分半方式计算出的分半信度的平均数正好等于 α 系数，等等。因此，几乎所有的测验手册都会报告 α 系数，以此来反映测量结果的一致性程度。

常见的重测信度指标是 Pearson 积差相关系数 r，该系数取值在 [–1，1] 之间，符号代表两个变量的共变方向，也即同一组受测者，前后两次施测相同测验，所得分数是同向变动还是反向变动。更具体地讲，第一次测验分数高，第二次测验分数是高还是低。前者

[①] 同质性题目，简言之，即测量相同心理特质的题目。

即同向变动，r 符号为正；后者是反向变动，r 的符号为负。r 的绝对值大小反映变动的明显程度，即第一次测验分数变动一个单位，后一次测验分数变动多少个单位；二者越接近，r 的绝对值越大。因此，学校心理辅导从业人员只需简单根据 r 是否接近 1 做出判断即可。越接近 1，表示分数同向变动趋势越明显，测验质量就相对越好。

细心的读者可能会发现，本处著者并未说 r 反映了分数的稳定性问题。这是因为严格从学理来讲，r 并不能有效反映分数的稳定性，只能反映共变趋势。稳定性，通俗地讲，是第一次分数与第二次分数的绝对相同程度（这里涉及相对进阶的测量学、统计学知识，因而不做展开）。但如果在某些手册中，测验使用者看见有报告组内相关系数或 ICC（A，1），该指标就可以反映测验结果的稳定性。其取值范围是 $[0, 1]$，越接近 1，测验结果越稳定。当然，需要指出的是，测验结果的稳定性同样受测验长度、间隔时间等因素影响，还受所测对象是特质性（trait）还是状态性（state）的影响。因此，学校心理辅导从业人员在基于稳定性选择测量工具时，还需综合考量上述因素。

此外，部分教材还会单列一个评分者信度（inter-rater reliability）。本章基于两点考虑未做单独阐释。一是评分者信度在一定程度上也可视为反映测验结果的一致性议题。举个简单的例子，内部一致性信度评价的是同一个测验，其各项题目的结果之间是否一致，而评分者信度则反映的是几个评价者对同一个受测者的评价是否一致。二是该指标通常不适用于学校心理辅导情境。因为尽管不绝对，但处于保密性原则的考量，通常不会由两位或多位辅导人员同时对一个来访学生的心理问题展开评估。有兴趣的读者可自行查阅测量学教材，了解评分者信度的相关知识。

四、效度

具有可靠结果的测验不一定是结果有效的测验。一个通俗例子就是一位神枪手，用一个瞄准器左偏了某个度数的步枪进行比赛。此时就算瞄准靶心射击，但神枪手有大概率所击发的子弹都集中在左侧偏离靶心的位置。此时的结果是稳定的，但缺乏效用。再比如，用测量身高的工具测体重，即使每次的测量结果都很稳定，但是测量结果无效。因此，若论重要性，可以进行如下论断。有效的结果一定是稳定的结果，而稳定的结果则不一定有效。效度（validity），即评价测量结果的有效性，其重要意义不言而喻。

通常，效度评价从三个方面展开：内容效度、结构效度和效标关联效度（也称实证效度）。同内部一致性信度与重测信度的关系，三大效度描述的侧重点各有不同，它们之间不能相互替代、相互补偿。

（一）内容效度

内容效度（content validity）即测验内容的切适性议题，主要指测验题目是否涵盖了所应测量对象的范围。一个简单的例子即一套考察四则运算的试卷，整卷却无一道涉及除法的题目。即便学生获得高分，也无法反映其掌握四则运算的水平较高。

因此，对于评估心理症状的测验，必须基于成熟或论证充分的理论，或公认的标准编制涵盖某特定心理障碍典型症状的题目，保证该测验有足够高的内容效度，才能确保测验结果的无偏性，否则就有可能得出有偏的评估结论。

通常，标准化的测验手册不会直接给出某个现成的内容效度指标，而会在前言部分对测验的先期编制理论进行说明，以作为内容效度的佐证。因此，学校心理辅导从业人员在选择标准化测验时，可以采用两种策略：一种策略是研读测验手册的前言部分，以了解测验的理论基础的权威性与新近性。例如，是否基于最新的 DSM 标准（美国精神疾病统计与诊断手册）编制题目，这是比较有效的策略。另一个简便的策略是看测验的计分维度是否涵盖自己已有知识储备中拟评估的心理现象或障碍的主要内容，但这受到测验者本身知识经验的限制。因此，我们建议综合采用两种策略评估某一测验的内容效度。

（二）结构效度

从学理看，结构效度（construct validity）是一个测验所测得的欲测抽象特质的程度。可以说是最重要、最核心的一种效度指标。一旦结构效度出现问题，所有的其他效度、信度也就都失去了意义。对于初学者或非测量学专业的读者，可以简单将结构效度理解为，题目到底在多大程度上反映了想测量的心理属性；或理解为，如果不同个体的某个心理属性存在差异，其测验分数是否能灵敏反映出这一心理属性的差异。

结构效度的评鉴技术也有很多。例如，传统的多特质-多方法法、因素分析法，等等。在标准化测验手册中，测验的编制者一定会报告其所采用的评价方法。由于上述两种常见方法均涉及相对复杂的统计原理，本处不做展开，仅给出一些简单的判断标准，以供参考。

若手册报告测验维度分和总分的积差相关系数 r，则按以下原则进行判断：（1）不同维度分间的积差相关系数 r 应至少在 0.3~0.6 之间；（2）维度分和总分的积差相关系数 r 应高于 0.6。特别提醒初学者，本处 r 符号都为正。

若手册基于因素分析法（factor analysis）报告结构效度，往往会报告验证性因素分析（confirmatory factor analysis，CFA）的主要拟合指标和因子载荷量（factor loadings）。后者的取值在 [0, 1] 之间，值越大，表明单个题目对欲测心理属性的反映越灵敏，题目质量较好。前者则是从整体上进行评价，可简单按如下标准进行判断：卡方值（χ^2）与自由度（df）的比值在 5 以内，SRMR 小于 0.05，RSMEA 小于 0.08，CFI 大于 0.9，TLI 也大于 0.9。对初学者而言，不必过于机械地理解为好的结构效度必须同时满足上述标准；而是可以理解为满足得越多，测验结果的结构效度越好[1]。

（三）效标关联效度

效标关联效度（criterion-related validity）也称实证效度（empirical validity）。一个有效的测验不仅要内容切适，题目能灵敏反映欲测心理属性，同时，测量结果还必须与已知的各类"金标准"或前因后效变量有实证关系。这些实证关系通常以相关系数的形式体现。例如，已知抑郁与过度的消极情绪郁积有关，那么一个评估来访者抑郁的测验必须在统计上与消极情绪测验的结果呈明显的正相关关系，否则该抑郁测验的有效性就会存疑。这也是效标关联效度被称为统计效度（statistical validity）的原因。

标准化测验手册通常会报告多个效标关联效度指标。有时，效标关联效度还会依照

---

[1] 本处的 CFA 拟合指标是基于统计软件 Mplus 而言，且采用的标准较为宽松，以适应日常实务应用。

目标测验与效标测验间施测时间的差异，分为预测效度（predictive validity）、同时效度（concurrent validity）和回测效度（postdictive validity），其统计指标通常均是各类相关系数。作为学校心理辅导的从业人员，通常而言，只需查看测验手册，看看其报告的测验与效标间的关系是否符合常识或基本的心理学理论。若某个效标恰好是来访者所表现出的症状，那么其对应的目标测验则在此情境下会更具价值，应该被首选。

五、心理测验质量评鉴指标与选取测验工具的其他注意事项

在基于"四度"选取适宜测验时，学校心理辅导从业人员需要明确的是，前述的"四度j"相关指标的计算，都是基于经典测量理论的基本原理进行的。尤其是信度与效度指标，都是在衡量测量误差的大小。这些指标越好，表明测量误差就越小。

然而，需要注意的是，与测验"四度"相关的指标，一方面，都是基于特定群体计算或估计所得；另一方面，也只是对当时的测验结果的反映。而处于其他时空环境的个体，实际施测结果的误差则可能与先前群体的测量误差相异，即误差可能更大也可能更小。换言之，单一来访者的测验结果，既可能很好反映来访学生的真实心理状态，也可能产生严重误导。这就要求学校心理辅导从业人员必须持审慎的态度面对测量结果，结合心理学理论、评估技术、实际观察或访谈，去伪存真、相互印证，以对来访学生心理问题做出最合理的诊断和评估。

此外，由于与测验"四度"相关的指标都是基于特定群体计算或估计所得，因此，对单一来访学生测验分数的解释，通常不应脱离其所在群体，这就涉及测验分数解释的议题。

第三节 基于心理测验分数的解释系统选择测验工具

对于非测量学专业的相关从业人员，或实际测评经验不足的从业人员，在选取心理测验工具时，有时会过度关注测验题目和信效度指标，而未将测验工具是否有标准化的解释系统纳入考量，最后造成结果解读的偏差甚至是进行了无效的测验。

测验分数的解释系统对测验而言至关重要。这是因为任何测验所得分数都是一种原始分数（raw data）。原始分数只有与绝对的标准（如是否超过及格分数）或与相对标准（如根据班级或年级其他同学的分数进行排名）进行比较才具有意义。前者指的是"效标"，后者则是"常模"。例如，某同学的期末考试成绩，本身并没有实际意义。只有将他的成绩与及格分数进行比较或将他的分数与年级其他同学的分数进行比较，确定他的分数在年级中的地位，才具有意义。

一、效标与分数解释

效标（criterion），可以简单理解为某种"金标准"，或者对测验结果进行"定性"的判断。假定某种心理障碍有非常特异性的症状，一旦来访者表现出该症状（在测量学上表现在，达到或超出某个测验分数线），就可判定为具有该心理障碍，那么这个症状就是"金标准"。

但就学校心理辅导从业人员主要能接触或使用的测验来看，孤立采用效标对分数进行

解释的情形相对较少。这主要是由于心理现象，无论是认知的还是非认知的现象，都是非常复杂的，少有非常独具特异性的表现，因而"金标准"的建立非常困难。所以，即使采用效标的形式解释分数，也会结合或基于常模进行。例如，典型的代表性测验即明尼苏达多项人格测验（MMPI）。

二、常模与分数解释

常模，可以简单理解为原始分数与常模分数（本质是一种排名，因此也称为地位量数，measures of location）的转换系统。任何施测者都可以基于常模，将没有意义的原始分数转换为个体在其所属群体中的排名。

常模的获得程序通常是先从某个群体中选择一组有代表性的样本（常模团体），再对该代表性的样本进行目标测验的施测，然后以该群体的测验结果作为后续测验结果的参照系统。因此，运用常模进行分数解释，需要了解如下一些基础概念：

（一）常模团体

选取的某个群体的代表性样本即常模团体。建立常模团体多是因为某些心理现象有明显的群体差异。例如，在学校教育情境中，很多心理现象都有性别和年龄差异；不仅如此，教育因素也有重要且占主导地位的影响。

因此，学校心理辅导工作中常用的常模团体，往往按性别和年级（年龄）[①]对学生群体进行划分。相同的测验分数在不同的群体中，意义（排名）可能有所差异。这提示我们，应将特定个体的测验分数放入其所属群体中进行比较，才能对其意义做出相对有价值的解释。

理论上，划分常模的变量越多，常模的针对性就越强。例如，单纯的性别常模（按男、女分别进行分数解释），其针对性不如同时基于性别和年级划分的二维常模（如按一年级男生、二年级女生等分别进行分数解释）强。因此，学校心理辅导从业人员可考虑选择提供了多维常模的测验。

（二）导出分数

与原始分数相对应，对原始分数进行一定的统计转换，就可获得导出分数。最常见的导出分数即百分等级（percentile rank）和 T 分数（T score）。

1. 百分等级

百分等级是最直观的导出分数。标准化测验中的百分等级多为 1~99 的自然数，代表原始分数胜过常模中百分之多少的分数。例如，在一项测验中，若某学生的原始分为 68.5 分，其对应的百分等级为 90，则表示测验分数 68.5 分胜过该学生所属群体中 90% 的个体，排名较为靠前。又如，若某人的原始分数为 90 分，其对应的百分等级为 25，则表示测验分数 90 分仅胜过其所属群体中 25%（1/4）的个体，排名较为靠后。

2. T 分数

T 分数是基于 Z 分数进行线性转换所得的分数。常模中的 T 分数有一隐含前提，即对

---

① 如果更关注教育的影响，往往用年级划分群体。如果更关注成熟的影响，则可考虑使用年龄划分群体。

于绝大多数心理现象，对足够大的群体而言，均服从正态分布（normal distribution）。那么，借助面积转换[①]，T分数或Z分数可转换为百分等级。因此，T分数或Z分数实质反映的也是个体在群体中的排名。

三、分数解释的其他注意事项

需提醒测验使用者注意的是，即使借助效标与常模对测验分数进行了解释，也仍有一个重要议题应当引起注意，即常模和效标的时效性问题。人的心理发展受多种因素影响，与时代相关的环境因素是其中重要的影响变量之一。因此，对分数的解释不应与时代割裂开来。特别是用常模进行分数解释时，必须考虑常模的时效性问题。

本章开篇以医学检测为例，介绍了医学检验在帮助医生进行病情诊断时的作用。现实中，我们很难相信医生不基于检验结果就对病人的病情进行诊断或愈后评估。这反映了医学检验在诊断中的重要价值。然而，医学诊断需要结合医学检验结果和病人自己对其症状的口头报告以及医生的"望闻问切"才能更客观、更准确。所以，单纯的医学检验是有局限的。与医学检验相似，心理测验在心理问题诊断中的价值虽不可小觑，但也是有局限性的。

如前面章节所述，心理测验可能存在大量误差。例如，心理测验中的道德防御问题会影响测验的准确性。在完成心理测验题目时，受测者可能不愿意透露自己的真实想法而胡乱作答。又如，心理测验工具本身的标准化程度也会影响测验结果的准确性和可靠性。再如，即使测验使用者利用常模和效标对测验分数进行了解释，但这种解释也可能受常模群体代表性、时效性等因素的影响，并由此产生偏差。还有很多未提及的潜在因素影响心理测验结果的准确性。例如，施测过程中发生的意外事件或不可控因素等。这些潜在风险使得单纯的心理测验在学校心理辅导中的地位受到质疑。

所以，学校心理辅导从业人员必须要能正确认识心理测验的价值和局限性。更重要的是，从业人员还需要有坚实的心理学理论知识和实践经验，并将心理测验与其他心理评估方法（观察法、访谈法、实验法等）结合起来，才能合理利用心理测验更好地开展心理辅导工作。

【章末思考与练习】

1. 心理测验的分类有哪些？
2. 真分数模型及其假设指的是什么？
3. 难度和区分度的含义是什么？
4. 信度的含义是什么？
5. 效度、内容效度、结构效度、效标关联效度分别指的是什么？
6. 效标和常模的含义分别指的是什么？
7. 在学校心理辅导的实际工作中，辅导教师应依据哪些标准选择合适的心理测验工具对学生的心理问题进行客观诊断？

---

① Z分数、T分数、正态分布和面积转换的内容，有兴趣的读者可自行参阅任意一本通行的统计学教材。

【阅读书目推荐】

1. 杨玉凤. 儿童发育行为心理评定量表［M］. 北京：人民卫生出版社，2016.
2. 郑日昌. 心理与教育测量［M］. 3版. 北京：人民教育出版社，2015.
3. 戴海崎. 心理测量学［M］. 2版. 北京：高等教育出版社，2015.
4. 张厚粲，龚耀先. 心理测量学［M］. 杭州：浙江教育出版社，2012.

参考文献

1. 杨玉凤. 儿童发育行为心理评定量表［M］. 北京：人民卫生出版社，2016.
2. 郑日昌. 心理与教育测量［M］. 3版. 北京：人民教育出版社，2015.
3. 戴海崎. 心理测量学2［M］. 2版. 北京：高等教育出版社，2015.
4. 张厚粲，龚耀先. 心理测量学［M］. 杭州：浙江教育出版社，2012.

致谢

  本教材能顺利出版，首先要特别感谢的是参与本教材编写的所有成员！从教材框架的拟定到教材的编写，再到稿件的修改，都凝聚了你们的心血。你们在稿件写作和修改过程中，一丝不苟，力求精益求精。你们将全部的工作热情和敬业精神都灌注到了本教材的整个编写过程中。正是你们加班加点的辛苦付出，才有本教材的如期编写完成，并顺利出版。同时，我们还要感谢西南民族大学的朱岚老师为本教材第九章提供案例。

  本教材的出版得到 2018 贵州省教育厅青年科技人才成长项目"基于大数据的认知控制的神经机制研究及教学实践应用"（黔教合 KY 字 [2018] 316 号）和遵义师范学院学术著作出版基金的资助。中国建材工业出版社在本教材的出版方面提出了建设性的意见，并给予了具体的帮助和指导。我们对他们表示诚挚的感谢！

  最后，我们对所有支持本教材出版的机构和人员表示由衷的感谢！

唐丹丹
2019 年 11 月